lonely planet

NEW YORK

EN QUELQUES JOURS

ALI LEMER, ANITA ISALSKA,
MASOVAIDA MORGAN, KEVIN RAUB

Le pont de Manhattan, avec l'Empire State Building en arrière-plan (p. 152)
MARTIN FROYDA/SHUTTERSTOCK ©

Sommaire

Préparer son séjour 4

Avertissement

Au moment où nous terminions l'édition de ce guide, la pandémie de Covid-19 continuait à impacter fortement le monde du voyage. Les informations que vous trouverez dans cet ouvrage sont donc susceptibles de changements.

Renseignez-vous bien avant votre départ.

Explorer New York 37

Vaut le détour

Promenades à pied

Carnet pratique 237

Coups de projecteur

Bienvenue à New York

Forte d'édifices battant tous les records, d'institutions culturelles et artistiques prestigieuses et d'une scène culinaire en constante réinvention, NYC est toujours à la pointe des tendances. Mais certaines choses ne changent pas et New York est toujours aussi photogénique qu'indomptable ! Pour découvrir les mille et unes facettes de cette ville qui ne dort jamais, plongez dans la foule et partez au hasard des rues dans les différents quartiers, de jour comme de nuit.

Vue sur 42nd St et le Chrysler Building (p. 159)
PRASIT PHOTO/GETTY IMAGES ©

Les incontournables

Central Park

Le poumon vert de New York et le parc préféré de ses habitants.
p. 204

BART SADOWSKI/GETTY IMAGES ©

Metropolitan Museum of Art

Une collection d'art et d'objets anciens de renommée mondiale. **p. 182**

Statue de la Liberté et Ellis Island

Des symboles forts de l'histoire cosmopolite des États-Unis. **p. 40**

Empire State Building

Une icône architecturale offrant une vue imprenable. **p. 152**

Times Square

Le cœur étincelant de la ville. **p. 150**

One World Observatory

Une vue à 360° sur les hauteurs de Manhattan. **p. 48**

GAUCHE : YUKINORI HASUMI/GETTY IMAGES © ; DROITE : ALISON RIDGWAY/LONELY PLANET ©

Pont de Brooklyn

Un chef-d'œuvre d'ingénierie new-yorkaise, enblématique. **p. 44**

Museum of Modern Art

Le paradis des amateurs d'art moderne. **p. 154**

GAUCHE : MARCOS ANTONIO DE LIMA/SHUTTERSTOCK © ; DROITE : GABRIEL_RAMOS/SHUTTERSTOCK ©

National September 11 Memorial & Museum

Le témoignage commémoratif d'un drame national. **p. 46**

Guggenheim Museum

Art moderne et architecture singulière. **p. 186**

GAUCHE : PIT STOCK/SHUTTERSTOCK © ; DROITE : JOSEPH PERONE/SHUTTERSTOCK ©

GAUCHE : MATT MUNRO/LONELY PLANET LP MAGAZINE © ; DROITE : DAN HERRICK/LONELY PLANET ©

La High Line

Un modèle de renouveau urbain, au-dessus de la rue. **p. 108**

MoMA PS1

Un grand musée d'avant-garde dans le Queens. **p. 176**

À table !

Puisant son inspiration dans les cuisines du monde entier ou, au contraire, 100% locale, l'offre de restauration à New York semble infinie. Elle reflète la mosaïque culturelle de la ville et de ses habitants. Même sans être en quête des moindres enclaves ethniques ou des derniers restaurants à la mode, vous trouverez de quoi vous régaler à chaque coin de rue.

Marchés

En haut de la liste : le Chelsea Market, riche en adresses gourmandes, magasins (pour préparer un pique-nique) et stands de restauration. Explorez également Le District (p. 55), temple culinaire français dans Lower Manhattan, et Eataly NYC Downtown (p. 58) ou Eataly (p. 140) dans le Flatiron District, tous deux dédiés à la gastronomie italienne, sans oublier l'Essex Market (p. 97), royaume du pique-nique relogé dans le Lower East Side. Pour faire vos courses, rendez-vous à l'Union Square Greenmarket (p. 137). Consultez Grow NYC (www.grownyc.org/greenmarket) pour accéder à une liste de plus de 50 marchés de la ville.

Food trucks

Oubliez les stands de hot dogs – les vendeurs ambulants concoctent ici une cuisine fusion unique. Les food trucks s'arrêtent dans des zones désignées à travers la ville – à savoir aux abords de Union Square, de Midtown et du Financial District. Parmi nos préférés figurent **Calexico Cart** (www.calexico.net), **MysttikMasaala** (www.facebook.com/MysttikMasaala), **Cinnamon Snail** (www.cinnamonsnail.com) et **Cool Haus** (www.cool.haus).

Haute gastronomie

Eleven Madison Park Cuisine pointue et avant-gardiste truffée de délicieuses surprises. (p. 139)

Le Bernardin Le Graal du raffinement proposant une carte de la mer. (p. 164)

Bâtard Une cuisine européenne classique et magnifiquement équilibrée dans Lower Manhattan. (p. 56)

LEONARD ZHUKOVSKY/SHUTTERSTOCK ©

The Modern Une cuisine succulente et étoilée à côté du jardin de sculptures du MoMA. (p. 164)

Végans et végétariens

Hangawi Restaurant coréen zen de Koreatown, sans viande (ni chaussures). (p. 165)

Blossom on Columbus Tofu à la bénédicte, risotto aux shiitakés et autres délices exemplaires. (p. 215)

Les classiques

Barney Greengrass Saumon fumé et esturgeon servis à la perfection depuis plus de 100 ans dans l'Upper West Side. (p. 214)

Russ & Daughters Célèbre épicerie fine juive du Lower East Side. (photo ci-dessus ; p. 104)

Zabar's Dans l'Upper West Side, on y vend des produits gourmands casher depuis les années 1930. (p. 214)

Margon Snack-bar cubain à Midtown, simple et indémodable. (p. 166)

Yonah Schimmel Knish Bakery Une adresse où l'on sert de délicieux *knishes* (boulettes fourrées de pommes de terre et oignons) depuis plus d'un siècle. (p. 96)

Vaut le détour

La légendaire pizzeria **Juliana's** (www.julianaspizza.com ; 19 Old Fulton St, entre Water St et Front St, Brooklyn Heights ; pizzas 14-25 $, plus supp au choix, spéciales 25-32 $; 11h30-21h, fermé 15h15-16h ; S A/C jusqu'à High St-Brooklyn Bridge) sert de délicieuses pizzas à pâte fine dans des versions à la fois classiques et inventives. Testez la No 1 – mozzarella, *scamorza affumicata* (fromage de vache fumé), pancetta, oignon vert et truffe blanche.

New York dans une assiette

Le meilleur sandwich au pastrami

Selon les puristes, le pain est obligatoirement de seigle (et graines, si possible).

On recouvre le pastrami d'une moutarde brune épicée.

LEONARD ZHUKOVSKY/SHUTTERSTOCK ©

Ne mettez pas d'autre sauce : la simplicité est la clé de cette recette.

On l'accompagne d'un cornichon à l'aneth pour une note rafraîchissante.

★ Le top des adresses pour le sandwich au pastrami

Katz's Delicatessen (p. 94). L'épicerie fine new-yorkaise de vos rêves.

Eisenberg's Sandwich Shop (p. 142). En activité depuis 1929.

Zabar's (p. 214). Le roi des supermarchés-épiceries fines.

Barney Greengrass (p. 214). Le "Sturgeon King" est également adepte du pastrami.

Ess-a-Bagel (www.ess-a-bagel.com ; 831 Third Ave, au niveau de E 51st St, Midtown East ; bagels 3,50-5,50 $; 6h-17h tlj ; S 6 jusqu'à 51st St ; E/M jusqu'à Lexington Ave-53rd St). Humble mais classique.

Le sandwich au pastrami

Croquer dans un sandwich au pastrami fait partie des expériences incontournables d'un séjour à New York. Il se déguste idéalement dans l'une des épiceries fines juives à l'ancienne – avec enseigne au néon, places assises au comptoir et personnel gentiment bourru. Une pile de tendres tranches de viande légèrement épicée, contrastant avec le croustillant pain de seigle toasté et lié par une moutarde brune relevée : une délicieuse œuvre d'art.

Katz's Delicatessen (p. 94)

Bars et vie nocturne

Vous pourrez étancher votre soif dans les établissements les plus divers, du bar à cocktails au troquet de quartier en passant par les bars spécialisés et les cafés haut de gamme. Et n'oublions pas les légendaires discothèques new-yorkaises, repaires de célébrités ou petits clubs indé sans fioritures. Les noctambules se retrouvent à Downtown Manhattan ou à Brooklyn.

Cafés et brûleries

Le boom des brûleries a élevé encore d'un cran la culture du café new-yorkais de qualité. De plus en plus de New-Yorkais se mettent au café d'origine unique et aux crus utilisant différentes techniques, tandis que de nombreux torréfacteurs proposent désormais des dégustations pour curieux. Nombre de ces brûleries proviennent de régions excellant en la matière, comme Portland et la baie de San Francisco, mais aussi d'Australie.

Bières artisanales

La culture locale de la bière artisanale est tout aussi dynamique, avec un nombre croissant de brasseries, de bars et de magasins présentant des marques locales. Parmi les meilleures brasseries de la ville, citons Brooklyn Brewery, Sixpoint, SingleCut Beersmiths, Coney Island Brewery et Bronx Brewery.

Cocktails rétro

Dans le pays qui a vu naître le cocktail, ce dernier est toujours préparé avec solennité. Les meilleurs barmen new-yorkais mélangent certains des breuvages les plus raffinés et novateurs de la planète, certains gorgés d'histoire, rappelant les recettes oubliées de la Prohibition.

Cafés

Stumptown Coffee Roasters Des baristas branchés servant le café préféré de Portland. (p. 124)

GUILLAUME GAUDET/LONELY PLANET ©

La Colombe Un or noir profond pour les connaisseurs de Downtown. (p. 59)

Cocktails

Bar Goto Une adresse emblématique du Lower East Side, emmenée par Kenta Goto, le plus célèbre spécialiste ès-cocktails de New York. (p. 97)

Employees Only Barmen experts en cocktails et boissons incroyables dans l'intemporel West Village. (p. 121)

Raines Law Room Des cocktails préparés d'une main experte par des barmen professionnels dans un lieu évoquant la Prohibition, près d'Union Square. (p. 143)

Spiritueux

Brandy Library Cognacs nobles et brandies, à Tribeca. (p. 60)

Rum House Rhums réputés et piano en fond sonore, à Midtown. (p. 168)

Dead Rabbit La plus belle sélection de whiskies rares de la ville, dans le Financial District. (p. 58)

Vins

Terroir Tribeca Carte très bien fournie, dans le quartier tendance de Tribeca. (p. 61)

Compagnie des Vins Surnaturels Un hymne aux vins français, à quelques pas de Little Italy. (p. 77)

Buvette Bar à vins absolument charmant niché dans West Village. (p. 122)

Vaut le détour

Dans une ambiance débridée, **House of Yes** (photo ci-dessus ; www.houseofyes.org ; 2 Wyckoff Ave, au niveau de Jefferson St, Bushwick ; entrée 0-60 $; ⏲généralement 19h-4h mer-sam ; S L jusqu'à Jefferson St) propose des soirées et des spectacles parmi les plus étonnants de Brooklyn. Déguisements ou tenues glam conseillés.

New York dans un verre

L'egg cream

Versez ½ tasse de lait entier froid dans un verre.

Ajoutez 3 cuillères à café de sirop de chocolat et remuez. La recette typique de NY est faite uniquement avec le chocolat U-Bet de la marque Fox.

Remplissez le verre d'eau gazeuse jusqu'en haut et remuez jusqu'à l'obtention de la mousse sur le dessus.

L'*egg cream* ne pouvant pas être embouteillé, il est toujours fait à la commande.

★ Le top des adresses pour l'egg cream

Yonah Schimmel Knish Bakery (p. 96). Une excellente façon de faire descendre son *knish*.

Katz's Delicatessen (p. 95). À siroter avec un énorme sandwich au pastrami.

Veselka (p. 94). On y sert également des *egg creams* à la vanille.

Lexington Candy Shop (p. 194). Ici, l'ambiance de *diner* à l'ancienne – le lieu fut fondé en 1925 – est fondamentale, et votre *egg cream* sera conconcté à la fontaine à soda !

William Greenberg Desserts (p. 192). Trois déclinaisons possibles de la célèbre boisson. À emporter, et à savourer !

Un délicieux paradoxe

L'*egg cream* ne comporte ni œuf ni crème. Ce pétillant soda à base de chocolat et de lait fut inventé dans les années 1900 par Louis Auster, un confiseur juif qui le servait dans sa boutique à l'angle de Second Ave et E 7th St, au cœur de l'ancien quartier des théâtres yiddish. Ce breuvage rafraîchissant évoquant le New York d'antan est à boire sans tarder une fois servi, avant que les bulles ne s'évaporent.

Lexington Candy Shop (p. 194)

DAN HERRICK/LONELY PLANET ©

Shopping

Capitale du commerce, de la créativité et de la mode, New York est l'un des meilleurs endroits au monde pour faire ses emplettes. Les possibilités sont légion : petites boutiques de vêtements, galeries marchandes réputées, friperies vintage, enseignes haute couture, magasins de disques, boutiques Apple, cuisine de rue, épiceries fines... ici, il est facile de dépenser une fortune.

Friperies vintage

Même si les New-Yorkais sont attirés par tout ce qui brille, il peut être amusant de fouiller dans les rayons des friperies et des dépôts-ventes. Le marché aux puces le plus couru est le **Brooklyn Flea** (www.brooklynflea.com ; 80 Pearl St, Manhattan Bridge Archway, Anchorage Pl au niveau de Water St, Dumbo ; ⏲10h-17h sam ou dim avr-oct ; 🚌B67 jusqu'à York St/Jay St, Ⓢ F jusqu'à York St), ouvert différents jours à plusieurs endroits, d'avril à octobre.

L'East Village est un repaire de boutiques de vêtements d'occasion et vintage branchées.

Prix ultra cassés

Si les soldes classiques ont habituellement lieu aux changements de saisons, des *sample sales* (soldes d'échantillons) ont lieu régulièrement – une façon pour les marques haut de gamme de se débarrasser de leurs surplus à des prix ultra cassés. Vous les trouverez en général dans les immenses entrepôts du "Fashion District" de Midtown ou de SoHo.

Grands magasins

Bergdorf Goodman Le plus magique des grands magasins mythiques de New York, avec de fabuleuses collections d'articles. (p. 174)

Century 21 Institution de Downtown, le repaire des fashionistas au budget serré a fermé. Elles prient pour sa réouverture en 2022...

Tendances

Rag & Bone Vêtements parfaitement coupés pour hommes et femmes, notamment à SoHo. (p. 83)

John Varvatos Des articles robustes mais raffinés dans un ancien club punk. (p. 105)

DROP OF LIGHT/SHUTTERSTOCK ©

Vintage

Screaming Mimis Beaux vêtements rétro, griffés, rares et originaux, à foison. (p. 131)

Beacon's Closet Un magasin haut en couleur pour refaire sa garde-robe sans se ruiner. (p. 133)

Resurrection Des articles de créateurs des décennies passées (époque glam-rock, new wave...) dans un état impeccable. (p. 81)

Housing Works Bookstore Des livres d'occasion et un café dans un cadre évocateur de Nolita. (p. 82)

McNally Jackson Une adresse agréable dans SoHo pour chiner et assister à des lectures. (p. 80)

Souvenirs de New York

New York Public Library Fournitures de bureau, *tote bags*, presse-papiers à l'effigie des lions de la bibliothèque et T-shirts imprimés d'inspiration littéraire. (p. 159)

New York Transit Museum Store Souvenirs sur le thème des transports et cadeaux rigolos avec plans de New York imprimés. (p. 175)

Lower East Side Tenement Museum Livres, bijoux, sacs, foulards, etc. (p. 90)

Librairies

Strand Book Store De loin la meilleure librairie indépendante de la ville, avec une nouvelle antenne "at Columbus Avenue", dans l'Upper West Side (p. 221). (photo ci-dessus ; p. 131)

À savoir

Les vêtements et les chaussures à un prix inférieur à 110 $ sont exempts de taxes. Au-dessus, une taxe de 8,875% s'applique sur chaque article.

Le top des souvenirs de New York

PATTI MCCONVILLE/ALAMY STOCK PHOTO ©

Lions de la New York Public Library

Les bibliophiles se procureront un presse-papiers félin de la bibliothèque de New York et d'autres souvenirs à la boutique de la NYPL (p. 159).

I ♥ NY

L'emblématique slogan inventé en 1976 par Milton Glaser – décédé le 26 juin 2020 – ne s'est jamais démodé. Obtenez le classique logo officiel sur un T-shirt, un mug, un porte-clés, un body pour bébé, ou encore des décorations de Noël, le tout en vente au Citystore (p. 63).

J2R/SHUTTERSTOCK ©

SOLO® AND THE ANTHORA DESIGN ARE TRADEMARKS OF SOLO CUP OPERATING CORPORATION, USED WITH PERMISSION. WEAREHAPPYTOSERVEYOU.COM

Mug à café

Une version en céramique du classique gobelet à café "Anthora" – l'un des symboles les plus charmants et résistants de New York – est disponible au MoMA Design Store (p. 173).

KKARV/SHUTTERSTOCK ©

Transports new-yorkais

Rendez-vous au New York Transit Museum Store, la boutique de Grand Central Terminal, pour y dénicher des objets vintage en tous genres, tels un métro ou un train miniatures aux couleurs de la ville (p. 175).

CLAUDIA PELAGATTI/ALAMY STOCK PHOTO ©

Bougies de chez Diptyque

Diptyque (p. 199), sur Madison Ave, fera chavirer vos sens avec ses somptueuses fragrances naturelles. Repartez avec une bougie parfumée, notamment celle inspirée de New York, avec des notes de cèdre, de vétiver et de patchouli.

Musées

Le Met, le MoMA et le Guggenheim ne sont que les plus connues d'une série d'institutions brillantes et emblématiques. Ici, vous trouverez des musées dédiés aussi bien à la Vienne fin de siècle qu'aux trésors européens du Moyen Âge, en passant par des vastes galeries riches en sculptures japonaises, en peintures américaines postmodernes, en tissus himalayens ou en vestiges du New York d'antan.

Horaires

La plupart des musées ferment un jour par semaine, souvent le lundi ou le mardi. Beaucoup ferment tard un soir par semaine – souvent le jeudi ou le vendredi.

Galeries d'art

Chelsea accueille la plus forte concentration de galeries d'art de la ville (voir p. 110), la plupart regroupées autour de W 20th St. Procurez-vous le *Gallery Guide* (gratuit) du magazine *Art Info*, disponible dans nombre de galeries, ou consultez le site www.chelseagallerymap.com. Les vernissages ont généralement lieu le jeudi soir, et les galeries ferment le dimanche et le lundi.

Gratuité

De nombreux musées sont gratuits ou moins chers une fois par semaine, consultez les dates sur Internet. Des manifestations en libre accès ont lieu régulièrement.

Musées d'art

Museum of Modern Art (MoMA) Le chouchou de la ville, dont les allées foisonnent d'œuvres marquantes de l'art moderne. (p. 154)

Metropolitan Museum of Art Musée phare du pays, le "Met" possède notamment de remarquables collections d'antiquités égyptiennes. (p. 182)

Whitney Museum of American Art Excellentes expositions d'art contemporain dans un nouveau bâtiment majestueux conçu par Renzo Piano. (p. 114)

Guggenheim Museum Le magnifique édifice conçu par Frank Lloyd Wright sert d'écrin à des expositions remarquables. (p. 186)

New Museum of Contemporary Art Un temple de l'art contemporain. (p. 90)

MANUEL HURTADO/SHUTTERSTOCK ©

Histoire de New York

Lower East Side Tenement Museum Excellent aperçu de la vie des immigrants au XIXe-début XXe siècle. (p. 90)

Merchant's House Museum Remontez le temps dans cette demeure de style fédéral parfaitement conservée. (p. 68)

New-York Historical Society Le plus ancien musée de la ville regorge d'objets historiques. (p. 211)

Museum of the City of New York Tout ce qui a trait au passé de la ville et à son histoire. Passionnant. (p. 191)

Lieux méconnus

MoMA PS1 Dans le Queens, une collection parmi les plus avant-gardistes de la ville. (p. 176)

Frick Madison Le bâtiment brutaliste de Marcel Breuer sert de cadre temporaires aux maîtres anciens de la Frick Collection. (p. 189)

Neue Galerie Une collection éblouissante d'art allemand et autrichien, dans une ancienne résidence des Rockefeller. (p. 190)

Museum of Jewish Heritage Une impressionnante exploration de la culture et de l'histoire juives avant, pendant et après l'Holocauste. (p. 52)

Vaut le détour

Sur une colline dominant l'Hudson, le **Met Cloisters** (photo ci-dessus ; www.metmuseum.org/cloisters ; 99 Margaret Corbin Dr, Fort Tryon Park ; tarif plein/réduit 25/12-17 $, gratuit -12 ans, inclut accès au Met le même jour ; 10h-16h30 jeu-mar ; S A jusqu'à 190th St) est un curieux puzzle architectural constitué à partir de divers monastères européens. Il fut construit dans les années 1930 pour abriter les trésors médiévaux du Metropolitan Museum.

New York avec des enfants

New York ne manque pas d'attraits pour les plus jeunes, des aires de jeux originales aux parcs verdoyants où ils peuvent courir librement, sans compter les musées et les monuments "kid-friendly", les manèges ou les spectacles de marionnettes.

Au restaurant

Dans les endroits les plus touristiques, nombre de restaurants proposent un menu enfant, et certains des chaises hautes pour les petits. Les New-Yorkais dînent généralement entre 19h30 et 21h30 – manger plus tôt peut vous épargner un peu de stress. Sinon, il y a une kyrielle de lieux amusants où manger avec eux, des *diners* aux delis en passant par les food trucks. Par beau temps, rien de mieux que d'acheter de quoi pique-niquer dans l'une des excellentes épiceries de la ville et de vous offrir un déjeuner sur l'herbe à Central Park ou dans tout autre espace vert.

Ressources utiles

Consultez le programme sur les sites **Time Out New York Kids** (www.timeout.com/new-york-kids) et **Mommy Poppins** (www.mommypoppins.com). Pour une plongée dans New York à hauteur d'enfant (à partir de 8 ans), procurez-vous *Interdit aux parents : New York* de Lonely Planet.

Sorties en famille

American Museum of Natural History Des dinosaures, des papillons, un planétarium et des films IMAX. (p. 210)

Metropolitan Museum of Art Un voyage dans le temps divertissant, et une fabuleuse galerie égyptienne. (p. 182)

New York City Fire Museum Les enfants (et leurs parents) pourront réaliser leurs rêves de sapeur-pompier dans ce musée historique. (p. 69)

LEE O/SHUTTERSTOCK ©

Parcs

Central Park Après une balade en barque, visitez le zoo, puis rejoignez l'aire de jeux de Heckscher, la meilleure des 21 aires que compte le parc. (photo ci-dessus ; p. 204)

Hudson River Park Un mini-golf, une belle aire de jeux, un manège, des activités nautiques et des animations scientifiques. (p. 114)

Prospect Park Ce parc de 236 ha possède un zoo et une patinoire qui se transforme en pataugeoire l'été. (p. 226)

Shopping

Books of Wonder Albums pour enfants, romans pour adolescents, cadeaux à l'effigie de New York et lectures de contes sur place en font une destination idéale les jours de pluie. (p. 147)

Mary Arnold Toys Un magasin de jouets ouvert en 1931 et organisant des animations mensuelles. (p. 199)

Economy Candy Cadre d'un autre temps pour la boutique de bonbons préférée des petits New-Yorkais, depuis 1937. (p. 104)

Petites faims

Smorgasburg Idéal pour s'acheter un en-cas, dans Prospect Park. (p. 228)

Chelsea Market Composez votre pique-nique et allez le déguster à l'Hudson River Park ou sur la High Line. (p. 114)

Ample Hills Creamery Glaces aux parfums inhabituels fabriquées sous vos yeux. (p. 228)

Vaut le détour

Il y a plusieurs zoo à New York, mais le plus intéressant à visiter est le **Bronx Zoo** (www.bronxzoo.com), l'un des plus anciens et des plus grands des États-Unis. Il abrite environ 6 000 animaux, évoluant dans leurs divers habitats.

Fêtes et festivals

La St Patrick, Halloween, la Gay Pride... la ville qui ne dort jamais ne manque pas une occasion de se parer de mille couleurs pour faire la fête.

STEVE EDREFF/SHUTTERSTOCK ©

Nouvel An chinois (photo ci-dessus ; betterchinatown.com ; ⌚fin jan/début fév). L'un des plus importants dans le pays, avec feux d'artifice et dragons dansants.

Défilé de la St Patrick (www.nycstpatricksparade.org ; ⌚17 mars). On se presse sur Fifth Ave pour voir défiler les joueurs de cornemuses et les chars.

Tribeca Film Festival (www.tribecafilm.com ; ⌚avr-mai). Le grand rendez-vous du cinéma indé.

Cherry Blossom Festival (www.bbg.org ; Brooklyn Botanic Garden, Prospect Park ; ⌚fin avr/début mai). Célèbre la floraison des cerisiers, à Brooklyn.

NYC Pride (www.nycpride.org ; ⌚juin). La Gay Pride se termine par un immense défilé sur Fifth Ave le dernier dimanche de juin.

HBO Bryant Park Summer Film Festival (www.bryantpark.org ; ⌚mi-juin à août). Projections en plein air de classiques hollywoodiens dans Bryant Park.

Celebrate Brooklyn! (www.bricartsmedia.org ; Prospect Park Bandshell, près de Prospect Park W et 11th St, Park Slope ; ⌚juin à mi-août). Concerts et événements en plein air.

Feux d'artifice du 4 juillet (www.newyorkcity.fr/le-4-juillet-a-new-york/ ; ⌚4 juil). Pour la fête nationale, feux d'artifice sur l'East River à partir de 21h.

SummerStage (www.cityparksfoundation.org/summerstage ; Rumsey Playfield, Central Park, entrée par Fifth Ave et 69th St ; ⌚mai-oct). Une série de concerts à ciel ouvert à Central Park, avec un large choix de restauration.

Village Halloween Parade (www.halloween-nyc.com ; Sixth Ave ; ⌚19h-23h le 31 oct). Le plus grand défilé d'Halloween du pays, mi-carnaval mi-happening artistique.

Défilé de Thanksgiving (www.macysinc.com ; ⌚4e jeudi de nov). D'énormes ballons gonflés à l'hélium s'élèvent dans le ciel au son des fanfares.

Marathon de New York (www.nycmarathon.org ; ⌚nov). Des milliers d'athlètes du monde entier parcourent 42 km à travers les cinq *boroughs* de la ville le premier dimanche de novembre.

Sapin de Noël du Rockefeller Center (www.rockefellercenter.com ; ⌚déc). Illumination du gigantesque sapin, paré de plus de 25 000 lumières.

Réveillon du Nouvel An (www.timessquarenyc.org). Une foule bruyante se masse à Times Square pour voir descendre le fameux globe en cristal.

Activités gratuites

Bien que NYC n'ait rien d'une destination bon marché, il est possible de profiter de ses trésors sans se ruiner : pièces de théâtre, projections de films et concerts, nocturnes à prix libres dans les musées, festivals organisés par la ville, escapades en ferry ou en kayak, sans compter sa profusion d'espaces verts.

ALREDOSAZ/SHUTTERSTOCK ©

Ferry de Staten Island Le ferry gratuit pour Staten Island offre un magnifique panorama sur la pointe sud de Manhattan. (p. 244)

Galeries de Chelsea Plus de 300 galeries ouvertes au public, autour de W 20th St à Manhattan. (p. 110)

New Museum of Contemporary Art Architecture unique pour ce bâtiment qui héberge une vaste collection d'art contemporain. Prix libre le jeudi de 19h à 21h (sur réservation). (p. 91)

Central Park Plus de 300 hectares de pelouses, de lacs et de bois, propices au jogging, à la détente, et plus encore. (p. 204)

High Line Bel exemple de reconversion urbaine, cette coulée verte suspendue au milieu des gratte-ciel est idéale pour se balader et observer l'horizon. (p. 108)

New York Public Library Ce chef-d'œuvre de style Beaux-Arts mérite la visite pour son architecture et ses expositions gratuites. (p. 159)

MoMA Entrée libre le vendredi de 17h30 à 21h au formidable Museum of Modern Art (longue file d'attente). (p. 154)

National September 11 Memorial & Museum Inauguré en 2014, ce lieu rend hommage aux victimes des attentats de 2001, dont les noms figurent sur le rebord de bassins-miroirs. (p. 46)

SummerStage Concerts et spectacles de danse gratuits pendant l'été à Central Park. (p. 26)

Neue Galerie Art allemand et autrichien à l'honneur – gratuit de 16h à 19h le premier vendredi du mois. (p. 190)

National Museum of the American Indian Un joyau de Lower Manhattan, en accès libre, où textiles, objets et œuvres d'art témoignent des cultures amérindiennes. (photo ci-dessus ; p. 52)

African Burial Ground National Monument Émouvant hommage aux esclaves africains de l'ère coloniale. (p. 53)

Frick Madison Admirez les œuvres des maîtres européens en payant ce que vous voulez le jeudi de 16h à 18h. (p. 189)

Green-Wood Cemetery Vue sur le port, sites d'anciennes batailles et parc magnifique. (p. 226)

Scène gay et lesbienne

Toute l'année, clubs et cabarets organisent des soirées festives. Au mois de juin, la Gay Pride bat son plein et l'Empire State Building arbore les couleurs de l'arc-en-ciel. Bienvenue à la communauté LGBT+ !

ARTURO HOLMES/SHUTTERSTOCK ©

Soirées festives du lundi au dimanche

À New York, n'importe quel soir de la semaine est parfait pour sortir faire la fête – surtout dans la communauté gay. Les mercredis et jeudis rugissent d'un enchaînement régulier de soirées festives, tandis que les habitants adorent sortir le dimanche soir (surtout en été). La Gay Pride (voir photo) se déroule en juin.

Sites Internet

De nombreux sites Internet sont consacrés à la communauté gay new-yorkaise. Consultez **Get Out!** (www.getoutmag.com).

Organisateurs de soirées

BoiParty (www.boiparty.com). Impressionnantes et récurrentes soirées dansantes.

Hot Rabbit (www.hotrabbit.com). Organise régulièrement des soirées gays ouvertes aux femmes à Manhattan et à Brooklyn.

The Saint at Large (www.saintatlarge.com). Les organisateurs de la Black Party, immense soirée qui a lieu chaque année en mars.

Daniel Nardicio (www.danielsbigideas.com). Programme des soirées dansantes et d'autres événements festifs à New York et à Fire Island.

Lieux mythiques

Marie's Crisis Un ancien repaire de prostituées, devenu un piano-bar gay du Village où l'on entonne des tubes de Broadway. (p. 123)

The Duplex Cabaret, piano-bar, spectacles comiques, crooners et drag-queens caractérisent ce pilier du Village, depuis 1950 – il a aidé à lancer la carrière de Joan Rivers et Barbara Streisand. (p. 130)

Pour les Dancing Queens

Industry Quand la nuit avance, ce bastion de Hell's Kitchen passe du bar animé au club, avec musique à plein volume. (p. 167)

Bars lesbiens

Cubbyhole Un bastion sans chichis du Village, avec juke-box et habituées volubiles. (p. 123)

Henrietta Hudson Un classique depuis 30 ans, nouvellement relooké et doublé d'une terrasse sur la rue. Clientèle de rockeuses hyper-sympathiques qui adore danser. (p. 126)

Sports et activités

Outre la course aux taxis, sport new-yorkais par excellence, et l'attente sur les quais du métro en été, qui s'apparente parfois à un sauna, les New-Yorkais aiment l'activité physique. Dans cette ville trop souvent cantonnée à l'image de ses gratte-ciel, les occasions de se dépenser en plein air sont d'une richesse surprenante.

EDDTORO/SHUTTERSTOCK ©

Course à pied et vélo

Dans Central Park, la piste de 2,5 km autour du réservoir Jacqueline Kennedy Onassis est dédiée aux coureurs et aux marcheurs. D'autres itinéraires bordent l'Hudson, dans Lower Manhattan, ou FDR Dr et l'East River, dans l'Upper East Side. Prospect Park, à Brooklyn, possède de nombreux sentiers.

La ville a créé plus de 320 km de voies cyclables depuis 2009, mais les débutants devraient se limiter aux sentiers peu fréquentés.

Fitness

Les studios de yoga et de pilates sont nombreux. Les grandes salles de fitness offrent parfois une entrée gratuite.

Voir un match

NY Yankees (photo ci-dessus ; www.mlb.com/yankees ; 1 E 161st St, jusqu'à River Ave ; visites 20 $; S B/D, 4 jusqu'à 161st St-Yankee Stadium). Équipe de Major League Baseball (MLB).

NY Mets (www.mlb.com/mets ; 120-01 Roosevelt Ave, Flushing ; S 7 jusqu'à Mets-Willets Point). Joue en MLB.

NY Knicks (p. 171). NBA.

Brooklyn Nets (www.barclayscenter.com ; angle Flatbush Ave et Atlantic Ave, Prospect Heights ; S B/D, N/Q/R, 2/3, 4/5 jusqu'à Atlantic Ave-Barclays Ctr). Basket (NBA).

NY Rangers (p. 171). Hockey sur glace (NHL).

Vaut le détour

Achetez des places pour des rencontres des grands championnats via **Ticketmaster** (www.ticketmaster.com) ou **StubHub** (www.stubhub.com).

New York en 4 jours

1er jour

EASTVILLAGE IMAGES/SHUTTERSTOCK ©

Passez la matinée à **Central Park** (p. 204), où vous pourrez découvrir la **fontaine Bethesda** (voir photo), le **Conservatory Water** et **Strawberry Fields**. Prenez le temps d'une promenade à la rame à proximité du **Loeb Boathouse** (p. 205).

Ensuite, allez admirer **Grand Central Terminal** (p. 158), le **Chrysler Building** (p. 159) et la **New York Public Library** (p. 159). Terminez l'après-midi par une visite du **Museum of Modern Art** (p. 154).

Imprégnez-vous du maelström urbain de **Times Square** (p. 150). Achetez des places pour un show de **Broadway** ou pour un spectacle novateur au **Playwrights Horizons** (p. 171). Sirotez un cocktail à la **Rum House** (p. 168) puis filez à **Top of the Rock** (p. 158) pour saluer la ville.

2e jour

NJENE/SHUTTERSTOCK ©

Contemplez les magnifiques collections du **Metropolitan Museum of Art** (voir photo ; p. 182), en été, gagnez le toit pour profiter de la vue sur Central Park. Non loin, la **Neue Galerie** (p. 190) offre un festival d'art allemand et autrichien dans une demeure de 1914.

Rejoignez SoHo pour un après-midi de shopping dans **Prince Street** et **Spring Street** (p. 80), puis arpentez **Mulberry Street** (p. 71) et visitez le **Museum of Chinese in America** (p. 69). Ralliez le **Madison Square Park** (p. 138) pour admirer l'emblématique Flatiron Building.

Après le dîner, allez écouter un concert rock ou pop à l'**Irving Plaza** (p. 145), puis terminez la soirée par un verre de vin italien au **Serra** (p. 143), le sublime bar sur le toit d'Eataly.

3e jour

SOLEPSIZM/SHUTTERSTOCK ©

À Brooklyn, flânez dans **Prospect Park** (p. 226), puis filez vers l'ouest afin d'explorer le paisible quartier de **Park Slope** et le plus sensible secteur de **Gowanus**. Fouillez les rayons de **No Relation Vintage** (p. 233) et dégustez une tarte au **Four & Twenty Blackbirds** (p. 228).

Prenez un taxi pour **Williamsburg** (p. 234) et écumez les boutiques et cafés de **Bedford Avenue**. Dégottez des souvenirs uniques à l'**Artists & Fleas** (p. 235), allez voir une exposition ésotérique au **City Reliquary** (p. 235) et rejoignez **Maison Premiere** (p. 235) pour un dîner et un cocktail.

Faites une promenade digestive jusqu'à **Domino Park** (voir photo ; p. 235) et admirez une vue splendide sur Manhattan. Pour regagner l'autre rive, prenez un **NYC Ferry** (p. 243).

4e jour

OSUGI/SHUTTERSTOCK ©

Prenez le **Staten Island Ferry** (p. 244) de bonne heure pour admirer le soleil se lever sur Manhattan. Puis une vue imprenable vous attend depuis le **One World Observatory** (p. 48), avant la découverte de l'émouvant **National September 11 Memorial & Museum** (p. 46).

Ralliez le Meatpacking District pour visiter le **Whitney Museum of American Art** (p. 114). Puis allez vous balader sur la **High Line** (p. 108), jardin suspendu au-dessus de la ville.

Explorez les charmantes rues de Greenwich Village, où vous pourrez dîner et profiter d'un concert de jazz intimiste au **Smalls** (p. 128) ou au fameux **Village Vanguard** (voir photo ; p. 128). Terminez la soirée autour d'une bière artisanale ou d'un cocktail au **Tippler** (p. 124).

Les basiques

Pour plus de renseignements, consultez le *Carnet pratique* (p. 237).

Monnaie
Dollar américain ($US)

Langue
Anglais

Visas
Voir les formalités p. 246.

Argent
DAB omniprésents ; cartes bancaires largement acceptées.

Téléphones portables
Les cartes SIM locales peuvent être utilisées dans un téléphone déverrouillé (sinon, achetez un portable à charger avec des cartes prépayées).

Heure locale
Eastern Standard Time (GMT -5 heures).

Pourboire
Obligatoire à New York. 18-25% pour les serveurs au restaurant ; 1 $ par verre pour les barmen ; 18-20% pour les chauffeurs de taxi ; 2-5 $ par jour pour les femmes de chambre.

Budget quotidien

Moins de 250 $

Dortoir en auberge de jeunesse : 40-70 $

Part de pizza : environ 4 $

Taco dans un food truck : à partir de 3 $

Verre de vin à l'happy hour : 10 $

Billet de bus ou de métro : moins de 3 $

De 250 à 500 $

Chambre double : à partir de 200 $

Billet pour les observatoires de l'Empire State Building : 75 $

Dîner à deux dans un restaurant de catégorie moyenne : 150 $

Cocktail artisanal : 15-19 $

Billets à prix réduit pour Broadway : environ 80 $

Plus de 500 $

Une nuit au mirifique Greenwich Hotel : à partir de 700 $

Menu dégustation haut de gamme : 90-315 $

Massage d'une heure au Great Jones Spa : 160 $

Fauteuil d'orchestre au Metropolitan Opera : 85-445 $

À prévoir

Deux mois avant Réservez votre hébergement – plus vous tardez, plus le prix sera élevé. Décrochez des billets pour les affiches de Broadway et demandez une visite gratuite avec un guide de Big Apple Greeters.

Un mois avant La plupart des restaurants chics ouvrent leurs réservations quatre semaines à l'avance.

Une semaine avant Parcourez le Web pour être au courant des inaugurations d'établissements, des concerts, des spectacles comiques et des manifestations artistiques.

Arriver à New York

John F Kennedy International Airport (JFK)

L'AirTrain (7,75 $) est connecté au métro (2,75 $) ainsi qu'aux trains LIRR (de 4,5 à 10 $), plus coûteux mais plus rapides. Un taxi coûte 52 $ (hors péage, pourboire et surcoût aux heures de pointe).

LaGuardia Airport (LGA)

Prenez le bus express Q70 jusqu'à la station de métro 74th St-Broadway. Le bus express vers Midtown coûte 16 $, et un taxi 35-55 $ (hors pourboire et péage).

Newark Liberty International Airport (EWR)

Prenez l'AirTrain (7,75 $) pour la Newark Airport Station ; empruntez n'importe quel train à destination de Penn Station New York (13 $). Un taxi coûte de 50 à 70 $ (plus environ 15 $ de péage et de pourboire).

Comment circuler

Métro

Bon marché, efficace et ouvert 24h/24, 7j/7. Un trajet coûte 2,75 $; inclus dans le réseau MetroCard ou OMNY.

Bus

Pratique pour circuler entre les quartiers est et ouest de Manhattan. 2,75 $ par trajet ; réseau MetroCard.

Taxi

Le compteur est réglé sur 2,50 $ au départ et augmente de 50 ¢ tous les 0,2 mile. Voir www.nyc.gov/taxi.

Ferry

Fait des haltes à Manhattan, Brooklyn et Queens. Voir www.ferry.nyc.

Vélo

Les vélos en libre-service de Citi Bike (www.citibikenyc.com).

Gare d'Oculus (p. 47 ; conçue par Santiago Calatrava), National September 11 Memorial & Museum

Les quartiers de New York

Upper West Side et Central Park (p. 203)
Quartier du Lincoln Center et de Central Park, antidote aux interminables étendues de béton.

West Village, Chelsea et Meatpacking District (p. 107)
Cafés de quartier et lieux de sortie tendance jalonnent des rues pittoresques aux belles maisons de brique.

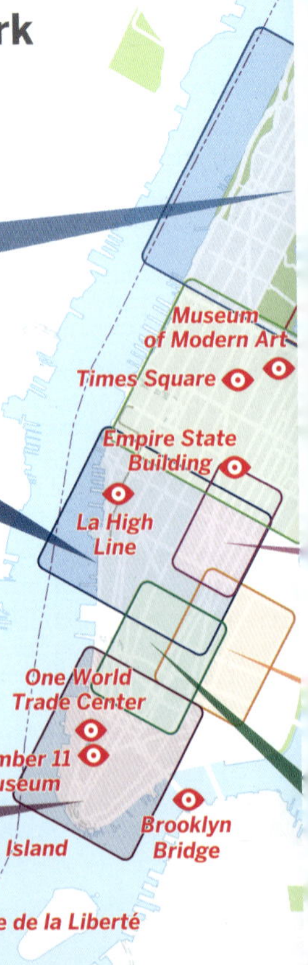

Financial District et Lower Manhattan (p. 39)
Ce secteur englobe le mémorial et musée du 11-septembre, le Brooklyn Bridge et la statue de la Liberté.

Brooklyn : Park Slope, Gowanus et Green-Wood Cemetery (p. 223)
Une des zones résidentielles les plus appréciées de la ville, avec l'un de ses plus beaux parcs et le charmant Green-Wood Cemetery.

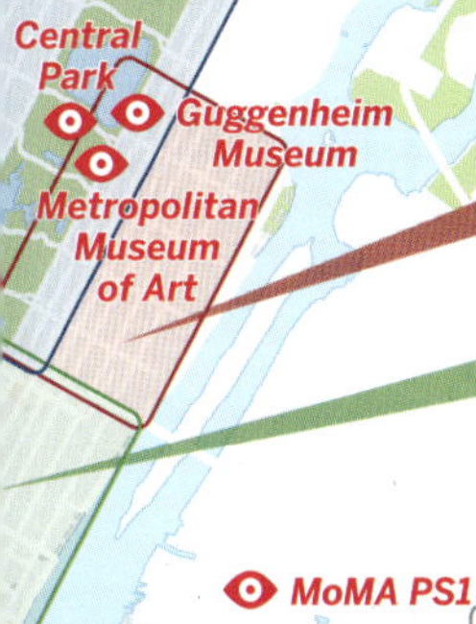

Upper East Side (p. 181)
Boutiques de luxe, hôtels particuliers et le Museum Mile en point d'orgue architectural.

Midtown (p. 149)
New York tel qu'on l'imagine : Times Square, Broadway, forêts de gratte-ciel et foule affairée.

Union Square, Flatiron District et Gramercy (p. 135)
Secteur regroupant plusieurs quartiers disparates et hauts en couleur. Peu de monuments, mais excellents restaurants.

East Village et Lower East Side (p. 85)
L'ancien côtoie le moderne dans ces deux quartiers très courus pour manger à petit prix et sortir.

SoHo et Chinatown (p. 65)
Temples cachés et restaurants de raviolis émaillent Chinatown. À côté, les rues léchées de SoHo sont bordées de boutiques chics.

Explorer New York

Vaut le détour

Promenades à pied

Vue aérienne de Central Park (p. 204) et Manhattan

HOWARD KINGSNORTH/GETTY IMAGES ©

Explorer

Financial District et Lower Manhattan

La pointe sud de Manhattan ne se limite plus aux affaires et compte quelques sites phares comme le National September 11 Memorial & Museum et le One World Trade Center. Sans oublier Ellis Island et la statue de la Liberté. Au nord du quartier se trouvent les entrepôts reconvertis de Tribeca, abritant restaurants haut de gamme, boutiques et galeries d'art.

À ne pas manquer

- ***Statue de la Liberté (p. 40)*** *Une ascension à l'intérieur de la plus célèbre statue d'Amérique.*
- ***National September 11 Memorial & Museum (p. 46)*** *Un moment de recueillement, d'espoir et de résilience devant Ground Zero.*
- ***One World Trade Center (p. 48)*** *Une montée éclair jusqu'au sommet du plus haut édifice de l'hémisphère Ouest pour admirer un panorama époustouflant.*
- ***Staten Island Ferry (p. 52)*** *Une vue sur les gratte-ciel rougeoyant au crépuscule depuis ce ferry emblématique – et gratuit – qui traverse la baie de New York.*
- ***Ellis Island (p. 43)*** *Une plongée dans l'histoire de l'immigration américaine depuis l'une des portes d'entrée les plus importantes et poignantes du pays.*

Comment y aller

S Le Financial District est bien desservi par le métro ; les lignes A/C, J/Z, 2/3 et 4/5 transitent par la station Fulton St. Prenez la ligne 1 vers South Ferry pour embarquer à destination de Staten Island, ou bien vers la statue de la Liberté et Ellis Island.

Plan du quartier p. 50

Panorama de Lower Manhattan GAGLIARDIPHOTOGRAPHY/SHUTTERSTOCK ©

Les incontournables

Statue de la Liberté et Ellis Island

Depuis 1886, Lady Liberty pose un regard sévère sur le continent aux Lumières éteintes, de l'autre côté de l'Atlantique. Surnommée la "Mère des exilés", elle est souvent interprétée comme le rappel à l'ordre symbolique d'un ancien monde injuste. Le poème "Le Nouveau Colosse" (1883), de Emma Lazarus, illustre son défi : "Donne-moi tes pauvres, tes exténués / Qui en rangs serrés aspirent à vivre libres / Le rebut de tes rivages surpeuplés."

PLAN P. 50, C8

www.nps.gov/stli

adulte/enfant Ellis Island 23,50/12 $

8h30-18h (horaires variables selon la saison)

jusqu'à Liberty Island, S 1 jusqu'à South Ferry, 4/5 jusqu'à Bowling Green, puis ferry

De Suez à New York

Beaucoup seront surpris d'apprendre que l'imposant cadeau de la France à l'Amérique n'était pas, à l'origine, destiné aux États-Unis. En effet, Frédéric-Auguste Bartholdi avait initialement en tête une colossale sculpture vouée à garder l'entrée du canal de Suez en Égypte, l'une des plus grandes prouesses d'ingénierie du XIXe siècle. Toutefois, l'ambitieux monument ne parvint pas à s'attirer de solides financements de la part de la France ou de l'Égypte, semblant ainsi reléguer le rêve de Bartholdi aux oubliettes. L'écrivain français Édouard de Laboulaye ayant proposé d'offrir un cadeau à l'Amérique pour symboliser les valeurs démocratiques communes aux deux pays, Bartholdi modifia son projet pour transformer son fiasco du canal de Suez en "Liberté éclairant le monde" – un cadeau impérissable visant à célébrer le centenaire de la Déclaration d'indépendance des États-Unis.

Genèse de la statue

Bartholdi dédia presque 20 ans à son rêve : créer ce colosse de cuivre creux et l'ériger dans la baie de New York. Contrarié par d'importants problèmes financiers, le projet fut néanmoins facilité par la campagne d'appel de fonds de l'homme de presse Joseph Pulitzer et de la poétesse Emma Lazarus, dont l'ode à la statue est désormais gravée sur le piédestal, conçu par l'architecte américain Richard Morris Hunt. Par ailleurs, le travail de Bartholdi se heurta à un défi structurel, résolu grâce à l'ossature métallique interne signée Gustave Eiffel.

Finalement achevée en 1884 (un peu en retard pour le centenaire de 1876), l'œuvre fut expédiée par bateau en 350 morceaux emballés dans 214 caisses, puis remontée quatre mois durant et placée sur un piédestal de granit. Son inauguration en octobre 1886

★ À savoir

- Pour visiter à la fois la statue de la Liberté et Ellis Island, prenez le ferry avant 14h.
- Les mesures de sécurité au terminal des ferries sont strictes, avec des scanners de type aéroport. Comptez une attente de 1 heure 30 en haute saison.
- Les billets officiels ne sont vendus que par **Statue Cruises** (plan p. 50, C8 ; ☎877-523-9849 ; www.statuecruises.com ; Battery Park, Lower Manhattan ; adulte/enfant à partir de 23,50/12 $; ⏲départs 8h30-17h, 9h30-15h30 en hiver) – ne vous fiez pas aux vendeurs à la sauvette vous affirmant le contraire. Il est recommandé d'acheter ses tickets en ligne, en amont.

✕ Une petite faim ?

Apportez un pique-nique, car la nourriture sur place est médiocre. Sinon, venez tôt le matin et repartez à Lower Manhattan pour vous restaurer au District (p. 55).

s'accompagna de la première *ticker-tape parade* (défilé avec lâcher de papiers dans les airs) et d'une flottille de près de 300 bateaux. C'est le National Park Service qui gère la statue depuis 1933. En 1984, une restauration a été entamée sur la robe de cuivre oxydée de la vieille dame, qui a été inscrite la même année au patrimoine mondial de l'Unesco.

La statue de la Liberté aujourd'hui

Les visiteurs ayant réservé pourront gravir les 162 marches (abruptes) qui mènent du haut du piédestal à la couronne, d'où la vue sur la ville et le port est grandiose. Attention : l'accès à la couronne est très limité et le seul moyen d'y accéder est de réserver son billet en amont ; le plus tôt sera le mieux (jusqu'à 6 mois avant). Lors de la rédaction de ce guide, l'accès à la couronne était fermé au public.

Si vous avez raté votre sésame pour la couronne, vous aurez peut-être plus de chance avec l'accès au piédestal – vue imprenable également. Comme pour la couronne, les billets sont en nombre limité et sont réservables à l'avance, soit en ligne, soit par téléphone.

Vous n'avez de billets ni pour l'un ni pour l'autre ? Pas de panique. Tous les billets de ferry pour Liberty Island et Ellis Island donnent accès au parc autour de la statue (*grounds*), où vous pourrez faire une visite guidée ou audioguidée, et au récent **musée de la Statue de la Liberté**, ouvert en 2019.

Bâtiment principal d'Ellis Island

Ellis Island

Plus célèbre porte d'entrée de l'Amérique, point de rencontre entre le désespoir de la vieille Europe et les promesses du Nouveau Monde, **Ellis Island** (☎ infos 212-363-3200, billets 877-523-9849 ; www.nps.gov/elis) a vu transiter entre 1892 et 1924 plus de 12 millions de personnes en quête d'un avenir meilleur. Aujourd'hui, environ 40% de la population des États-Unis auraient au moins un ancêtre qui serait passé par cette île, ce qui confirme son rôle majeur dans la construction du pays. D'ici, les nouveaux arrivants allaient directement dans le Lower East Side, dont les boutiques et leurs enseignes en yiddish, en italien, en allemand et en chinois reflètent les multiples origines.

Une Irlandaise à New York

La première personne à débarquer à Ellis Island fut Anna Moore, dite "Annie", 17 ans. Après une traversée de 12 jours depuis le comté irlandais de Cork, elle arriva le 1er janvier 1892, accompagnée de ses frères Philip et Anthony ; tous trois venaient retrouver leurs parents, émigrés à New York quatre ans plus tôt. Elle épousa l'immigrant allemand Joseph Augustus Schayer et donna naissance à au moins 11 enfants, dont seuls 5 survécurent. Morte le 6 décembre 1924, elle repose au Calvary Cemetery, dans le Queens.

Bâtiment principal

Après l'incendie de l'édifice en bois originel en 1897, les architectes Edward Lippincott Tilton et William A. Boring conçurent ce bâtiment Art nouveau, digne "prélude" à l'aventure américaine avec sa grande entrée dotée d'une triple arcade, ses briques rouges, ses pierres angulaires et ses belvédères en granit. Les candidats à l'immigration faisaient la queue sous le magnifique plafond voûté de la Registry Room, de 103 m de long, pour présenter leurs papiers (polygames, indigents, criminels et anarchistes étaient refoulés).

Restauration

Après une restauration à 160 millions de dollars, le bâtiment principal de l'île a rouvert au public en 1990, sous le nom d'Ellis Island Immigration Museum. Ce musée rend un hommage poignant à l'expérience des immigrants : les récits d'historiens, d'immigrants et de diverses autres sources donnent vie à une fascinante collection d'objets personnels, de documents officiels, de photographies et de séquences de films. Il est recommandé d'acheter votre billet en ligne (www.statuecruises.com) pour éviter l'attente interminable aux guichets.

Les incontournables

Brooklyn Bridge

Figurant parmi les sites les plus photographiés de New York, le pont de Brooklyn fut ouvert en 1883. Avec une portée alors inégalée de 486 m entre ses deux tours, il devint le premier lien terrestre entre Brooklyn et Manhattan, mais aussi le premier pont suspendu en acier au monde. Cet ouvrage d'art intemporel a inspiré divers poètes, écrivains et peintres... tout en continuant de nous émerveiller aujourd'hui.

PLAN P. 50, F4

S 4/5/6 jusqu'à Brooklyn Bridge-City Hall, J/Z jusqu'à Chambers St, R/W jusqu'à City Hall, 2/3 jusqu'à Clark St, A/F jusqu'à High St-Brooklyn Bridge

Une histoire émaillée de tragédies

Le concepteur du pont, l'ingénieur d'origine allemande John Roebling, contracta le tétanos en se faisant écraser le pied par un ferry à l'embarcadère de Fulton et mourut avant même le début du chantier. Son fils Washington Roebling assuma la responsabilité du projet, qui dura 14 ans. Il fut également victime du projet, contractant la maladie des caissons après avoir travaillé sous l'eau. Cloué au lit – avec vue sur le pont – pendant des années, il confia à son épouse Emily Warren Roebling, mathématicienne et ingénieure, le soin de superviser la construction à sa place. Elle dut faire face à des dépassements de budget et à des politiciens mécontents. Outre les malheurs des Roebling, au moins 27 ouvriers perdirent la vie durant la construction de l'ouvrage. Enfin, une ultime tragédie marqua la naissance du pont : en 1883, six jours après l'inauguration officielle, une énorme foule de piétons se retrouva compressée dans un escalier après que la rumeur d'un effondrement, peut-être née d'une plaisanterie, eut entraîné une bousculade, causant au final 12 morts et des dizaines de blessés.

Traversée du pont

La traversée du pont de Brooklyn figure généralement en bonne place sur la liste des activités "à faire absolument" à New York. La promenade piétonnière offre une très belle vue sur Lower Manhattan et les points de vue situés sous les piliers sont dotés de panneaux en cuivre explicatifs. La balade d'environ 1,5 km vous prendra de 20 à 40 minutes en fonction du nombre d'arrêts que vous ferez pour admirer le paysage.

L'entrée du pont côté Manhattan se trouve à l'extrémité est du City Hall Park ; arrivé de l'autre côté, vous serez à la frontière de deux quartiers : Brooklyn Heights, résidentiel et verdoyant, et Dumbo, apprécié pour ses boutiques et restaurants.

★ À savoir

- Sur le pont, restez du côté réservé aux piétons. L'autre est conçu pour les cyclistes.
- Pour fuir la foule et jouir du panorama en solo, venez tôt le matin (avant 7h).

✕ Une petite faim ?

Pour refaire le plein d'énergie après la balade, optez pour l'une des deux pizzerias fondées par le maestro Patsy Grimaldi, Juliana's (p. 11) et **Grimaldi's** (☎718-858-4300 ; www.grimaldispizzeria.com ; 1 Front St, angle Old Fulton St ; pizzas 20-24 $, spéciales 23-31 $; ⏲11h30-21h dim-jeu, jusqu'à 22h ven-sam ; Ⓢ A/C jusqu'à High St-Brooklyn Bridge), situées juste en dessous du pont, à Brooklyn Heights. Au programme : des pizzas de légende, dans des variations à la fois classiques et innovantes.

Les incontournables

National September 11 Memorial & Museum

Empreint de dignité, le mémorial du 11-Septembre commémore le pire attentat terroriste jamais perpétré sur le sol américain. Ses deux bassins sont un symbole d'espoir et de renouveau, mais surtout un monument à la mémoire des milliers de victimes. À côté, dans une atmosphère solennelle, le musée du Mémorial relate les événements de ce terrible jour de 2001.

PLAN P. 50, C5

www.911memorial.org/museum

180 Greenwich St

mémorial entrée libre, musée adulte/enfant 26/15 $

9h-20h dim-jeu, 9h-21h ven et sam

S E jusqu'à World Trade Center, 2/3 jusqu'à Park Pl, R/W jusqu'à Cortlandt St

Bassins-miroirs

Baptisés *Reflecting Absence* (le reflet de l'absence), les bassins-miroirs (voir photo) du mémorial du 11-Septembre sont entourés d'une esplanade plantée de 400 chênes blancs d'Amérique, et reposent sur les anciennes fondations des tours jumelles. De l'eau ruisselle en permanence le long des parois, recueillie dans une fosse centrale de 9 m de profondeur. Autour des bassins, des plaques de bronze portent les noms des victimes des attentats du 11 septembre 2001 et de celui à la voiture piégée du 26 février 1993.

Musée du Mémorial

Le National Septembre 11 Memorial Museum renforce la puissance méditative du monument. Logé entre les bassins réfléchissants, le pavillon d'entrée vitré évoque une tour effondrée. À l'intérieur, une rampe d'escalator glisse vers le principal hall souterrain du musée. Les visiteurs descendent à l'ombre de deux tridents d'acier initialement scellés dans les fondations de la tour nord. Les murs de l'émouvante galerie In Memoriam sont tapissés des photos et des noms des disparus. Des écrans tactiles et une salle de réflexion s'attardent sur les vies des victimes.

On peut aussi prendre conscience de ce qui s'est passé ce jour-là en voyant le camion de pompier désagrégé qui est exposé à l'entrée de l'Historical Exhibition. Il témoigne de la violence du brasier auquel firent face les soldats du feu.

L'Historical Exhibition, principale exposition du musée, est installée dans le monumental Foundation Hall. Sa collection de vidéos, d'enregistrements audio, d'images, d'objets et de témoignages, donne à réfléchir sur la tragédie et les histoires de deuil, de résilience et d'espoir qui l'ont suivie. On peut aussi voir la dernière poutre d'acier retirée du site, couverte de messages et de témoignages en hommage aux personnes qui ont péri.

★ À savoir

- Dans le musée, ne manquez pas l'"Ange du 11-Septembre", le visage angoissé d'une femme visible sur une poutre métallique.
- À l'extérieur, admirez l'immense Oculus blanc de Santiago Calatrava, saisissante structure en acier inspirée des ailes d'une colombe en vol, qui recouvre la nouvelle station de métro du World Trade Center.
- La dernière entrée se fait 2 heures avant la fermeture.
- L'accès au musée est gratuit le mardi de 17h à 20h.

Une petite faim ?

- Fuyez les restaurants proches, où viennent déjeuner tous les courtiers de Wall Street, en rejoignant Tribeca, où vous trouverez tout un choix de restaurants prisés, comme la Locanda Verde (p. 56) ou le Two Hands (p. 57), une bonne adresse à prix plus doux.

Les incontournables

One World Trade Center

Comblant le trou béant qui marquait la skyline *de Lower Manhattan, le One World Trade Center incarne la renaissance, la détermination et la résilience de la ville. Il ne s'agit pas d'un simple gratte-ciel, mais d'un géant hautement symbolique, à la fois imprégné du passé et fermement tourné vers l'avenir. Il offre également une vue vertigineuse et inoubliable sur la ville depuis le One World Observatory, à son sommet.*

PLAN P. 50, B4

www.oneworldobservatory.com

285 Fulton St

adulte/enfant 38/32 $, gratuit -6 ans

9h-21h sept-avr, 8h-21h mai-août

S E jusqu'à World Trade Center, 2/3 jusqu'à Park Pl, A/C, J/Z, 4/5 jusqu'à Fulton St

L'édifice

S'élançant depuis l'angle nord-ouest du site du World Trade Center, cette tour de 104 étages est la version remaniée par David M. Childs du concept mis au point par Daniel Libeskind en 2002. Ce gratte-ciel fuselé est actuellement le plus haut building du continent américain, et le sixième du monde, antenne comprise. Ses angles biseautés forment plusieurs triangles isocèles qui, vus du sol, semblent s'élever vers l'infini. Avec son mât sculpté (contenant une antenne) codessiné par le sculpteur Kenneth Snelson, il atteint la hauteur symbolique de 1 776 pieds (541 m), en référence à l'année de l'indépendance des États-Unis.

C'est également l'un des rares édifices au monde à s'être vu décerner la certification LEED Or pour ses divers atouts écologiques. Près de la moitié des matériaux de construction est composée de contenu postindustriel recyclé, tandis que l'eau de pluie est récoltée pour le refroidissement des équipements et l'irrigation des végétaux. La lumière naturelle, ainsi que les systèmes électriques et CVC, réduisent les besoins en électricité.

One World Observatory

Les plateformes d'observation les plus hautes de la ville occupent les niveaux 100 à 102 : elles sont accessibles par cinq ascenseurs Sky Pod, parmi les plus rapides au monde (ascension éclair de 381 m en 47 secondes). Le véritable point d'orgue est au 100e étage, où vous attend un époustouflant panorama à 360 degrés, qui invite à traquer les sites célèbres, des ponts de Brooklyn et de Manhattan à la statue de la Liberté, en passant par l'Empire State Building et le Chrysler Building. Pour vous repérer, des tablettes interactives sont disponibles à la location (supplément de 10 $ avec le billet combiné). La vue extraordinaire, surtout par temps clair, s'étend sur les cinq *boroughs* et les trois États voisins.

★ À savoir

- Préachetez vos billets en ligne (www.oneworldobservatory.com/tickets) pour éviter les longues files d'attente.
- Au moment de l'achat, vous devrez sélectionner un créneau horaire spécifique pour la visite ; venez dès 9h15 pour profiter d'une courte période d'attente et d'une foule clairsemée. Le coucher du soleil est le moment le plus couru.
- Si vous êtes pressé par le temps (ou simplement impatient), vous pouvez couper toutes les files avec un billet Priority Reserve.

✕ Une petite pause ?

Il y a quelques restaurants au 101e étage, mais les prix sont exorbitants. Attendez plutôt d'être ressorti : dirigez-vous à l'ouest et vous tomberez sur Brookfield Place, où vous pourrez vous restaurer au Hudson Eats (p. 58) ou au District (p. 55).

Nos adresses
Les incontournables p. 40
Voir p. 52
Se restaurer p. 55
Prendre un verre p. 59
Sortir p. 62
Shopping p. 62
0 200 m
0 0,1 mile
TRIBECA
CHINATOWN
TWO BRIDGES
One World Trade Center
Woolworth Building 8
African Burial Ground National Monument 5
Brooklyn Bridge
St John's Park
Washington Market Community Park
Columbus Park
Thomas Paine Park
City Hall Park
Federal Plaza
Foley Square
St Andrews Plaza
Police Plaza
Chatham Square
Holland Tunnel
West St (West Side Hwy)
Broadway
Park Row
Sixth Ave (Av of the Americas)
Worth St (Ave of the Strongest)
Canal St
Franklin St
Chambers St
City Hall
Park Place
Chambers St/ Brooklyn Bridge City Hall
Broadway-Nassau St
Desbrosses St
Vestry St
Laight St
Hubert St
Collister St
Beach St
N Moore St
Harrison St
Jay St
Hudson St
Greenwich St
Duane St
Reade St
Varick St
St Johns La
W Broadway
Church St
Lispenard St
Walker St
White St
Leonard St
Thomas St
Howard St
Cortlandt Al
Lafayette St
Centre St
Baxter St
Mulberry St
Mott St
Bayard St
Hogan Pl
Mosco St
Henry St
Oliver St
James St
Madison St
Catherine St
Pearl St
Elk St
St James Pl
Ave of the Finest
Frankfort St
Dover St
Water St
Front St
South St
Spruce St
Beekman St
Nassau St
Gold St
Ann St
Barclay St
Park Pl
Murray St
Warren St
North End Ave
Vesey St
A B C D E F
1 2 3 4
10 11 12 13 14 15 16 21 22 23 24 25 27 28 29 30 31 33 35

A
B
C
D
E
F
5
6
7
8
National September 11 Memorial & Museum
World Trade Center
Memorial Pools
North Cove
BATTERY PARK CITY
Battery Park City Esplanade
South End Ave
Albany St
Rector Pl
W Thames St
Battery Pl
2nd Pl
Museum of Jewish Heritage
Robert F Wagner Jr Park
South Cove
Hudson River
Upper New York Bay
Pier A
Castle Clinton
Battery Park
Ferry pour la statue de la Liberté
Statue de la Liberté et Ellis ISland
South Ferry
Terminal
Whitehall Ferry
Ferry pour Staten Island
Ferry pour Governors Island
National Museum of the American Indian
Battery Pl
Bowling Green
West Side Hwy
Edgar St
Washington St
Carlisle St
Liberty St
Cortlandt St
Dey St
Century 21
Cortlandt St
Fulton St
Zuccotti Park
Cedar St
Thames St
Trinity Church
Rector St
Greenwich St
Trinity Pl
Morris St
FINANCIAL DISTRICT
Broadway
Wall St
Exchange Al
Broad St
New St
Whitehall St
Stone St
Bridge St
Pearl St
State St
Whitehall St
Beaver St
S William St
Stone St
Broad St
William St
Nassau St
Liberty St
LOWER MANHATTAN
Dutch St
John St
Fulton St
Platt St
TKTS Booth
Cliff St
Fulton St
Guilbert Park
Beekman St
South St
Maiden La
Cedar St
Pine St
Water St
Front St
Fletcher St
Pearl St
Water St
Gouverneur La
Old Slip
Vietnam Veterans Plaza
South St
Franklin D Roosevelt Dr
Pier 6
Pier 11
New York Water Taxi
Arrêt : Wall Street
East River
Pier 15
Pier 16
Pier 17
South Street Seaport Museum
1
2
3
4
6
7
9
17
18
19
20
26
32
34

Voir

Ferry pour Staten Island FERRY

1 PLAN P. 50, D8

Moyen de transport pour les habitants de Staten Island, instrument d'escapades romantiques pour ceux de New York, ces gros ferries orange vif, gratuits, font en continu la traversée (8,3 km, 25 minutes) entre Lower Manhattan et le quartier de St George, à Staten Island. L'un des plus beaux périples, et des moins chers, de New York. (www.siferry.com ; Whitehall Terminal, 4 Whitehall St, au niveau de South St, Lower Manhattan ; 24h/24 ; S 1 jusqu'à South Ferry ; R/W jusqu'à Whitehall St, 4/5 jusqu'à Bowling Green)

Museum of Jewish Heritage MUSÉE

2 PLAN P. 50, B7

Posée au bord de l'eau, ce musée aborde tous les aspects de l'identité et de la culture juives, allant des traditions religieuses aux œuvres d'art. L'exposition permanente couvre trois thèmes répartis sur trois étages – *La vie des juifs il y a un siècle*, *La renaissance juive* et *La guerre contre les juifs* – et offre une exploration détaillée de l'Holocauste, avec à l'appui des milliers d'effets personnels, de photographies, de documentaires et de témoignages de survivants. Le **Garden of Stones** ("jardin de pierres"), installation extérieure d'Andy Goldsworthy, commémore également les victimes de la Shoah avec son étroite allée composée de 18 blocs de pierre d'où jaillissent des arbres. (646-437-4202 ; www.mjhnyc.org ; 36 Battery Pl, Financial District ; tarif plein/réduit 18/12 $, gratuit -12 ans ; 10h-17h mer et dim, 10h-20h jeu, 10h-15h ven ; 4/5 jusqu'à Bowling Green, R/W jusqu'à Whitehall St)

Trinity Church ÉGLISE

3 PLAN P. 50, C6

Plus haut édifice de New York à sa consécration en 1846, Trinity Church affiche un clocher culminant à 85 m et un vitrail richement coloré dominant l'autel. Parmi les résidents célèbres de son cimetière figure le père fondateur et premier secrétaire du Trésor Alexander Hamilton (dont la vie est retracée dans un spectacle de Broadway). L'excellent programme musical comprend les récitals d'orgue *Pipes at One* (13h vendredi) et des spectacles de chorale en soirée, dont de nouvelles œuvres commandées par Trinity et une interprétation annuelle du *Messie* de Haendel, en décembre. À l'heure où nous mettions sous presse, l'église et son jardin étaient temporairement fermés au public (messe à 11h15 le dimanche). (212-602-0800 ; www.trinitywallstreet.org ; 89 Broadway, au niveau de Wall St ; Lower Manhattan ; 7h-18h, cimetière jusqu'à 18h en été, coucher du soleil en hiver ; S 1, R/W jusqu'à Rector St, 2/3, 4/5 jusqu'à Wall St)

National Museum of the American Indian

MUSÉE

4 PLAN P. 50, D7

Ce musée occupe l'ancienne **Maison des Douanes**, de style Beaux-Arts, conçue par Cass Gilbert en 1907. Par-delà une vaste rotonde elliptique coiffée d'un puits de lumière, d'élégantes galeries abritent des expositions temporaires consacrées à l'art, à la culture, à la vie et aux croyances des Amérindiens. Les œuvres d'art décoratif, tissus et objets rituels de la collection permanente illustrent la diversité de ces communautés, tandis que l'**imagiNATIONS Activity Center** explore leurs techniques. (212-514-3700 ; www.nmai.si.edu ; 1 Bowling Green, Financial District ; entrée libre ; 10h-17h lun-ven ; ; S 4/5 jusqu'à Bowling Green, R/W jusqu'à Whitehall St)

African Burial Ground National Monument

MÉMORIAL

5 PLAN P. 50, D3

En 1991, des ouvriers découvrirent ici plus de 400 cercueils en bois, enfouis à quelques mètres à peine du sol. Ils contenaient les ossements d'Afro-Américains des XVIIe et XVIIIe siècles, esclaves et hommes libres, que la Trinity Church, juste à côté, avait refusé, dès 1697, d'enterrer dans son cimetière. Aujourd'hui, un **mémorial** poignant ainsi qu'un **centre des visiteurs**, doté de quatre salles contenant des expositions pédagogiques, rend hommage aux quelque 15 000 hommes, femmes et enfants enterrés dans ce cimetière africain,

Ferry pour Staten Island

South Street Seaport

Avant que l'ouragan Sandy ne frappe le secteur en 2012, les New-Yorkais ne s'y promenaient guère, préférant laisser aux touristes son ambiance commerçante artificielle, ses artistes de rue et ses restaurants médiocres et souvent bondés. Les travaux de rénovation et de réaménagement ont pris du temps, mais ont récemment connu un coup d'accélérateur. Un édifice flambant neuf sur le **Pier 17** (plan p. 50, F5 ; www.pier17ny.com ; 89 South St, South Street Seaport, Lower Manhattan ; S 2/3, 4/5, A/C, J/Z jusqu'à Fulton St) abrite quelques restaurants haut de gamme, une vaste terrasse donnant sur le fleuve (le **Heineken Riverdeck**), un bar en *rooftop* et un espace de concert à ciel ouvert ; le réaménagement se poursuit et des buildings vertigineux pourraient venir surcharger l'horizon. Et même si les nouveaux projets menacent la préservation des éléments historiques, quelques bars et restaurants conservent leur charme évocateur et méritent le coup d'œil.

le plus grand et le plus ancien du pays. (☎212-238-4367 ; www.nps.gov/afbg ; 290 Broadway, entre Duane St et Elk St, Lower Manhattan ; entrée gratuite ; 🕙10h-16h mar-sam ; S J/Z jusqu'à Chambers St, R/W jusqu'à City Hall, 4/5/6 jusqu'à Brooklyn Bridge-City Hall)

Battery Park

PARC

6 PLAN P. 50, C8

Cette oasis de 4,8 ha qui borde la rive sud de Manhattan se pare d'œuvres d'art, d'allées sinueuses et de jardins. On y trouve, parmi une vingtaine de monuments, un mémorial aux victimes de la guerre de Corée, ainsi qu'une statue rendant hommage au navigateur italien Giovanni da Verrazzano. C'est à cet endroit que les Néerlandais ont fondé leur première colonie à Manhattan et que fut ensuite installée la première batterie de canons destinée à la défendre. On y trouve également le **SeaGlass Carousel** (☎212-344-3491 ; www.seaglasscarousel.nyc ; au niveau du 17 State St ; 5 $; 🕙11h-21h, 20h en hiver), manège onirique sur le thème de la mer, le site historique de **Castle Clinton** (☎212-344-7220 ; www.nps.gov/cacl ; gratuit ; 🕙7h45-17h) et l'embarcadère du ferry pour Ellis Island et la statue de la Liberté. (www.thebattery.org ; Broadway, au niveau de Battery Pl et State St ; 🕙6h-1h ; S 4/5 jusqu'à Bowling Green, R/W jusqu'à Whitehall St, 1 jusqu'à South Ferry)

South Street Seaport Museum

MUSÉE

7 PLAN P. 50, E5

Fondé en 1967, ce musée comporte plus de 2 800 m² d'exposition, dispersés au fil des rues pavées de l'ancien quartier portuaire de New York. Outre de fascinantes expositions relatives à l'histoire maritime de la ville, il y a un magasin du XVIIIe siècle (p. 62) et une presse typographique, ainsi qu'une poignée d'imposants navires à découvrir sur le Pier 16. Vous pourrez visiter, à quai, le *Wavertree* (1885) et le bateau-phare *Ambrose* (1907), et aux beaux jours, sillonner le port à bord du *Pioneer* (adulte/enfant 42/28 $; horaires variables), construit en 1885, et du *WO Decker* (adulte/enfant + 10 ans 35/29 $, départ de 19h 25 $; 14h et 19h mer-ven, 13h30, 15h, 16h30 et 19h sam-dim), un petit remorqueur en bois de 1930. (212-748-8600 ; www.southstreetseaportmuseum.org ; 12 Fulton St, entre Water St et Front St, Lower Manhattan ; expositions et balade en bateau adulte/enfant 20 $/gratuit, imprimerie et magasin gratuit ; bateaux et centre des visiteurs 11h-17h mer-dim, imprimerie 11h-19h mar-dim ; ; S 2/3, 4/5, A/C, J/Z jusqu'à Fulton St)

Woolworth Building

ÉDIFICE REMARQUABLE

8 PLAN P. 50, D4

Achevé en 1913, le Woolworth Building, merveille néogothique revêtue de maçonnerie et de terre cuite, a été conçu par Cass Gilbert. Haut de 241 m pour 60 étages, c'était à l'époque le plus haut du monde, avant d'être surpassé par le Chrysler Building en 1930. Classé site historique national, son hall, dont les mosaïques évoquent les splendeurs byzantines, est accessible dans le cadre d'une visite guidée (sur réservation) qui vous donnera un aperçu des aspects originels les plus curieux du bâtiment, dont une bouche de métro dédiée et une piscine secrète. (203-966-9663 ; www.woolworthtours.com ; 233 Broadway, au niveau de Park Pl, Lower Manhattan ; visites 30 min/1 heure/1 heure 30 20/30/45 $; S R/W jusqu'à City Hall, 2/3 jusqu'à Park Pl, 4/5/6 jusqu'à Brooklyn Bridge-City Hall)

Se restaurer

Le District

TEMPLE CULINAIRE FRANÇAIS $$$

9 PLAN P. 50, B5

La France est à l'honneur dans cette épicerie géante où l'on trouve de tout, des viennoiseries aux steaks-frites, en passant par de séduisantes tartines et des fromages bien français.Le **Liberty Bistro**, son principal restaurant, propose des classiques de bistrot. Pour un repas rapide, gagnez le comptoir du **Market District** ou commandez une crêpe au **Cafe District**. (212-981-8588 ; www.ledistrict.com ; Brookfield Place, 225 Liberty St, au niveau de West St, Lower Manhattan ; marché plats 12-30 $, Liberty Bistro plats dîner 22-37 $; Cafe District 11h30-20h lun-ven, 10h-20h sam-dim ; Liberty Bistro 12h-22h mar-jeu, 12h-22h30 ven, 11h-22h30 sam, 11h-21h30 dim ; ; S E jusqu'à World Trade Center, 2/3 jusqu'à Park Pl, R/W jusqu'à Cortlandt St, 4/5 jusqu'à Fulton St, A/C jusqu'à Chambers St)

Locanda Verde

ITALIEN $$$

10 PLAN P. 50, B2

Accolée au **Greenwich Hotel**, cette brasserie italienne est tenue par le chef Andrew Carmellini. Derrière les rideaux de velours, la salle bruisse d'animation, entre clientèle chic, et barmaids et barmen experts s'affairant derrière le comptoir. Même si l'on vient ici pour voir et être vu, la cuisine (espadon grillé avec salade de farro, *orecchiette* avec saucisse de canard...) reste son atout principal. (212-925-3797 ; www.locandaverdenyc.com ; 377 Greenwich St, au niveau de Moore St, Tribeca ; plats déj 26-36 $, dîner 29-55 $; 11h30-15h lun-ven et 17h-22h dim-jeu, jusqu'à 23h ven-sam ; S 1 jusqu'à Franklin St , A/C/E jusqu'à Canal St)

Maman

BISTROT $

11 PLAN P. 50, C2

Avec ses murs blancs délavé, ses puits de lumière et ses bouquets de lavande, ce petit bistrot de quartier apprécié oscille entre des airs de ferme provençale et chic industriel de Manhattan. À la carte, aux accents français : salades, omelettes et sandwichs généreux, gaufres au babeurre et à la nectarine, sans oublier la quiche du jour. Café et pâtisseries à emporter. (646-882-8682 ; www.mamannyc.com ; 211 W Broadway, Tribeca ; plats 13-16 $; 7h30-18h lun-ven, 8h-18h sam-dim ; S 1 jusqu'à Franklin St)

Bâtard

EUROPÉEN $$$

12 PLAN P. 50, C1

Le chef autrichien Markus Glocker dirige ce chaleureux restaurant étoilé, où la sobriété du décor laisse l'attention se porter sur la cuisine. Les plats sont un parfait exemple de cuisines française et italienne traditionnelles. Au menu (à prix fixe) : succulent bar rayé avec ses chanterelles ou encore tagliatelles avec filet d'agneau rôti, olives et pecorino. (212-219-2777 ; www.batardtribeca.com ; 239 W Broadway, entre Walker St et White St, Tribeca ; menu 2/3/4 plats 75/85/95 $; 17h30-22h mar-sam ; S 1 jusqu'à Franklin St, A/C/E jusqu'à Canal St)

Tiny's & the Bar Upstairs

AMÉRICAIN $$$

13 PLAN P. 50, C3

Installé dans une petite maison de Tribeca construite en 1810, ce restaurant vaut déjà le coup d'œil pour son intérieur rustique – boiseries et papier peint anciens, plafond en métal d'origine, comptoirs en cuivre repoussé et marbre. Cela dit, vous resterez pour la nourriture et les cocktails. On y sert une cuisine américaine moderne aux accents français : canard poêlé aux navets, moules au safran... (212-374-1135 ; www.tinysnyc.com ; 135 W Broadway, entre Thomas St et Duane St, Tribeca ; plats déj 15-27 $, dîner 27-41 $; 12h-15h30 lun-ven ; 16h-22h lun-mar, 16h-22h30 mer-jeu,

16h-23h ven-sam ; brunch 11h-16h sam, 10h-17h dim ; S 1 jusqu'à Franklin St, A, C jusqu'à Chambers St)

Grand Banks PRODUITS DE LA MER $$

14 PLAN P. 50, A3

À bord du *Sherman Zwicker*, une goélette de 1942 amarrée sur l'Hudson, le chef Kerry Heffernan sert des produits de la pêche durables, notamment de délicieuses huîtres de l'Atlantique (bar dédié). Essayez aussi le ceviche, les *rolls* au homard ou le crabe en mue. Une clientèle chic s'y retrouve après le travail ou le week-end ; venez y prendre un verre le soir – vue imprenable sur le coucher du soleil. (212-520-7855 ; www.grandbanks.org ; Pier 25, près de N Moore St, Tribeca ; huîtres 19-25 $ la demi-douzaine, plats déj 26-33 $, plats brunch 17-32 $; 11h-0h30 lun-ven, 10h-14h-0h30 sam-dim ; S 1 jusqu'à Franklin St, A/C/E jusqu'à Canal St)

Two Hands AUSTRALIEN $$

15 PLAN P. 50, C2

L'intérieur aux murs de briques blanchies à la chaux donne une touche spacieuse à ce café-restaurant moderne, de style australien. Il séduit les habitants du quartier pour le brunch ou le déjeuner, avec ses plats légers : bols d'açai aux baies et granola, ou encore sandwich au poulet à la feta et la tapenade. Le café est excellent et l'happy hour s'étale de 14h à 17h. (www.twohandsnyc.com ; 251 Church St,

Le District (p. 55)

entre Franklin St et Leonard St, Tribeca ; plats déj et brunch 13-18 $; 8h-16h lun-ven, 8h-17h sam-dim ; ; S 1 jusqu'à Franklin St, N/Q/R/W, 6 jusqu'à Canal St)

Gotan

CAFÉ $

16 PLAN P. 50, C2

Ce café animé et lumineux est fréquenté par les *geeks* du centre-ville, qui profitent du Wi-Fi gratuit, des prises électriques et des tapis de charge. La carte n'est pas très fournie, mais les sandwichs, salades et petits-déjeuners d'inspiration méditerranéenne et orientale sauront vous rassasier. Le café vient de chez Counter Culture. (212-431-5200 ; www.gotannyc.com ; 130 Franklin St, entre Varick St et W Broadway, Tribeca ; sandwichs et salades 12,50-16 $; 8h-16h ; ; S 1 jusqu'à Franklin St)

Eataly NYC Downtown

TEMPLE CULINAIRE ITALIEN $$

17 PLAN P. 50, C5

Situé au deuxième niveau de la galerie marchande Westfield, ce *food hall* de 3 800 m² est dédié à la gastronomie italienne. Parcourir les rayons de son épicerie fine vous mettra l'eau à la bouche. Asseyez-vous ensuite à La Pizza & la Pasta Colori pour déguster une pizza napolitaine cuite au feu de bois. Autre adresse dans le Flatiron District. (212-897 2895 ; www.eataly.com ; 4 World Trade Center, 101 Liberty St, près de Church St ; tlj 8h-21h ; S E jusqu'à World Trade Center, 2/3 jusqu'à Park Place, R/W jusqu'à Cortlandt St, 4/5 jusqu'à Fulton St, A/C jusqu'à Chambers St)

Luchadores NYC

MEXICAIN $

18 PLAN P. 50, E5

Installez-vous sur la petite terrasse de cette *taquería* sans chichi pour un repas de burritos, de tacos ou de quesadillas à base de *short ribs* (plat de côtes), *carne asada* (bœuf rôti), *pollo asado* (poulet rôti) ou crevettes à la mode cajun. Avec son happy hour de 15h à 18h (nachos offerts pour deux bières achetées), ce lieu est une alternative bienvenue aux établissements plus huppés des alentours de South Street Seaport. (917-409-3033 ; www.instagram.com/luchadores.nyc ; 87 South St, au niveau de John St, Lower Manhattan ; tacos 5-7 $, burritos 10-12 $; 11h30-20h30 lun-jeu, 11h30-21h ven, 12h-21h sam, 12h-20h30 dim ; S 2/3 jusqu'à Wall St)

Hudson Eats

FOOD COURT $

19 PLAN P. 50, B5

Ce *food court* chic et élégant est installé à **Brookfield Place**, un ensemble haut de gamme de bureaux et de commerces. Vous y jouirez d'une vue époustouflante sur Jersey City et l'Hudson, et vous aurez le choix entre plusieurs restaurants tenus par de grands chefs, dont **Blue Ribbon Sushi**, **Num Pang** ou encore **Dos Toros Taqueria**. (212-978-1698 ; www.

bfplny.com/food ; Brookfield Place, 230 Vesey St, Lower Manhattan ; plats à partir de 7 $; 8h-21h lun-sam, 8h-19h dim; ; S E jusqu'à World Trade Center, 2/3 jusqu'à Park Place, R/W jusqu'à Cortlandt St, 4/5 jusqu'à Fulton St, A/C jusqu'à Chambers St)

Prendre un verre

Dead Rabbit

BAR

20 PLAN P. 50, D7

Baptisé d'après un gang irlando-américain du XIXe siècle, ce célèbre bar sur trois niveaux propose des bières spéciales, des punchs à l'ancienne et des *pop-inns* (bières aromatisées). Grimpez à l'étage, au très cosy Parlor, pour siroter des cocktails élaborés avec soin. Quant à l'Occasional Room, à l'étage supérieur, il n'est accessible que sur réservation "pour les amoureux du whisky". (646-422-7906 ; www.deadrabbitnyc.com ; 30 Water St, entre Broad St et Coenties Slip, Financial District ; 16h-2h lun-mar, 12h-2h mer-jeu, 12h-3h ven-sam, 12h-2h dim ; S R/W jusqu'à Whitehall St, 1 jusqu'à South Ferry)

Nancy Whiskey Pub

PUB

21 PLAN P. 50, C1

Ce pub tout en longueur date de Mathusalem (le bois du bar, poli par les années, en témoigne), mais il reste une valeur sûre. Ici, la boisson de choix est le Jack Daniels *on the rocks* ou la bière Budweiser (2,50 $ la bouteille durant l'happy hour : dur de trouver moins cher à Manhattan !). Avec un jukebox et une table de *shuffleboard* (sorte de jeu de palets sur une longue table en bois), que demander de plus ? (212-226 9943 ; www.facebook.com/NancyWhiskeyPub ; 1 Lispenard St, près de 6th Ave ; 11h-4h lun-sam, 12h-4h dim ; S A/C/E jusqu'à Canal St, 1 jusqu'à Franklin St)

La Colombe

CAFÉ

22 PLAN P. 50, C1

Certes, on ne sert ici que du café et des pâtisseries, mais que de saveurs ! Expresso noir et intense et café au lait artisanal glacé naturellement sucré sont servis à une clientèle jeune et branchée et à des Européens bien renseignés. Ne partez pas sans avoir goûté au "Pure Black Coffee", un café pressé à froid, conservé dans une cuve à vin en acier inoxydable pendant 16 heures. Dehors, attardez-vous devant la plaque en bronze accrochée sur le mur de Lispenard St : ici, un bâtiment a autrefois servi de "station" à l'Underground Railroad, le réseau secret de routes et de maisons sûres actif au XIXe siècle qui a permis la libération de milliers d'esclaves. C'est ici qu'est arrivé Frederick Douglass, grande figure de l'abolitionnisme né esclave, après avoir fui le Maryland. (212-343-1515 ; www.lacolombe.com ; 319 Church St, au niveau de Lispenard St, Tribeca ; 7h30-18h30 ; S A/C/E jusqu'à Canal St)

Brandy Library

BAR À COCKTAILS

23 PLAN P. 50, C1

Affichant un ton brandy, ce temple des alcools bruns est l'adresse idéale pour commander un cognac ou un whisky de premier ordre. Installez-vous dans un beau fauteuil club, en face d'étagères murales remplies de bouteilles, puis sirotez votre boisson préférée, accompagnée de petits mets à grignoter – gougères, steak tartare au couteau, foie gras, etc. Pour un tête-à-tête, le samedi soir est plus calme que les soirs de semaine. (212-226-5545 ; brandylibrary.com ; 25 N Moore St, entre Varick St et Hudson St, Tribeca ; 16h-minuit mar-mer, 16h-2h jeu-sam ; S 1 jusqu'à Franklin St)

Smith & Mills

BAR À COCKTAILS

24 PLAN P. 50, B2

Ce minuscule établissement coche toutes les cases de l'adresse branchée : façade anonyme, intérieur de style industriel et cocktails savamment concoctés, avec un penchant pour les classiques. L'espace étant réduit, mieux vaut s'y rendre tôt pour profiter de ses superbes banquettes capitonnées. La carte, qui évolue avec les saisons, propose aussi bien des en-cas légers qu'un bon hamburger agrémenté d'oignons caramélisés. (646-858-1433 ; www.smithandmills.com ; 71 N Moore St, entre Hudson St et Greenwich St, Tribeca ; 16h-23h ; S 1 jusqu'à Franklin St)

Pier A Harbor House (1896), édifice emblématique du Pier A

ARTYOORAN/SHUTTERSTOCK ©

Terroir Tribeca

BAR À VINS

25 PLAN P. 50, B2

Ce bar à vins plaisant fait le bonheur des œnophiles avec une carte bien pensée et des prix raisonnables.Les vins proviennent de petits producteurs, aussi bien d'Europe que du continent américain, et certains sont naturels. Les barmen sauront vous renseigner. Grande sélection de vins au verre et bonne cuisine de bistrot (plats 14-28 $). Happy hour en début *et* en fin de service. (212-625-9463 ; www.wineisterroir.com ; 24 Harrison St, entre Greenwich St et Hudson St, Tribeca ; 16h-minuit ; S 1 jusqu'à Franklin St)

Watermark

BAR

26 PLAN P. 50, F6

Installé au bout du Pier 15, ce bar tout en verre offre une vue spectaculaire du Brooklyn Bridge aux buildings de Wall Street. L'immense terrasse au bord de l'eau est particulièrement agréable pour siroter un verre aux beaux jours. Les cocktails sont corrects et plutôt bien servis. Petite carte classique de salades, fruits de mer, burgers et plats (8-18 $) aux influences mexicaines et américaines. Happy hour de 16h à 18h du lundi au jeudi et de 14h à 17h le vendredi (happy hour sur les huîtres également en semaine). (212-742-8200 ; watermarkny.com ; Pier 15, 78 South St ; 16h-23h lun-mer, 16h-minuit jeu, 14h-minuit ven, 12h-minuit sam, 12h-23h dim ; S 2/3 jusqu'à Wall St)

Billets à prix réduits

Vous cherchez des billets à prix réduits pour Broadway ? Optez pour le **kiosque TKTS** (plan p. 50, E5 ; www.tdf.org/tkts ; angle Front St et John St, Lower Manhattan ; 11h-18h lun-sam, 11h-16h dim ; S A/C, 2/3, 4/5, J/Z jusqu'à Fulton St, R/W jusqu'à Cortlandt St) de South Street Seaport plutôt que pour celui de Times Square. Il y a un peu moins de monde et on peut acheter des places pour les spectacles en matinée du lendemain (chose impossible à Times Sq). L'application TKTS pour Smartphone indique les disponibilités en temps réel.

Cowgirl SeaHorse

BAR

27 PLAN P. 50, F4

Noyé dans un océan de bars et de restaurants sérieux, le Cowgirl SeaHorse ressemble à un navire de croisière festif. Sa thématique entre ranch et mer (roues de chariots, hippocampes aux murs) et sa cuisine maison du Sud (poisson noirci, burgers aux huîtres de La Nouvelle-Orléans, crevettes et gruau, etc.) le rendent irrésistible. Les concerts du lundi, l'happy hour (sauf le samedi) et les excellentes *frozen* margaritas ne gâchent rien. (212-608-7873 ; www.cowgirlseahorse.com ; 259 Front St, au niveau de Dover St, Lower Manhattan ; 12h-4h lun-ven, 11h-4h sam-dim ; S A/C, J/Z, 2/3, 4/5 jusqu'à Fulton St)

Sortir

Flea Theater

THÉÂTRE

28 PLAN P. 50, C3

Parmi les meilleures compagnies du Broadway alternatif (*off-off-Broadway*), le Flea propose un théâtre innovant et actuel. Il abrite trois espaces, dont le "Siggy", qui porte le nom de sa cofondatrice, Sigourney Weaver. Le programme annuel comprend des productions musicales et chorégraphiques, ainsi que des spectacles dominicaux pour le jeune public (à partir de 2 ans) et SERIALS, un joyeux concours de pièces de 10 minutes en fin de soirée. (billets 212-226-0051 ; www.theflea.org ; 20 Thomas St, entre Timble Pl et Broadway, Tribeca ; billets à partir de 10 $; ; S A/C, 1/2/3 jusqu'à Chambers St, R/W jusqu'à City Hall)

City Vineyard

MUSIQUE LIVE

29 PLAN P. 50, A2

Ce bar-restaurant au bord de l'Hudson accueille chaque soir des concerts dans sa salle de 233 places, style cabaret intimiste. La scène est partagée entre nouveaux chanteurs-compositeurs, stars de la folk et, parfois, groupes de rock indépendant. Elle a notamment vu passer Suzanne Vega, Squirrel Nut Zippers, Shawn Colvin, Robyn Hitchcock, Los Lobos, Aimee Mann, Billy Bragg et Yo La Tengo. (646-677-8350 ;www.citywinery.com ; Quai 26, près de N Moore St, Tribeca ; S 1 jusqu'à Franklin St, A/C/E jusqu'à Canal St)

Shopping

Philip Williams Posters

VINTAGE

30 PLAN P. 50, C3

Une caverne d'Ali Baba qui recèle plus de 100 000 affiches, datant de 1870 pour certaines : gigantesques publicités pour des parfums et des cognacs français, affiches de films de l'ère soviétique ou estampes de *nianhua* (Nouvel An chinois). Les prix vont de 15 $ pour une petite reproduction à plusieurs milliers de dollars pour des pièces rares. Seconde entrée au 52 Warren St. (212-513-0313 ; www.postermuseum.com ; 122 Chambers St, entre Church St et W Broadway, Lower Manhattan ; 10h-19h lun-sam ; S A/C, 1/2/3 jusqu'à Chambers St)

Pearl River Mart

GRAND MAGASIN

31 PLAN P. 50, D1

Pilier du New York commerçant depuis 1971, le Pearl River vend un choix étourdissant de souvenirs, d'articles pour la maison, de vêtements et d'accessoires asiatiques : pyjamas en soie pour hommes, robes *cheongsam*, vaisselle en céramique japonaise, lanternes en papier, kits d'origami et de calligraphie, chats porte-bonheur... La galerie d'art en mezzanine accueille des expositions temporaires gratuites de peintres et de photographes américains d'origine asiatique. (212-431-4770 ; www.pearlriver.com ; 395 Broadway, au niveau de Walker St, Tribeca ; 11h-19h ; S N/Q/R/W, J/M/Z, 6 jusqu'à Canal St)

Bowne & Co Stationers
CADEAUX ET SOUVENIRS

32 PLAN P. 50, E5

Idéalement situé dans le secteur pavé de South Street Seaport et affilié au South Street Seaport Museum voisin (p. 54), ce vénérable magasin du XVIIIe siècle vend des posters vintage, des cartes, des carnets, des trousses, des cartes, des timbres et même du papier cadeau sur le thème de New York. L'**imprimerie** propose des cartes de visite personnalisées et des initiations mensuelles à l'art de Gutenberg (consultez le site Internet du musée, à la rubrique *Learn/ Letterpress Whorkshops*). (646-628-2707 ; www.bowne.co ; 211 Water St, entre Beekman St et Fulton St, Lower Manhattan ; 11h-19h ; S 2/3, 4/5, A/C, J/Z jusqu'à Fulton St).

Let There Be Neon
NÉONS

33 PLAN P. 50, C1

Ce magasin vend toutes sortes d'enseignes lumineuses au néon. Il vous sera difficile d'en rapporter une dans vos valises, mais le lieu à lui seul mérite une visite. Il s'agit de la galerie d'un atelier fabriquant des enseignes lumineuses pour les commerces, les musées et les entreprises. Le MoMA et Coca-Cola comptent parmi ses clients. (212-226-4883 ; www.lettherebeneon.com ; 38 White St, 1er ét., près de Church St ; 9h-17h lun-ven ; S 1, A/C/E jusqu'à Canal St)

Pasanella & Son
VINS

34 PLAN P. 50, F5

Les œnologues adorent ce caviste éclairé, disposant de 400 vins aussi inspirés qu'abordables. L'accent est mis sur les petits producteurs, dont quelques viticulteurs biodynamiques et biologiques. Il y a également un grand choix de whiskies américains et des dégustations de vins gratuites le samedi (17h-19h). (212-233-8383 ; www.pasanellaandson.com ; 115 South St, entre Peck Slip et Beekman St, Lower Manhattan ; 12h-20h ; S A/C, J/Z, 2/3, 4/5 jusqu'à Fulton St, R/W jusqu'à Cortlandt St)

CityStore
CADEAUX ET SOUVENIRS

35 PLAN P. 50, D3

Le paradis du souvenir officiel de New York : plaques de taxis, dessous-de-verre façon plaque d'égout, T-shirts à la gloire des différents quartiers, casquettes NYPD, enseignes de stations de métro, livres... Et, plus insolites, des ouvrages sur les normes locales d'urbanisme et autres réglementations. (212-386-0007 ; www.nyc.gov/citystore ; North Plaza, Municipal Bldg, 1 Centre St, au niveau de Chambers St, Lower Manhattan ; 9h-16h lun-ven ; S J/Z jusqu'à Chambers St, 4/5/6 jusqu'à Brooklyn Bridge-City Hall, R/W jusqu'à City Hall)

麗心餅屋
125
Manna House Bakery
125
永泰
127 MOTT ST.

Explorer

SoHo et Chinatown

Les quartiers branchés de SoHo ("South of Houston"), NoHo ("North of Houston") et Nolita ("North of Little Italy") sont connus pour leurs boutiques, bars et restaurants. Chinatown et ce qu'il reste de Little IItaly séduisent par leur ambiance de rue unique. On trouve ici un mélange aussi délicieux que contradictoire d'édifices de style "cast iron" (avec éléments en fonte), de fashionistas, de lieux de culte et de salamis suspendus en vitrine.

À ne pas manquer

- ***Shopping (p. 80)*** *Direction les grandes rues commerçantes de SoHo (sans oublier les quartiers voisins de Nolita et NoHo), paradis du shopping à Manhattan.*

- ***Chinatown (p. 68)*** *Un monde en soi, aux rues toujours animées, idéal pour marchander des babioles et avaler des raviolis chinois.*

- ***Little Italy (p. 71)*** *Pour une pause tiramisu en sirotant un verre de grappa, tout en écoutant les anciens parler italien.*

- ***Merchant's House Museum (p. 68)*** *Un musée vénérable – et peut-être hanté – où plonger dans la vie new-yorkaise des années 1800.*

- ***Peking Duck House (p. 75)*** *Sans doute le meilleur canard laqué pékinois à des lieues à la ronde, préparé dans les règles de l'art.*

Comment y aller

S Les lignes de métro vous déposent en divers points de Canal St (J/Z, N/Q/R/W et 6). De là, explorez le secteur à pied.

Évitez de prendre des taxis ou des bus par ici – surtout à Chinatown – car la circulation y est très dense.

Plan du quartier p. 66

Chinatown (p. 68) MICHAL STIPEK/GETTY IMAGES ©

A
B
C
D
E
F
1
2
3
4
WEST VILLAGE
GREENWICH VILLAGE
NOHO
EAST VILLAGE
NOLITA
Washington Square Park
New York University
Sara D Roosevelt Park
Washington Pl
W 4th St-Washington Sq
Washington Sq S
Washington Sq E
Waverly Pl
Washington Pl
W 4th St
W 3rd St
Joe's Pub
29
Fourth Ave
Lafayette St
2
Merchant's House Museum
E 6th St
E 5th St
E 4th St
E 3rd St
E 2nd St
E 1st St
Second Ave
Great Jones St
33
Bond St
Bleecker St
Bleecker St
Bowery
Broadway
Mercer St
LaGuardia Pl
Thompson St
Sullivan St
MacDougal St
Carmine St
Downing St
Sixth Ave (Avenue of the Americas)
W Houston St
Film Forum
Houston St
King St
Charlton St
Vandam St
Varick St
Spring St
W Houston St
New York Earth Room
5
Sullivan St
Thompson St
W Broadway
Greene St
40
Prince St
11
38
12
Prince St
Crosby St
Broadway-Lafayette St
36
Jersey St
Mulberry St
Mott St
Elizabeth St
E Houston St
13
16
32
21
Prince St
Spring St
Spring St
Spring St
2nd Ave
Stanton St
Chrystie St
Rivington St

Nos adresses
Voir p. 68
Se restaurer p. 72
Prendre un verre p. 77
Sortir p. 79
Shopping p. 80
0 200 m
0 0,1 mile
A
B
C
D
E
F
5
6
7
8
SOHO
LITTLE ITALY
CHINATOWN
The Broken Kilometer
New York City Fire Museum
Drawing Center
Museum of Chinese in America
Leslie-Lohman Museum of Gay & Lesbian Art
Ancien commissariat de police
Columbus Park
Chinatown
Confucius Plaza
St John's Park
Hudson Square
Spring St
Dominick St
Broome St
Watts St
Grand St
6th Ave
Thompson St
Canal St
St Johns La
Varick St
6th Ave (Ave of the Americas)
Desbrosses St
Vestry St
Hudson St
Laight St
Hubert St
Wooster St
Greene St
Mercer St
Broadway
Lispenard St
Walker St
White St
Franklin St
Leonard St
Church St
W Broadway
Cortlandt Al
Lafayette St
Centre St
Howard St
Cleveland Pl
Center Market Pl
Baxter St
Mulberry St
Hester St
Elizabeth St
Kenmare St
Bowery
Mott St
Bayard St
Hogan Pl
Pell St
Doyers St
Mosco St
1
3
4
6
7
8
9
10
14
15
17
18
19
20
22
23
24
25
26
27
28
30
31
34
35
37
39

Voir

Chinatown

QUARTIER

1 PLAN P. 66, F8

Déambulez entre les temples et les boutiques, dans les odeurs de poisson frais et de kakis mûrs, écoutez les pièces de mah-jong claquer sur des tables de fortune, observez la valse des canards rôtis dans les vitrines et achetez tous les articles imaginables, des lanternes en papier de riz aux montres, en passant par la noix de muscade. Le plus grand quartier asiatique d'Amérique n'attend que vous ! (www.explorechinatown.com ; au sud de Broome St et à l'est de Broadway ; S N/Q/R/W, J/Z, 6 jusqu'à Canal St, B/D jusqu'à Grand St, F jusqu'à East Broadway)

Merchant's House Museum

MUSÉE

2 PLAN P. 66, E1

Bâtie en 1832 et acquise trois ans plus tard par le riche négociant Seabury Tredwell, cette maison en brique rouge reste la demeure de style fédéral la plus authentique de NYC (il y en a environ 300). On y découvre autant le passé marchand de la ville que l'ameublement typique du XIXe siècle, dans sa version la plus luxueuse : lustres en bronze, cheminées en marbre et élégantes chaises de salon du célèbre ébéniste et créateur de mobilier Duncan Phyfe (1768-1854). Le système de sonnettes pour appeler les domestiques fonctionne encore. (☎212-777-1089 ; www.merchantshouse.org ; 29 E 4th St, entre

Nom Wah Tea Parlor (p. 72)

Leslie-Lohman Museum of Art

Premier musée au monde consacré aux thématiques LGBTQ+ (lesbien, gay, bi, trans...), le **Leslie-Lohman Museum of Art** (plan p. 66, C6 ; 212-431-2609 ; www.leslielohman.org ; 26 Wooster St, entre Grand St et Canal St, Little Italy ; don suggéré 10 $; 12h-18h mer et ven-dim, 12h-20h jeu ; S A/C/E, N/Q/R, 1 jusqu'à Canal St) accueille entre six et huit expositions annuelles d'artistes locaux et internationaux. Il a ainsi organisé des rétrospectives d'artistes et des expositions sur des thèmes comme "l'art et le sexe sur le front de mer new-yorkais". La plupart des œuvres présentées proviennent du fonds de l'institution (qui en compte plus de 24 000). Également : des lectures, conférences, projections de films et spectacles destinés à un public gay. Consultez le site pour les dernières infos.

Lafayette St et Bowery, NoHo ; adulte/enfant 15 $/gratuit ; visite guidée 20 $; 13h-17h jeu-dim, jusqu'à 20h jeu mars-sept, visite guidée 12h jeu-dim ; S 6 jusqu'à Bleecker St ; B/D/F/M jusqu'à Broadway-Lafayette St)

New York City Fire Museum

MUSÉE

3 PLAN P. 66, A5

Situé dans une majestueuse caserne de 1904, ce musée à la gloire des soldats du feu recèle une fabuleuse collection de pièces historiques (voitures à cheval rutilantes, premiers casques de pompier de style haut-de-forme, ou encore Chief, l'héroïque chien combattant du feu de Brooklyn...) et retrace l'histoire de la lutte contre les incendies à New York. Grâce au matériel foisonnant et à l'accueillant personnel, ce lieu est aussi une excellente adresse pour les enfants. (212-691-1303 ; www.nycfiremuseum.org ; 278 Spring St, entre Varick St et Hudson St, SoHo ; adulte/enfant 10/5 $; 10h-17h ; S C/E jusqu'à Spring St)

Museum of Chinese in America

MUSÉE

4 PLAN P. 66, E6

Installé dans un espace conçu par l'architecte Maya Lin (à qui l'on doit aussi le fameux Vietnam Memorial à Washington), ce musée est un espace multifacettes. On y découvre l'histoire et la vie actuelle des Américains d'origine chinoise au fil d'installations interactives, de frises chronologiques, de cartes, de photographies, de lettres, de vidéos et d'objets d'époque. Sa principale exposition permanente, *With a Single Step: Stories in the Making of America*, traite de manière souvent approfondie des questions d'immigration, d'identité culturelle et de stéréotypes raciaux. (MOCA ;

212-619-4785 ; www.mocanyc.org ; 215 Centre St, entre Grand St et Howard St, Chinatown ; adulte/enfant 12/8 $, 11h-21h jeu, 11h-18h ven-dim, visites guidées sur réservation mer ; S N/Q/R/W, J/Z, 6 jusqu'à Canal St)

New York Earth Room INSTALLATION PERMANENTE

5 PLAN P. 66, C3

Depuis 1977, cette œuvre de l'artiste Walter De Maria (1935-2013) attire les curieux avec quelque chose de plutôt rare à Manhattan : de la terre ! Il y en a plus de 190 m^3, soit 127 tonnes de terre pour être précis. Circuler dans ce petit espace est une expérience grisante, et d'une certaine façon émouvante, et l'odeur qu'on y respire rappelle celle d'une forêt tropicale. (212-989-5566 ; www.earthroom.org ; 141 Wooster St, entre Prince St et W Houston St, SoHo ; entrée libre ; 12h-15h et 15h30-18h mer-dim, fermé mi-juin à mi-sept ; S N/R jusqu'à Prince St)

The Broken Kilometer INSTALLATION PERMANENTE

6 PLAN P. 66, C5

Cette installation ("Le Kilomètre Brisé" ; 1979) créée par feu Walter De Maria, l'un des pionniers du Land Art américain, occupe l'immense rez-de-chaussée d'une galerie de SoHo. Elle se compose de 500 tiges de laiton disposées au sol sur 5 rangées parallèles, l'espace entre deux tiges augmentant à chaque fois de 5 mm. Le résultat brouille notre perception de l'espace : les tiges semblent espacées de manière égale, alors que les dernières sont à 60 cm les unes des autres. Photos

Mulberry Street

MAREMAGNUM/GETTY IMAGES ©

interdites. (☎212-989-5566 ; www.diaart.org ; 393 W Broadway, entre Spring St et Broome St, SoHo ; entrée libre ; 12h-15h et 15h30-18h mer-dim, fermé mi-juin à mi-sept ; S N/R jusqu'à Prince St, C/E jusqu'à Spring St)

Columbus Park

PARC

7 PLAN P. 66, E8

Joueurs de mah-jong, adeptes de tai-chi et vieilles dames papotant autour de raviolis chinois… Si cette oasis de verdure a de faux airs de Shanghai, elle constitue pourtant le cœur historique de New York. Au XIXe siècle, le parc faisait partie de Five Points, un quartier malfamé qui abritait les premiers logements collectifs de la ville, et qui a inspiré le film *Gangs of New York*, de Martin Scorsese. (Mulberry St et Bayard St, Chinatown ; S J/Z, N/Q/R, 6 jusqu'à Canal St)

Drawing Center

MUSÉE

8 PLAN P. 66, C6

Le Drawing Center est le seul institut du pays à but non lucratif exclusivement consacré au dessin. Des œuvres d'artistes célèbres ou inconnus illustrent les différents styles. Des expositions ont déjà permis aux visiteurs de se familiariser avec les travaux de maîtres tels que Michel-Ange ou James Ensor, tandis que d'autres, portant sur l'art contemporain, ont été consacrées à Marcel Duchamp, Richard Serra, Ellsworth Kelly ou à Richard Tuttle. Les pièces exposées vont du dessin d'humour à l'œuvre engagée. (☎212-219-2166 ; www.drawingcenter.org ; 35 Wooster St, entre Grand St et Broome St, SoHo ; gratuit ; 12h-18h mer-dim ; S A/C/E, 1, N/Q/R jusqu'à Canal St)

Découvrir Little Italy

Ces 70 dernières années, Little Italy a beaucoup perdu de sa superficie et de son caractère. Dans les années 1950, l'exode vers les faubourgs de Brooklyn et au-delà a vu cet ancien bastion italien se muer en micro-caricature de lui-même. Et certains des restaurants italiens les plus authentiques se trouvent désormais dans le Bronx, sur Arthur Ave.

Aujourd'hui, le quartier se concentre principalement autour de **Mulberry Street** (Little Italy ; S N/Q/R, J/Z, 6 jusqu'à Canal St, B/D jusqu'à Grand St), charmante artère kitsch où dominent les nappes vichy, les airs de mandoline et la nostalgie du vieux pays.

Fin septembre, Mulberry St accueille durant 11 jours la **fête de San Gennaro** (www.facebook.com/sangennaronyc ; sept), saint patron de Naples. Dans une ambiance bruyante et conviviale, Italo-Américains et touristes se pressent autour des étals de nourriture, des stands de fête foraine et des divertissements gratuits.

Se restaurer

Nom Wah Tea Parlor

CHINOIS $

9 PLAN P. 66, F8

Dans une petite allée, cet établissement aux allures de *diner* est le plus vieux restaurant de *dim sum* de la ville. Investissez une banquette rouge ou un tabouret de bar, puis cochez ce que vous désirez sur le menu qui vous est donné. Brioches au porc rôti, raviolis de Shanghai, *siu mai* aux crevettes... tout est exquis. (212-962-6047 ; www.nomwah.com ; 13 Doyers St, Chinatown ; dim sum à partir de 5 $; 11h-21h tlj sauf mer ; S J/Z jusqu'à Chambers St ; 4/5/6 jusqu'à Brooklyn Bridge-City Hall)

Thaï Diner

THAÏLANDAIS $$

10 PLAN P. 66, E5

Uncle Boons, petit restaurant thaïlandais étoilé au Michelin, a dû fermer ses portes, mais l'équipe s'est installée à quelques rues de là, chez son acolyte Thaï Diner. Alliant tradition et innovation, les mets créatifs, relevés et acidulés d'Uncle Boons viennent relever la délicieuse carte de leur hôte. Les cocktails accompagnent à merveille les plats et le Thai Coffee Monster vient clore le repas sur une note humoristique. (646-559-4140 ; www.thaidiner.com ; 186 Mott St, à hauteur de Kenmare St, Nolita ; plats 9-28 $; 11h-22h lun, mar, jeu, 11h-23h ven, 10h-23h sam, 10h-22h dim ; ; S J/Z jusqu'à Bowery, 6 jusqu'à Spring St)

The Mercer Kitchen

CUISINE DE CHEF $$$

11 PLAN P. 66, D4

Installé au sein de l'hôtel Mercer, le Mercer Kitchen est l'un des meilleurs restaurants de Soho. Le service est impeccable, l'ambiance agréable et la cuisine placée sous la houlette du célèbre chef alsacien Jean-Georges Vongerichten. Le menu du midi à 32 $, servi en semaine, est d'un excellent rapport qualité/prix. Recommandé, le menu Late Lunch permet de déjeuner de plats légers à prix doux (plats 12-24 $). Ouvert également au petit-déjeuner (7h30-10h30 tlj). (212-966 5454 ; www.themercerkitchen.com ; 99 Prince St, à hauteur de Mercer St, SoHo ; plats déj 18-55 $, dîner 24-65 $; 12h-22h lun-ven, 17h-22h sam-dim ; S N/R jusqu'à Prince St)

Dominique Ansel Bakery

PÂTISSERIE $

12 PLAN P. 66, B4

L'une des meilleures pâtisseries de New York, réputée pour ses *cronuts* (croisement entre le croissant et le donut), qui sont la signature du chef star français. Elle vaut aussi le détour pour son kouign-amann, ses tartes aux fruits et son Paris-New York, sorte de Paris-Brest au chocolat, caramel et beurre de cacahuète. Pour un *cronut*, présentez-vous avant 7h30 en semaine (plus tard le dimanche), avant qu'ils ne soient tous vendus. (212-219-2773 ; www.

dominiqueansel.com ; 189 Spring St, entre Sullivan St et Thompson St, SoHo ; desserts 5-8,75 $; 8h-19h lun-jeu, 8h-20h ven-sam, 9h-19h dim ; S C/E jusqu'à Spring St)

Tacombi Fonda Nolita MEXICAIN $

13 PLAN P. 66, E3

Guirlandes lumineuses, chaises pliantes, et tacos préparés par des Mexicains dans un vieux Combi Volkswagen abrité dans un ancien garage (dehors en été) – voici votre plan B si vous ne pouvez pas vous rendre sur la côte du Yucatán. Un endroit informel, convivial et et hyperpopulaire sert d'excellents tacos frais, notamment le *barbacoa* (au rôti de bœuf Black Angus). Plusieurs options végétariennes également. Arrosez le tout d'un pichet de sangria, puis programmez votre prochaine escapade au Mexique. (917-727-0179 ; www.tacombi.com ; 267 Elizabeth St, entre E Houston St et Prince St, Nolita ; tacos 4,50-6,50 $, quesadillas 7-9 $; 11h-23h ; S F jusqu'à 2nd Ave ; 6 jusqu'à Bleecker St)

Butcher's Daughter VÉGÉTARIEN $$

14 PLAN P. 66, F5

Il semblerait que la "fille du boucher" se soit définitivement émancipée : en effet, ce café à la façade blanche ne propose plus que des denrées végétariennes. La cuisine y est saine, mais nullement ennuyeuse. Au contraire, tout ici est divin : muesli bio caramélisé, salade César épicée au chou kale avec parmesan d'amandes (végan), ou encore *Butcher's burger* du soir (steak de légumes

Butcher's Daughter

Manger à Chinatown

Le mieux pour les touristes est de découvrir Chinatown à travers sa cuisine. Plus que partout ailleurs à Manhattan, on trouve ici des restaurants incroyablement bon marché où le cadre et la réputation n'ont pas d'influence sur les prix, et où l'on sert des recettes familiales transmises au fil des générations et des continents. L'Amérique n'a rien changé à la présentation des produits ni à leur préparation ; on voit souvent dans les devantures diverses viandes laquées – en particulier poulet, lapin et canard. Sur les trottoirs, des étals fumants vendent de petites brioches fourrées au porc et d'autres gourmandises à grignoter. Flânez dans les petites rues pour trouver l'assortiment coloré d'épices et d'herbes qui donneront du peps à vos recettes.

et haricots noirs). (212-219-3434 ; www.thebutchersdaughter.com ; 19 Kenmare St, au niveau de Elizabeth St, Nolita ; plats déj 13-18 $, dîner 16-22 $; 8h-21h dim-jeu, 8h-22h ven-sam ; ; S J jusqu'à Bowery ; 6 jusqu'à Spring St)

Balthazar FRANÇAIS $$$

15 PLAN P. 66, D5

Toujours roi de sa catégorie après plus de 20 ans d'existence, ce bistrot new-yorkais (à la salle bruyante) ne désemplit pas. Il doit sa réussite à trois atouts imparables : son emplacement en plein quartier commerçant de SoHo, son ambiance animée, entre Paris et New York, et sa carte très variée de classiques de bistrot français (omelette, steak tartare, salade niçoise). Les fruits de mer sont remarquables. Brunch le week-end (10h-16h). (212-965-1414 ; www.balthazarny.com ; 80 Spring St, entre Broadway et Crosby St, SoHo ; plats 22-48 $; 8h-minuit lun-ven, sam-dim 10h-minuit ; S 6 jusqu'à Spring St ; N/R jusqu'à Prince St)

Prince Street Pizza PIZZA À LA PART $

16 PLAN P. 66, E4

Une adresse culte pourvue de quelques tables hautes et d'un vieux four qui semble sur le point de lâcher. Les murs sont tapissés de photos des célébrités (Rebel Wilson, Usher, Kate Hudson...) adeptes du lieu, où les pizzas sont vendues à la part. Les sauces, la mozzarella et la ricotta sont faites maison et les pizzas sont bonnes (les New-Yorkais raffolent de celles aux pepperoni), mais pas au point de justifier la file d'attente. (212-966-4100 ; 27 Prince St, entre Mott St et Elizabeth St, Nolita ; part de pizza à partir de 3,50 $; 10h-23h lun-jeu, 10h-minuit sam-dim ; S R/W jusqu'à Prince St ; 6 jusqu'à Spring St)

Peking Duck House

CHINOIS $$$

17 PLAN P. 66, F8

Sans doute le meilleur canard laqué pékinois du quartier, à ne pas manquer : peau parfaitement croustillante et viande moelleuse. Présente dans diverses formules, cette spécialité de la maison est parfaite, avec pancakes, julienne de poireaux et sauce. Le lieu, plus distingué que certains à Chinatown, est idéal pour une soirée en tête-à-tête. (212-227-1810 ; www.pekingduckhousenyc.com ; 28a Mott St, Chinatown ; menu canard laqué 41-51,50 $/pers, plats 10-30 $; 11h30-22h30 dim-jeu, 11h45-23h ven-sam ; S J/Z jusqu'à Chambers St ; 6 jusqu'à Canal St)

Buddha Bodai

CHINOIS $

18 PLAN P. 66, F8

Surnommé l'"*Original Buddha Bodai*" depuis qu'un autre restaurant affichant le même nom et une carte similaire a ouvert à quelques rues de là, cet établissement (inauguré en 2004) propose une exquise cuisine végétarienne et casher aux parfums cantonais : soupe de nouilles au "canard", roulés de riz aux épinards, champignons aux haricots noirs, etc. Dim sum servis jusqu'à 16h. (212-566-8388 ; www.buddha-bodai.com ; 5 Mott St, Chinatown ; menu déj 7,50 $, plats 9-22 $, dim sum 3,25-5,95 $; ; 11h-21h30 lun-ven, 10h-21h30 sam-dim ; S J/Z jusqu'à Chambers St ; 4/5/6 jusqu'à Brooklyn Bridge-City Hall)

Prince Street Pizza

Canal St Market

FOOD COURT $

19 PLAN P. 66, D6

Situé à la lisière de Chinatown et de SoHo, ce vaste lieu mêlant cuisine et boutiques donne inévitablement le tournis. Dans un cadre industriel chic, les stands de restauration du *food court* sont un tour du monde des tendances culinaires – glace pilée japonaise, ceviche, produits fermiers, etc. L'étage réservé au shopping est idéal pour traquer des pépites, entre skateboards vintage, vêtements K-pop et bijoux made in New York. (www.canalstreet.market ; 265 Canal St, entre Broadway et Lafayette St ; restauration 11h-18h lun-jeu, 11h-19h ven-dim, boutiques 11h-19h lun-sam, 12h-18h dim ; S 6, N/Q/R/W jusqu'à Canal St)

Golden Steamer

CHINOIS $

20 PLAN P. 66, E6

Faufilez-vous dans cette minuscule échoppe pour déguster des *bao* (brioches vapeur) parmi les plus légers et savoureux de Chinatown. De volubiles cuisiniers chinois y préparent les succulentes farces, à la viande ou végétariennes : rôti de porc, saucisse chinoise, jaune d'œuf salé, et potiron, l'ingrédient star du lieu. Pour une saveur plus sucrée, essayez la tarte aux œufs. Venez tôt pour avoir un plus grand choix. (212-226-1886 ; 143a Mott St, entre Grand St et Hester St, Chinatown ; bao 0,80-1,75 $, 3 pour 2,50 $; 7h-19h ; S B/D jusqu'à Grand St ; N/Q/R, 6 jusqu'à Canal St ; J/Z jusqu'à Bowery)

Bouddha doré dans un temple bouddhique de Chinatown

Rubirosa

PIZZERIA $$

21 PLAN P. 66, E4

Préparées selon une recette de famille infaillible, les pizzas extrafines du Rubirosa attirent un flot constant de New-Yorkais. À dévorer dans un cadre douillet, perché sur un tabouret de bar ou à table, après avoir goûté aux *antipasti* et autres entrées. Il y a aussi des pâtes (la "petite" portion rassasie la plupart des ventres) et même une carte de plats sans gluten. (212-965-0500 ; www.rubirosanyc.com ; 235 Mulberry St, entre Spring St et Prince St, Nolita ; antipasti 12-20 $, pizzas 23-32 $, pâtes 18-30 $; 12h-minuit ; S N/R jusqu'à Prince St ; B/D/F/M jusqu'à Broadway-Lafayette St ; 6 jusqu'à Spring St)

Joe's Shanghai

CHINOIS $$

22 PLAN P. 66, F7

Les dumplings vapeur ou frits servis dans cet établissement dédié aux spécialités de la région de Shanghai sont réputés dans toute la ville, et il y a souvent la queue. Évitez les vendredis et samedis soir. Une seconde adresse, Joe's Ginger, se trouve à quelques rues, au 25 Pell St. (212-233 8888 ; www.joeshanghairestaurants.com ; 46 Bowery ; dumplings 6-10 $ les 8, plats 13-24 $; 11h-23h ; S 6, J/N/Q/R/W/Z arrêt Canal St, B/D jusqu'à Grand St)

Prendre un verre

Apothéke

BAR À COCKTAILS

23 PLAN P. 66, F8

Un petit effort est requis pour trouver cet ancien repaire d'opiomanes de Doyers St (la porte est surmontée de l'enseigne "chemist" – pharmacie – illustrée par un bécher) devenue bar-apothicaire. À l'intérieur, des barmen compétents, tels des chimistes prudents, concoctent des "prescriptions" intenses et parfumées à base de produits locaux, de saison et bio. Le "Sitting Buddha", cocktail épicé à base d'ananas et de coriandre, est l'un des meilleurs de la carte. (212-406-0400 ; www.apothekenyc.com ; 9 Doyers St, Chinatown ; 18h30-2h mar-sam ; S J/Z jusqu'à Chambers St, 4/5/6 jusqu'à Brooklyn Bridge-City Hall)

Ear Inn

PUB

24 PLAN P. 66, A5

Envie de savoir à quoi ressemblait SoHo avant l'arrivée des

Joe's Pub

À la fois bar, cabaret et salle de spectacle, le **Joe's Pub** (212-539-8778, billets 212-967-7555 ; www.joespub.com ; Public Theater, 425 Lafayette St, entre Astor Pl et 4th St, NoHo ; S 6 jusqu'à Astor Pl, R/W jusqu'à 8th St-NYU) est un établissement intime, qui accueille aussi bien de jeunes talents que des artistes confirmés, tels Patti LuPone, Amy Schumer, feu Leonard Cohen ou la chanteuse britannique Adele. L'entrée se fait par le Public Theater.

créateurs de tendances et des fashionistas ? Poussez donc la porte de l'Ear Inn, qui se présente fièrement comme l'une des plus anciennes tavernes de New York. L'endroit occupe une maison bâtie à la fin du XVIIIe siècle pour James Brown, assistant afro-américain de George Washington. Les boissons y sont bon marché et la clientèle éclectique. Tard le soir, les habitués viennent y dîner sur des tables en bois couvertes de nappes en papier. La salle exiguë est chargée de vieilles pancartes et d'objets anciens. Trois soirs par semaine, des groupes de jazz s'y produisent (de 20h30 à 23h30 environ). Programmation sur le site Internet. (212-226-9060 ; www.earinn.com ; 326 Spring St, entre Washington St et Greenwich St, SoHo ; bar 11h30-4h, cuisine 11h30-2h ; ; S C/E jusqu'à Spring St)

Compagnie des Vins Surnaturels BAR À VINS

25 PLAN P. 66, E5

Alliance chaleureuse de papier peint d'inspiration française, de fauteuils confortables et de bougies, cette Compagnie des Vins Surnaturels est le frère jumeau du bar parisien du même nom. L'équipe de chefs sommeliers jongle avec une impressionnante carte de quelque 600 vins, essentiellement français, dont beaucoup peuvent être commandés au verre. Accompagnez le tout d'une sélection de petits plats, par exemple des charcuteries maison, un tartare à la menthe et au concombre ou des duck buns (brioches au canard). L'happy hour (17h-18h lun-ven, 15h-16h le week-end) est avantageux, avec des en-cas à 5 $ et une réduction de 5 $ sur tous les vins. Goûtez au "vin mystère" et vous gagnerez peut-être une bouteille... si vous l'identifiez correctement sur la carte. C'est une adresse prisée pour grignoter autour d'une bonne bouteille : réservez si vous voulez une table agréable. (212-343-3660 ; www.compagnienyc.com ; 249 Centre St, entre Broome St et Grand St, Nolita ; 17h-1h lun-mer, 17h-2h jeu-ven, 16h-2h sam, 16h-minuit dim ; S 6 jusqu'à Spring St ; R/W jusqu'à Prince St)

Gilligan's BAR-TERRASSE

26 PLAN P. 66, B6

Aux beaux jours, le Soho Grand Hotel ouvre son discret mais très plaisant jardin et, à la différence des autres établissements à la mode, autorise l'accès aux non-résidents. Inspirée des paysages de la station balnéaire new-yorkaise les Hamptons, l'adresse est idéale pour siroter une margarita à la pastèque, la spécialité de la maison, en agréable compagnie. (212-965 3271 ; gilligansnyc.com ; Soho Grand, 310 W Broadway, près de Canal St ; 15h-22h lun-jeu, 15h-23h ven, 12h-23h sam, 12h-22h dim printemps-été ; S A/C/E jusqu'à Canal St)

Spring Lounge BAR

27 PLAN P. 66, E5

Rebelle, le Spring Lounge l'a toujours été. Pendant la Prohibition, on y débitait la bière au seau. Dans les années 1960, son sous-sol servait de tripot. Aujourd'hui, ce bar d'habitués est plus connu pour ses requins empaillés, ses habitués toujours fidèles au poste et ses joyeuses fins de soirées ouvertes à tous. Terminus idéal après avoir écumé les bars du quartier.Boissons bon marché et en-cas offerts (hot dogs le mercredi dès 17h, bagels le dimanche dès 12h) garantissent l'ambiance. (212-965-1774 ; www.thespringlounge.com ; 48 Spring St, au niveau de Mulberry St, Nolita ; 8h-4h lun-sam, 12h-4h dim ; S 6 jusqu'à Spring St ; R/W jusqu'à Prince St)

Jimmy

BAR À COCKTAILS

28 PLAN P. 66, B6

Perché en haut de l'hôtel James New York à SoHo, le Jimmy est un perchoir apprécié pour sa vue panoramique sur la ville et ses gratte-ciel. En été, les clients prennent l'air sur la terrasse ; par temps plus frais, on consomme en intérieur, au bar cerné de baies vitrées. Atout supplémentaire : la piscine extérieure. (212-201-9118 ; www.jimmysoho.com ; 15 Thompson St, au niveau de Grand St, SoHo ; 17h-1h lun-mer, 17h-2h jeu-ven, 15h-2h sam, 15h-1h dim ; S A/C/E, 1 jusqu'à Canal St)

Sortir

Public Theater

THÉÂTRE

29 PLAN P. 66, E1

Fondé sous le nom de Shakespeare Workshop en 1954, ce théâtre légendaire a monté certains des plus gros succès de New York, comme *Hamilton* en 2015. Il programme aussi bien des productions novatrices que des classiques revisités, parmi lesquels Shakespeare figure en bonne place – celui-ci fait en outre l'objet du festival **Shakespeare in the Park** (p. 219) en été. (212-539-8500, billets 212-967-7555 ; www.publictheater.org ; 425 Lafayette St, entre Astor Pl et 4th St, NoHo ; S 6 jusqu'à Astor Pl, R/W jusqu'à 8th St-NYU)

Film Forum

Le cinéma à but non lucratif **Film Forum** (plan p. 66, A3 ; billets 212-727-8110 ; www.filmforum.org ; 209 W Houston St, entre Varick St et 6th Ave, SoHo ; adulte/enfant 15/11 $; 12h-minuit ; S 1 jusqu'à Houston St) programme des films indépendants, des reprises et des rétrospectives de grands cinéastes, comme Orson Welles. Pour les cinéphiles invétérés, les séances sont souvent suivies de rencontres avec les réalisateurs ou de débats. En 2018, le cinéma s'est doté d'une quatrième salle et a rénové les trois autres.

OSUGI/SHUTTERSTOCK ©

Public Theater (p. 79)

Shopping

Kamwo Herbal Pharmacy
PLANTES MÉDICINALES

30 PLAN P. 66, F6

Une herboristerie à mi-chemin entre la pharmacie et le musée de plantes médicinales, où l'on prépare sous vos yeux toutes sortes de remèdes. C'est une adresse incontournable pour quiconque s'intéresse aux vertus de la médecine orientale, mais elle ravira aussi les passionnés de botanique et les curieux.(212-966-6370 ; www.kamwo.com ; 211 Grand St, entre Mott St et Elizabeth St, Chinatown ; 10h-18h20 ; S B/D jusqu'à Grand St, J/Z jusqu'à Bowery, J/N/Q/R/W/Z jusqu'à Canal St, 4/5/6, J/Z jusqu'à Chambers St)

Galeria Melissa
CHAUSSURES

31 PLAN P. 66, D5

Cette créatrice brésilienne est spécialisée dans les chaussures en plastique. Recyclables, durables et élégantes – ces souliers pour femmes et enfants parcourent toute la gamme, de la sandale moderne aux bottes, évidemment. (212-775-1950 ; www.melissa.com.br/us/galerias/ny ; 500 Broadway, entre Broome St et Spring St, SoHo ; 10h-18h lun-ven, 11h-19h sam, 12h-18h dim ; ; S 6 jusqu'à Spring St, R/W to Prince St)

McNally Jackson
LIVRES

32 PLAN P. 66, E4

Cette librairie indépendante possède une excellente sélection de magazines et de livres, allant

Shopping à SoHo et Chinatown

SoHo regorge de boutiques branchées, grandes ou petites. Gagnez Broadway pour les chaînes de prêt-à-porter, de chaussures et de jeans, ou les rues à l'ouest de ce secteur pour des vêtements et accessoires plus haut de gamme. Lafayette St est le repaire des DJ et des skateurs avec ses boutiques de labels indé et ses magasins vintage, tandis que SoHo fait fugure d'aimant pour les fashionistas. Avant une virée shopping, consultez les blogs pour tout savoir sur les promotions, les offres spéciales et les ouvertures de nouveaux magasins. Voyez notamment thestylishcity.com, www.thecut.com et the12ishstyle.com.

Si vous aimez le style bohème chic, continuez vers l'est jusqu'à Nolita, où de charmantes petites boutiques vendent vêtements, chaussures et accessoires uniques : les meilleures rues sont Mott St, Mulberry St et Elizabeth St.

Pour les herbes médicinales, les fruits exotiques, les woks et les théières chinoises, arpentez les rues bondées de Chinatown.

de la fiction contemporaine aux livres de cuisine, en passant par l'architecture, le design, l'art et l'histoire. Si vous trouvez un siège, l'agréable **café** est idéal pour s'installer avec un roman, ou pour assister à l'une des fréquentes séances de lecture ou de dédicace. (212-274-1160 ; www.mcnallyjackson.com ; 52 Prince St, entre Lafayette St et Mulberry St, Nolita ; 10h-20h ; S R/W jusqu'à Prince St ; 6 jusqu'à Spring St)

Resurrection

VINTAGE DE LUXE

33 PLAN P. 66, E2

Cette belle boutique donne une nouvelle vie aux plus beaux modèles des décennies passées. De stupéfiants articles en parfait état couvrent les époques mod, glam rock et new wave, tandis que des sommités du stylisme, tel Marc Jacobs, viennent y chercher leur inspiration. On y trouve notamment des robes Halston, des manteaux Courrèges et des bijoux Jack Boyd. Seul un petit nombre de modèles pour hommes sont exposés, mais on pourra vous montrer ceux qui sont en réserve. (212-625-1374 ; www.resurrectionvintage.com ; 45 Great Jones St, entre Lafayette St et Bowery, NoHo ; 11h-19h lun-sam ; S 6 jusqu'à Spring St, N/R jusqu'à Prince St)

CB2

DÉCORATION

34 PLAN P. 66, D6

La ligne jeune, moderne et très urbaine de la chaîne de magasins de design Crate and Barrel, le "Ikea de Chicago". Le design des verres, des tasses, des assiettes, des luminaires, des rideaux de douche ou de tous les articles pour la maison est toujours plein d'humour, et les prix restent très accessibles. Parfait pour un cadeau sans se ruiner ni renoncer à l'esthétique. (☎ 212-219-1454 ; www.cb2.com ; 451 Broadway Ave, à hauteur de Grand St, SoHo ; ⌚ 10h-20h lun-sam, 11h-19h dim ; S N/R jusqu'à Prince St)

Wing on Wo PORCELAINE

35 PLAN P. 66, F8

Ouverte en 1925, cette boutique serait la plus ancienne de Chinatown. Un temps menacée de fermeture, elle est aujourd'hui tenue par l'arrière-arrière-petite-fille de son fondateur. On peut y dénicher de belles assiettes, des vases ou des théières en porcelaine pour moins de 30 $. Désireuse de sauvegarder l'identité populaire du quartier, la nouvelle propriétaire y organise également conférences et expositions. (☎ 212-962 357 ; www.wingonwoand.co ; 26 Mott St, à l'angle de Mosco St, Chinatown ; ⌚ 11h-18h ; S 6, J/N/Q/R/W/Z jusqu'à Canal St, 4/5/6, J/Z jusqu'à Chambers St)

Housing Works Bookstore LIVRES

36 PLAN P. 66, D3

Un formidable choix de livres, de vinyles, de CD et de BD d'occasion sont en vente ici et pour une bonne cause (les bénéfices sont reversés aux sans-abri séropositifs et aux malades du sida) ! C'est le genre d'endroit où l'on peut passer une partie de l'après-midi

Housing Works Bookstore

ED ROONEY/ALAMY STOCK PHOTO ©

à feuilleter des ouvrages, à se détendre au **café**, ou à fouiller dans la **friperie** attenante. (212-334-3324 ; www.housingworks.org/locations/bookstore-cafe ; 126 Crosby St, entre E Houston St et Prince St, SoHo ; 12h-19h lun-sam, 12h-17h dim ; ; S B/D/F/M jusqu'à Broadway-Lafayette St ; N/R jusqu'à Prince St)

Fong On ALIMENTATION

37 PLAN P. 66, F8

Après 80 ans d'activité, le magasin familial spécialiste du tofu, Fong Inn Two, avait fermé. Mais le fils, Paul, a récemment redémarré l'activité. Il a notamment fait renaître le tofu maison, le lait de soja, le *bai tang gao* (un gâteau de riz sucré) et le *dau fu fa* (un pudding au tofu sirupeux). (917-261-7222 ; www.facebook.com/fongon1933 ; 81 Division St, Chinatown ; 11h-19h mar-dim ; S F jusqu'à East Broadway)

Rag & Bone MODE ET ACCESSOIRES

38 PLAN P. 66, D4

Cette marque mixte fait un tabac à New York. Les chemises et blazers aux coupes franches, les T-shirts imprimés, les pulls de couleur unie, les robes à bretelles légères, les articles en cuir et les jeans (très prisés) séduisent une clientèle branchée et exigeante. (212-219-2204 ; www.rag-bone.com ; 117-119 Mercer St, entre Prince St et Spring St, SoHo ; 11h-19h ; S R/W jusqu'à Prince St)

Yunhong Chopsticks BAGUETTES CHINOISES

39 PLAN P. 66, F8

Offrir un jeu de baguettes a une véritable signification en Chine, et c'est un cadeau très fréquent lors des naissances, des mariages ou des anniversaires. Cette minuscule boutique – dont la maison mère, à Pékin, a dessiné les baguettes officielles des Jeux olympiques de 2008 – vend des paires entre 2 et 1 000 $, selon les matériaux et la qualité. (212-233-0288 ; www.happychopsticks.com ; 50 Mott St, à hauteur de Bayard St, Chinatown ; 11h-19h30 ; S 6, J/N/Q/R/W/Z arrêt Canal St)

Warby Parker LUNETTES

40 PLAN P. 66, C4

Le concept de ce fabricant de lunettes de soleil et de vue est intéressant : éviter le surcoût des montures de marque en créant sa propre ligne, aux touches rétro très stylées. Il est possible de tester sa vue sur place pour commander des lunettes sans ordonnance (prêtes en 48h). Les prix sont nettement plus intéressants que les lunettes classiques (à partir de 95 $ la paire). Les hipsters new-yorkais adorent, et leur portefeuille apprécie ! (646-568 3720 ; www.warbyparker.com ; 121 Greene St, entre Prince St et W Houston St, SoHo ; 10h-19h ; S N/R jusqu'à Prince St, B/D/F/M jusqu'à Broadway-Lafayette St)

MATCHA
KARAOKE
lounge & suites
ORGANIC
MATCHA

Explorer

East Village et Lower East Side

Des générations d'immigrants ont débuté leur aventure américaine dans ces quartiers à loyers modiques. Aujourd'hui, on y trouve quelques-uns des meilleurs bars et magasins indépendants de la ville, et, malgré la menace inévitable de modernisation, il reste encore quantité de vestiges "authentiques" de ce passé et une certaine atmosphère rugueuse.

À ne pas manquer

- ***Lower East Side Tenement Museum (p. 90)*** *Une plongée dans le quotidien et les rudes conditions de vie des immigrants au XIXe siècle.*
- ***New Museum of Contemporary Art (p. 91)*** *Un bâtiment phare, dédié aux folles variations de l'art.*
- ***St Marks Place (p. 93)*** *L'une des rues les plus célèbres de NYC, riche en petites boutiques et en lieux historiques.*
- ***Alphabet City (p. 91)*** *Une balade au gré des jolis jardins communautaires de "Loisada", avant de faire la tournée des bars à cocktails.*
- ***Essex Market (p. 97)*** *Un marché gourmand pour gourmets, doublé d'un espace de restauration.*

Comment y aller

S Pour l'East Village, prenez la ligne L jusqu'à First Ave ou Third Ave, la 6 jusqu'à Astor Pl ou la F jusqu'à Second Ave. Pour le Lower East Side, prenez la B/D jusqu'à Grand St, la F ou la J/M/Z jusqu'à Delancey St-Essex St.

Les bus M14, M21 et B39 parcourent 14th St, Houston St et Delancey St, respectivement.

Plan du quartier p. 88

St Marks Place (p. 93) BEN BRYANT/SHUTTERSTOCK ©

Promenade à pied

Repères historiques de l'East Village

L'East Village possède une longue histoire en matière d'accueil des immigrants. Arrivés par vagues successives, beaucoup ont débuté leur aventure américaine ici et ont durablement marqué ses rues, conférant au quartier une ambiance radicalement différente du reste de New York.

Itinéraire

Départ St Marks Pl

Arrivée Tompkins Square Park

Distance et durée 1,6 km ; 1 heure 15

❶ Mosaic Trail

Parcourez St Marks Place (8th St) au fil du **Mosaic Trail** (www.mosaicmannyc.com ; St Marks Pl, entre Astor Pl et Ave A, East Village ; S 6 jusqu'à Astor Pl), composé d'une série de poteaux décorés de mosaïques réalisées par Jim Power, un vétéran de la guerre du Vietnam, dans les années 1980. À l'époque, cette rue était le bastion de la contreculture new-yorkaise, avant la gentrification du secteur.

❷ Bibliothèque et clinique allemandes

Guettez les façades en terre cuite d'une **bibliothèque municipale** et d'une **ancienne clinique** (devenues depuis des bureaux) aux nos 135 et 137 de Second Ave. Construites en 1884, elles servaient à la communauté d'immigrants allemands qui vivaient ici ; le quartier était alors surnommé "Kleindeutschland" (la petite Allemagne).

❸ St Mark's Church in-the-Bowery

En 1660, le gouverneur hollandais Peter Stuyvesant fit construire la chapelle de sa famille sur le site de cette **église** (☎212-674-6377 ; www.stmarksbowery.org ; 131 E 10th St, au niveau de Second Ave, East Village ; ⏲10h-18h lun-ven ; S L jusqu'à 3rd Ave, 6 jusqu'à Astor Pl). Stuyvesant repose dans la crypte de ce lieu de culte, le plus ancien de New York encore en activité.

❹ Mémorial du théâtre yiddish

Sur le trottoir à l'angle sud-est de E 10th St et Second Ave figurent les noms d'acteurs et de dramaturges issus des théâtres juifs qui prospéraient ici à la veille de la Seconde Guerre mondiale.

❺ Russian & Turkish Baths

Depuis 1892, les habitants du quartier fréquentent ces sympathiques bains publics (p. 93).

❻ Maison de Charlie Parker

Sur l'Ave B, entre 9th St et 10th St, au n°151, se trouve la maison où vivait le légendaire saxophoniste de jazz Charlie Parker dans les années 1950.

❼ La Plaza Cultural

Prenez le temps d'explorer ce paisible **jardin communautaire** (p. 91), l'un des nombreux qui jalonnent "Loisada", la partie hispanique à l'est du quartier.

❽ Tompkins Square Park

Depuis des lustres, cet **espace vert** (p. 92) sert de lieu de rencontre aux diverses communautés du quartier : immigrants européens, allemands et juifs (XIXe-début du XXe siècle), population portoricaine d'Alphabet City après la guerre, révolutionnaires, musiciens et artistes au milieu du XXe siècle, ou encore jeunes actifs et familles de classe moyenne d'aujourd'hui.

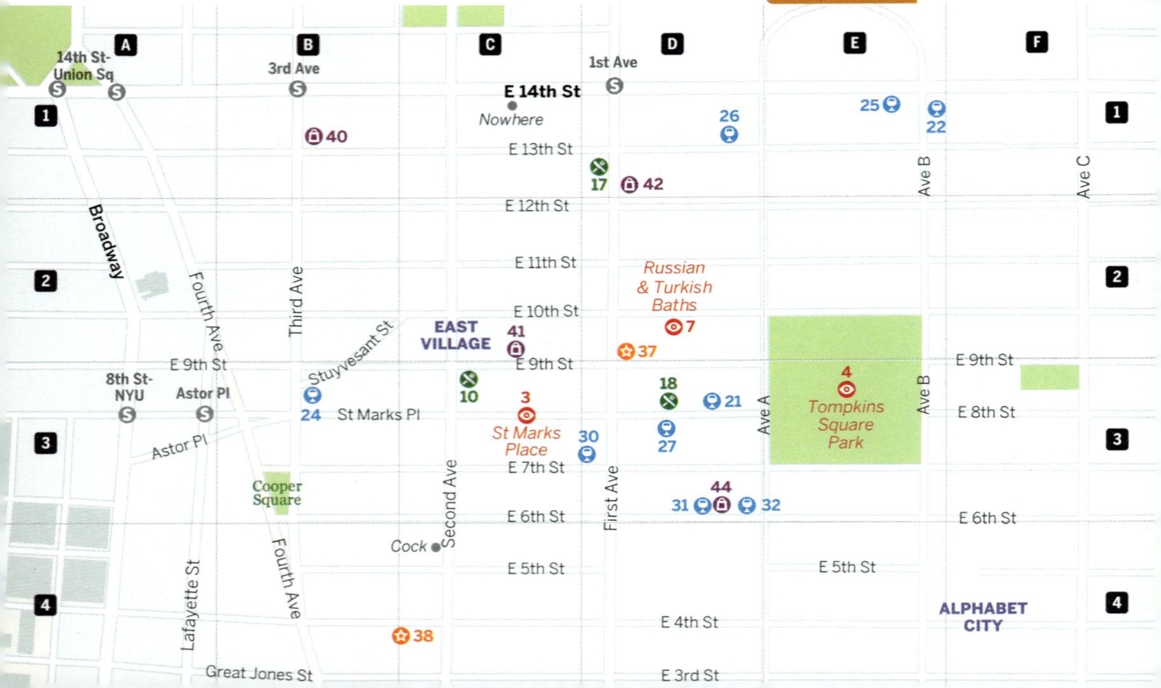
A
B
C
D
E
F
1
2
3
4
14th St-Union Sq
3rd Ave
1st Ave
E 14th St
Nowhere
40
E 13th St
17
42
26
25
22
E 12th St
Ave B
Ave C
Broadway
Fourth Ave
Third Ave
E 11th St
Russian & Turkish Baths
7
E 10th St
EAST VILLAGE
41
37
Stuyvesant St
E 9th St
8th St-NYU
Astor Pl
10
3
18
21
4
Tompkins Square Park
E 8th St
24
St Marks Pl
St Marks Place
30
27
Ave A
Astor Pl
E 7th St
Cooper Square
Second Ave
First Ave
44
31
32
E 6th St
Cock
E 5th St
Lafayette St
ALPHABET CITY
E 4th St
38
Great Jones St
E 3rd St

Nos adresses
Voir p. 90
Se restaurer p. 94
Prendre un verre p. 97
Sortir p. 102
Shopping p. 104
200 m
0,1 mile
LOWER EAST SIDE
NOLITA
NOHO
SOHO
LITTLE ITALY
E Houston St
Williamsburg Bridge
Delancey St
Bowery
Broadway
Lower East Side Tenement Museum
New Museum of Contemporary Art
Anastasia Photo
Sara D Roosevelt Park
New York City Marble Cemetery
Essex Market
Perrotin
Salon 94 Freemans
Sperone Westwater
The Hole
Delancey-Essex Sts
Broadway-Lafayette St
Grand St
Broome St
Norfolk St
Attorney St
Clinton St
Suffolk St
Essex St
Ludlow St
Orchard St
Allen St
Eldridge St
Forsyth St
Chrystie St
Rivington St
Stanton St
Kenmare St
Spring St
Prince St
Mott St
Mulberry St
Elizabeth St
Jersey St
Centre St
Lafayette St
Bleecker St
Bond St
E 1st St
E 2nd St
2nd Ave
Second Ave
First Ave
Ave A
Ave B
Ave C

Voir

Lower East Side Tenement Museum

MUSÉE

1 PLAN P. 88, D7

Ce musée extrêmement bien fait occupe deux anciens immeubles du XIXe siècle au cœur du Lower East Side. Il offre une plongée dans le quotidien des habitants les plus pauvres de l'une des plus grandes villes du monde durant les XIXe et XXe siècles. Les immeubles font l'objet de toute une gamme de visites guidées. On peut notamment voir des logements d'immigrants du temps des grandes dépressions de 1873 et 1929. Les témoignages enregistrés de familles qui vivait là rendent le parcours d'autant plus saisissant. Il y a aussi des visites guidées du quartier (ouvertes aux enfants de moins de 12 ans), excellente façon de comprendre la vie des immigrants. Le centre d'information, au 103 Orchard St (réunion de trois ensembles de logements bâtis en 1888), dispose d'une boutique et d'une petite salle où est projeté un film original sur l'histoire et l'influence de l'immigration dans le Lower East Side. (☎877-975-3786 ; www.tenement.org ; 103 Orchard St, entre Broome St et Delancey St, Lower East Side ; visite guidée 30 $, à partir de 12 ans (visites uniquement en extérieur pour les -12 ans) ; ⏲centre des visiteurs et boutique 10h-18h, visites guidées tlj sur réservation ; 👪 ; S B/D jusqu'à Grand St, F, J/M/Z jusqu'à Delancey St-Essex St)

New Museum of Contemporary Art

LEWIS TSE PUI LUNG/SHUTTERSTOCK ©

Jardins communautaires d'Alphabet City : des édens citadins

En plein New York, les jardins communautaires (*community gardens*) d'Alphabet City (le surnom du quartier constitué par les avenues A, B, C et D) offrent un spectacle saisissant. D'anciens terrains abandonnés ont en effet cédé la place à cette jolie ribambelle de verdure qui profite aux familles à faibles revenus et majoritairement hispaniques du quartier (lequel est surnommé "Loisada" en référence à la prononciation locale de "Lower East Side"). Des arbres, des fleurs, des bacs à sable et des sculptures faites de matériaux de récupération occupent désormais des espaces entre les immeubles, voire des blocks entiers. Bien que certains jardins aient été détruits par des promoteurs, nombre d'espaces verts subsistent et sont souvent ouverts au public le week-end d'avril à octobre ; les jardiniers, très impliqués dans la vie du quartier, sont une bonne source d'information sur la politique locale.

Le **6th & B Garden** (www.6bgarden.org ; E 6th St et Ave B ; 13h-18h sam-dim avr-oct ; S 6 jusqu'à Astor Pl ; L jusqu'à 1st Ave) est un espace bien organisé qui accueille des concerts, des ateliers et des cours de yoga gratuits. Trois splendides saules pleureurs et un bassin de carpes koï ornent les jardins jumeaux de **La Plaza Cultural** (www.laplazacultural.com ; 674 E 9th St, au niveau de Ave C ; 12h-17h sam-dim avr-oct ; S F jusqu'à 2nd Ave ; L jusqu'à 1st Ave). Visitez aussi l'**All People's Garden** (www.grownyc.org ; 293 E 3rd St, entre Ave C et Ave D, East Village ; horaires variables avr-oct ; S F arrêt 2nd Ave) et **Brisas del Caribe** (www.lungsnyc.org ; 237 E 3rd St, entre Ave B et Ave C, East Village ; 9h-15h mar-jeu avr-oct ; S F arrêt 2nd Ave) – les jardins sont généralement ouverts quand un membre y travaille (souvent le week-end), n'hésitez pas à y entrer durant votre balade dans le quartier.

Vous trouverez un plan détaillant tous les jardins du secteur sur le site de **Loisada United Neighborhood Gardens** (LUNGS ; www.lungsnyc.org).

New Museum of Contemporary Art

MUSÉE

2 PLAN P. 88, C6

Inauguré en 2007, le nouveau bâtiment du New Museum est une œuvre d'art en soi : un empilement de blocs blancs de hauteurs distinctes, conçu par les architectes japonais Kazuyo Sejima et Ryue Nishizawa de l'agence SANAA (en France, on leur doit le bâtiment du musée du Louvre-Lens), et le cabinet new-yorkais Gensler. Il offre un contraste frappant

Galeries du Lower East Side

Si Chelsea reste le poids lourd new-yorkais en matière de galeries d'art, le Lower East Side compte néanmoins plusieurs lieux de qualité. Parmi les pionniers, la galerie **Sperone Westwater** (plan p. 88, B6 ; 212-999-7337 ; www.speronewestwater.com ; 257 Bowery, entre E Houston St et Stanton St ; 10h-18h mar-sam ; S F jusqu'à 2nd Ave), ouverte en 1975, accueille les œuvres d'artistes mondialement reconnus, tels William Wegman et Richard Long. L'édifice dans lequel elle est installée depuis 2010 est l'œuvre de Norman Foster, architecte qui a déjà fait parler de lui à NYC avec la Hearst Tower et le David Geffen Hall (ex-Avery Fisher Hall). À quelques blocks au nord, toujours dans le Bowery, se trouve **The Hole** (plan p. 88, B5 ; 212-466-1100 ; www.theholenyc.com ; 312 Bowery, au niveau de Bleecker St ; 12h-19h mer-dim ; S 6 jusqu'à Bleeker St ; B/D/F/M jusqu'à Broadway-Lafayette St), un espace de 370 m² aussi connu pour ses œuvres d'art que pour ses vernissages branchés, où se pressent figures du monde de l'art et célébrités – Courtney Love, Salman Rushdie...

Entre Chrystie St et le Bowery, en passant dans Broome St, jetez un œil à la galerie **The Bowery Union** (329 Broome St), qui fait la part belle au street art. Orchard St abrite également de hauts lieux de l'art entre Rivington St et Canal St, dont la galerie **Perrotin** (plan p. 88, D7 ; 212-812-2902 ; www.perrotin.com ; 130 Orchard St, entre Rivington St et Delancey St, Lower East Side ; 10h-18h mar-sam ; S F/M, J/Z arrêt Delancey St-Essex St) – fondée à Paris en 1990 par Emmanuel Perrotin, et désormais présente sur trois continents. Elle expose les œuvres des plus grands artistes contemporains français et étrangers – fin 2021, le Mexicain Gabriel de la Mora ici à NYC, et la peintre brooklynoise Danielle Orchard à Séoul.

La galerie Salon 94 Bowery, qui a marqué les esprits avec son mur d'écrans LCD de 6 m de long diffusant de l'art vidéo dans la rue, a quitté le 243 Bowery pour l'Upper East Side, mais son annexe **Salon 94 Freemans** (plan p. 88, C6 ; 212-529-7400 ; www.salon94.com ; 1 Freeman Alley ; sur rendez-vous) est toujours cachée dans Freeman Alley ; renseignez-vous pour prendre rendez-vous.

avec les bâtiments en brique alentour et a apporté une bouffée d'oxygène au Bowery alors en pleine décrépitude. Désormais bien établi, il a fait des émules, et plusieurs édifices voisins ont adopté le même style aérien. (212-219-1222 ; www.newmuseum.org ; 235 Bowery, entre Stanton St et Rivington St, Lower East Side ; tarif plein/réduit 18/12-15 $, gratuit -18 ans, prix libre jeu 19h-21h sur réservation ;

(⌚11h-18h mar-dim, 11h-21h jeu ; 👪 ; S F jusqu'à 2nd Ave, R/W jusqu'à Prince St, J/Z jusqu'à Bowery, 6 jusqu'à Spring St)

St Marks Place

RUE

3 PLAN P. 88, C3

La magie de New York réside aussi dans l'histoire de chaque rue, du présent qui se déroule sous nos yeux au riche passé dissimulé derrière ses façades colorées. St Marks Place est particulièrement riche en la matière. Chaque bâtiment ou presque de cette rue mythique frémit d'anecdotes remontant à une époque où l'East Village incarnait un esprit bien plus rebelle. (St Marks Pl, entre Third Ave et Ave A, East Village ; S 6 jusqu'à Astor Pl, L jusqu'à 3rd Ave ou 1st Ave, F jusqu'à 2nd Ave)

Tompkins Square Park

PARC

4 PLAN P. 88, E3

Inauguré en 1879, ce parc de plus de 4 ha fait office de place du village pour les habitants. Ils s'y retrouvent pour jouer aux échecs, pique-niquer sur les pelouses ou jouer des percussions sur ses tertres herbeux. Il y a également des terrains de basket, un espace canin, une petite piscine pour les plus jeunes, de fréquents concerts en été et une aire de jeux invariablement animée. (www.nycgovparks.org ; entre E 7th St et E 10th St, et Ave A et Ave B, East Village ; ⌚6h-minuit ; 👪 ; S 6 jusqu'à Astor Pl)

Museum at Eldridge Street

MUSÉE

5 PLAN P. 88, D8

Ce musée consacré à l'histoire de la communauté juive américaine est installé dans la **synagogue d'Eldridge Street**, qui fut l'une des premières érigées aux États-Unis par des juifs Ashkénazes. Cet important lieu de culte, bâti en 1887, était autrefois l'épicentre de la communauté juive, avant de tomber en déshérence dans les années 1920. Après 20 ans d'une rénovation achevée en 2007, le bâtiment a retrouvé sa splendeur originelle. Le billet inclut une **visite guidée** (1 heure ; 11h, 14h dim-jeu et 11h, 13h ven). (☎212-219-0302 ; www.eldridgestreet.org ; 12 Eldridge St, entre Canal St et Division St, Lower East Side ; adulte/enfant 15/8 $, entrée sur don lun ; ⌚10h-17h dim-jeu, 10h-15h ven ; S F jusqu'à East Broadway, B/D jusqu'à Grand St)

Anastasia Photo

GALERIE

6 PLAN P. 88, D6

Cette petite galerie spécialisée dans la photo documentaire et le photojournalisme présente des œuvres fortes, matière à réflexion autour de sujets tels que la pauvreté dans l'Amérique rurale, les ravages de la guerre et la disparition de certaines cultures africaines. (☎212-677-9725 ; www.anastasia-photo.com ; 143 Ludlow St, Stanton St et Rivington, Lower East Side ; ⌚10h-18h mar-sam, horaires variables ; S F, J/M/Z jusqu'à Delancey St-Essex St)

Russian & Turkish Baths

BAINS PUBLICS

7 PLAN P. 88, D2

Depuis 1892, ces bains publics exigus et peu engageants attirent une clientèle polyglotte et éclectique. Acteurs, étudiants, habitués russes et New-Yorkais vieille école se mettent en sous-vêtements (ou enfilent les shorts amples en coton fournis) pour circuler entre les hammams, le bassin d'eau glacée, le sauna et le solarium. (212-674-9250 ; www.russianturkishbaths.com ; 268 E 10th St, entre First Ave et Ave A, East Village ; journée 48 $; 12h-22h lun, mar, jeu et ven, 10h-22h mer, 9h-22h sam, 8h-22h dim ; S L jusqu'à 1st Ave, 6 jusqu'à Astor Pl)

Se restaurer

Ivan Ramen

RAMEN $$

8 PLAN P. 88, E6

Après avoir créé deux adresses du genre très prisées à Tokyo, Ivan Orkin, natif de Long Island, est revenu exercer ses talents à domicile. Classé parmi les meilleurs restaurants de ramen, cet établissement intimiste sert des nouilles *tsukumen* (qu'on fait tremper), accompagnées de chou cavalier mariné et de poitrine de porc glacée au shoyu. Les clients en solo peuvent s'asseoir au bar pour voir leur bol prendre forme. (646-678-3859 ; www.ivanramen.com ; 25 Clinton St, entre Stanton St et E Houston St, Lower East Side ; plats 13-18 $; 12h-21h ; S F, J/M/Z jusqu'à Delancey St-Essex St, F jusqu'à 2nd Ave)

Russ & Daughters Cafe

JUIF $$

9 PLAN P. 88, D7

Installez-vous pour savourer un bagel et peut-être le meilleur lox (saumon confit au sel) de la ville, dans le cadre cosy d'un *diner* à l'ancienne, attenant à l'épicerie Russ & Daughters (p. 104). On peut aussi se régaler d'épaisses tranches de poisson fumé, des latkes (galettes de pomme de terre), de bortsch, d'œufs cuisinés de toutes sortes et de foie haché. (212-475-4880 ; www.russanddaughterscafe.com ; 127 Orchard St, entre Delancey St et Rivington St, Lower East Side ; plats 18-23 $; 9h-22h lun-ven, 8h-22h sam-dim ; S F, J/M/Z jusqu'à Delancey St-Essex St)

Veselka

UKRAINIEN $$

10 PLAN P. 88, C3

Une institution, vestige du passé ukrainien de l'East Village, où l'on sert des *pierogi* (raviolis de fromage, de pomme de terre ou de viande), du bortsch et du goulasch depuis 1954. On peut s'installer confortablement à table pour refaire le plein d'énergie. Sinon, l'endroit est aussi un formidable lieu de passage à toute heure de la journée, ainsi qu'un repaire d'écrivains, d'acteurs et de personnages du quartier. (212-228-9682 ; www.veselka.com ; 144 2nd Ave, au niveau de 9th St, East Village ; plats 15-21 $, pierogi 8-16 $; 8h-23h dim-jeu, 8h-minuit ven-sam ; S 6 jusqu'à Astor Pl, L jusqu'à 3rd Ave)

Katz's Delicatessen

JUIF $$

11 PLAN P. 88, D5

C'est dans ce restaurant, l'un des derniers établissements juifs traditionnels du Lower East Side, que Meg Ryan simule un orgasme dans la fameuse scène du film *Quand Harry rencontre Sally* (1989). Les sandwichs au pastrami ou au salami sur pain de seigle pourraient vous faire le même effet... (212-254-2246 ; www.katzsdelicatessen.com ; 205 E Houston St, au niveau de Ludlow St, Lower East Side ; sandwichs chauds 21-26 $; 8h-22h45 lun-ven, 8h-23h sam-dim ; S F jusqu'à 2nd Ave)

Freemans

AMÉRICAIN $$$

12 PLAN P. 88, C6

Niché au bout de Freeman Alley, ce restaurant un rien labyrinthique attire une foule plutôt branchée autour de ses tables en bois. On s'y installe pour siroter des cocktails remplis à ras bord et grignoter du poulet rôti ou du flétan poché à feu doux. Les plantes en pot, la cheminée et les trophées de chasse apportent une touche rustique loin de l'effervescence citadine (si la salle n'est pas comble). Brunch tous les jours (11h-16h). (212-420-0012 ; www.freemansrestaurant.com ; Freeman Alley, près de Rivington St, Lower East Side ; plats brunch 16-21 $, dîner 28-38 $; 11h-23h mar-sam, 11h-22h dim-lun ; S F jusqu'à 2nd Ave)

Kossar's Bagels & Bialys

JUIF $

13 PLAN P. 88, E8

On sert ici, depuis 1936, des gâteaux juifs sucrés et salés comme les

Freemans

bagels, les *babkas* (gâteaux tressés) chocolat-cannelle, ou encore les *bialys*, ces petits pains plats garnis d'oignons ou d'ail originaires de Bialystok, en Pologne – qui sont aussi proposés aux olives ou aux tomates séchées et pesto. (☎212-473-4810 ; www.kossars.com ; 367 Grand St, Lower East Side ; bagels 3,95-15,75 $, bialys 1,35 $; ⏲6h-15h lun-jeu, 6h-16h ven-dim ; S F/M, J/Z jusqu'à Delancey St-Essex St)

Yonah Schimmel Knish Bakery — JUIF $

14 PLAN P. 88, C5

Remontez le cours du temps dans ce café-boulangerie qui vend des *knishes* – petits chaussons garnis de purée de pommes de terre, de sarrasin, de chou, d'épinards, de myrtilles et de fromage frais – depuis 1910. D'autres mets classiques (galettes de pomme de terre, strudel aux pommes) sont également disponibles, tout comme l'*egg cream* et les sodas de type *lime rickey*. Difficile de faire plus authentique. (☎212-477-2858 ; www.knishery.com ; 137 E Houston St, au niveau de Forsyth St, Lower East Side ; knish 4-5 $; ⏲10h-19h lun-dim ; ; S F jusqu'à Second Ave)

Souvlaki — GREC $

15 PLAN P. 88, E6

Forte du succès de son food truck, l'équipe de Souvlaki GR a ouvert ce petit restaurant grec sans prétention, à la décoration bleu et blanc évoquant Mykonos. À la carte, on retrouve les mêmes spécialités – des sandwichs savoureux garnis d'agneau rôti, au pain pita encore chaud – ainsi qu'une sélection de tapas grecques comme le tzatziki ou le caviar d'aubergines. Tout est fait maison à base de produits frais, et les prix restent doux. (212-777 0116 ; www.souvlakigr.com ; 116 Stanton St, à hauteur d'Essex St ; sandwichs pita 8-11 $, assiette 3 mezze 22,75 $; ⏲11h-22h ; S F, J/M/Z arrêt Delancey St-Essex St)

Prune — AMÉRICAIN $$

16 PLAN P. 88, D5

Attendez-vous à faire la queue le week-end quand les fêtards se remettent d'aplomb avec un brunch et un excellent Bloody Mary (11 variétés). Dans la petite salle, toujours bondée, on se régale de truite grillée à la menthe, de magret de canard ou d'un bon ris de veau. (☎212-677-6221 ; www.prunerestaurant.com ; 54 E 1st St, entre 1st Ave et 2nd Ave, East Village ; plats déj 14-22 $ dîner 15-32 $, brunch 15-25 $; ⏲11h30-15h lun-ven et 17h30-23h tlj, brunch 10h-15h30 sam-dim ; S F jusqu'à 2nd Ave)

Luzzo's — PIZZAS $$

17 PLAN P. 88, D1

Chaque soir, le cadre rustique du populaire Luzzo's attire les foules autour de pizzas fines, nappées d'une généreuse sauce tomate et cuites au feu de bois. (☎212-473-7447 ; www.facebook.com/LuzzosNY ; 211 First Ave, entre E 12th St et 13th St, East Village ; pizzas 18-23 $; ⏲12h-

23h dim-jeu, 12h-minuit sam-dim ; S L jusqu'à 1st Ave)

Cafe Mogador

MAROCAIN $$

18 PLAN P. 88, D3

Bastion culinaire de l'East Village, le Mogador est tenu par la même famille depuis 1983. On y sert de généreuses portions de couscous, d'agneau grillé au feu de bois et de merguez, le tout accompagné de riz basmati et de salade orientale, ainsi que d'appétissantes assiettes à base de houmous, de tomates et de persil. Toutefois, le plat vedette reste le tagine et ses quatre sauces. (212-677-2226 ; www.cafemogador.com ; 101 St Marks Pl, entre First Ave et Ave A, East Village ; plats 17,50-26 $; 10h-23h dim-jeu, 10h-minuit ven, 9h30-minuit sam, 9h30-23h dim ; S 6 jusqu'à Astor Pl)

Prendre un verre

Flower Shop

BAR

19 PLAN P. 88, D8

Prenez l'escalier qui descend au sous-sol du restaurant animé du même nom et découvrez un bar à la décoration dépareillée un brin rétro. Les photos et les affiches réunies au petit bonheur la chance prêtent à sourire, tranquillement installé sur l'une des banquettes à fleurs, face à un bon cocktail. (212-257-4072 ; www.theflowershopnyc.com ; 107 Eldridge St, entre Grand St et Broome St, Lower East Side ; 17h-2h mar-sam, 16h-minuit dim ; S B/D jusqu'à Grand St, J/Z jusqu'à Bowery)

Essex Market

Fondé en 1940 dans un bâtiment exigu de l'autre côté de Delancey St, l'Essex Market (plan p. 88, E7 ; www.essexmarket.nyc ; 88 Essex St, angle Delancey St et Essex St, Lower East Side ; 8h-20h lun-jeu, 8h-21h ven-sam, 10h-18h dim ; ; S F, J/M/Z jusqu'à Delancey St-Essex St), marché gourmand et gourmet, a déménagé en 2019 et pris de l'ampleur, avec un espace de restauraution. Faites votre choix parmi les fruits de mer frais, les viandes et les fromages, avant de vous installer à l'étage entièrement vitré pour profiter, au soleil, de poisson fumé scandinave, de cuisine dominicaine, de bentos japonais, de poulet à la mode thaïe, d'énormes sandwichs ou encore de glaces artisanales.

Bar Goto

BAR À COCKTAILS

20 PLAN P. 88, C6

Kenta Goto est un mixologue méticuleux et peu conventionnel, dont les créations élégantes subjuguent les connaisseurs. On devine l'héritage japonais dans des cocktails comme l'Umami Mary (vodka, shiitaké, dashi, miso, citron, tomate et Clamato) et les plaisirs gourmets, tels que les *okonomiyaki* (crêpes salées au chou). (www.bargoto.com ; 245 Eldridge St, entre E Houston et Stanton St, Lower East Side ; 17h-minuit mar-mer et dim, jusqu'à 1h jeu et 2h ven-sam ; S F jusqu'à 2nd Ave)

PDT

BAR

21 PLAN P. 88, D3

Le PDT (Please Don't Tell) se la joue très secret : décrochez le combiné dans la cabine téléphonique du restau de hot dogs Crif Dogs, et, une fois le go reçu (mieux vaut réserver pour ne pas vous faire refouler), voyez le mur s'ouvrir et pénétrez dans un bar façon *speakeasy* intimiste et faiblement éclairé. Trophées de chasse au mur et cocktails de haute volée. (212-614-0386 ; www.pdtnyc.com ; 113 St Marks Pl, entre Ave A et First Ave, East Village ; 18h-2h dim-jeu, 18h-3h ven-sam ; S 6 jusqu'à Astor Pl, L jusqu'à 1st Ave)

Pouring Ribbons

BAR À COCKTAILS

22 PLAN P. 88, E1

Un endroit chic et élégant, en étage, dans Alphabet City, voilà qui est aussi rafraîchissant que ses boissons, aux saveurs délicatement travaillées. La carte des cocktails, encyclopédique, saura étancher toutes les soifs. Sans oublier ce qui est peut-être la plus grande collection de chartreuses de New York. (917-656-6788 ; www.pouringribbons.com ; 225 Ave B, 2e ét., entre E 13th St et 14th St, East Village ; 18h-2h ; S L jusqu'à 1st Ave)

Berlin

CLUB

23 PLAN P. 88, D5

Sous-sol voûté en briques situé sous l'Avenue A, le Berlin fait tout pour être invisible. Après avoir déniché la porte anonyme, au coin du bar qui semble occuper l'adresse indiquée, un escalier raide conduit à ce repaire indé. Une fois dans la place, faites la fête parmi une foule dense, au son du rock, du funk, du disco et de la house... Une participation de 5 $ est parfois demandée à l'entrée. (212-505-2466 ; berlin.nyc ; 25 Ave A, entre E 1st St et E 2nd St, East Village ; 20h-2h dim-jeu, 20h-4h ven-sam ; S F jusqu'à 2nd Ave)

Angel's Share

BAR

24 PLAN P. 88, B3

Arrivez de bonne heure dans ce petit bijou niché derrière un restaurant japonais (au même étage) pour espérer avoir une place. Le lieu est discret, élégant, avec des mixologues talentueux proposant des cocktails inventifs, et une excellente collection de whiskies. Interdit d'y rester si l'on n'occupe pas une table ou un siège au bar, vite pris d'assaut. (212-777-5415 ; 8 Stuyvesant St, 2e niv., près de 3rd Avenue et de E 9th St, East Village ; 18h-1h30 dim-mer, 18h-2h30 jeu-sam ; S 6 jusqu'à Astor Pl)

Otto's Shrunken Head BAR

25 PLAN P. 88, E1

Glissez-vous dans l'un des box en similicuir de ce bar rockabilly tendance Hawaï, et dégustez un mai tai ou un zombie dans une chope joliment kitsch (à vous pour 6 $ de plus). À l'arrière, il y a tous les soirs un concert, un stand-up, un show de drag-queens ou une autre animation. En salle, les DJ se relaient. Le tout sans droit d'entrée. (☎212-228-2240 ; www.ottosshrunkenhead.com ; 538 E 14th St, près d'Ave B, East Village ; ⌚16h-1h mer-dim ; S L jusqu'à 1st Ave)

Phoenix GAY ET LESBIEN

26 PLAN P. 88, D1

Né des cendres de son prédécesseur,The Bar (qui a brûlé), le Phoenix est moins "sulfureux" que par le passé, mais l'accueil est toujours aussi souriant. Happy hour de 14h à 20h, billard, soirées karaoké et quiz – consultez le site Internet. (☎212-477-9979 ; www.phoenixbarnyc.com ; 447 E 13th St, entre First Ave et Ave A, East Village ; ⌚15h-4h ; S L jusqu'à 1st Ave)

Proletariat BAR À BIÈRES

27 PLAN P. 88, D3

Les amateurs de houblon s'entassent dans ce minuscule bar équipé de 10 tabourets, juste à l'ouest de Tompkins Square Park, attirés par sa gamme constamment renouvelée de boissons impossibles à trouver ailleurs. Les bières artisanales de Brooklyn et du New Jersey sont la dernière vogue. (www.proletariatny.

Yonah Schimmel Knish Bakery (p. 96)

Une autre facette du New York gay

Parmi les bars sportifs et les bars à cocktails, vous trouverez de nombreux bars gays où l'on privilégie la chemise en flanelle aux débardeurs laissant voir une plastique impeccable. Le **Nowhere** (plan p. 88, C1 ; ☎212-477-4744 ; www.nowherebarnyc.com ; 322 E 14th St, entre First Ave et Second Ave ; 🕒16h-4h lun, 14h-2h mar-jeu, 15h-4h ven-sam, 15h-2h dim ; Ⓢ L jusqu'à 1st Ave) et le **Phoenix** (p. 99) sont de bons endroits pour créer des liens, tandis que le **Cock** (plan p. 88, C4 ; 93 Second Ave, entre E 5th St et E 6th St ; 🕒23h-4h lun-mar, 18h-4h mer-dim ; Ⓢ F/M jusqu'à 2nd Ave) attire une clientèle plus frivole. Les consommations y sont aussi moins chères.

com ; 102 St Marks Pl, entre Ave A et First Ave, East Village ; 🕒17h-minuit lun-jeu, 16h-minuit ven, 14h-minuit sam, 14h-21h30 dim ; Ⓢ L jusqu'à 1st Ave)

Ten Bells

BAR

28 PLAN P. 88, D8

Ce bar à tapas discret se démarque par sa déco de style caverne, avec chandelles vacillantes, plafonds sombres en étain embossé, murs en brique et bar en U, idéal pour se faire de nouveaux amis. Les excellents vins au verre se marient parfaitement avec les *boquerones* (anchois marinés), les *txipirones en su tinta* (calamars à l'encre de seiche) et les fromages régionaux. Venez à l'happy hour (17h-19h), les huîtres sont à 1 $ pièce et le pichet de vin à 18 $. L'entrée, non signalée et difficilement repérable, est située juste à côté du magasin Top Hat. (☎212-228-4450 ; www.tenbellsnyc.com ; 247, Broome St, entre Ludlow St et Orchard St, Lower East Side ; 🕒17h-2h lun-ven, 15h-2h sam-dim ; Ⓢ F, J/M/Z à Delancey St-Essex St)

Attaboy

BAR À COCKTAILS

29 PLAN P. 88, D7

Parmi la kyrielle de bars anonymes de style "clandestin", celui-ci est un cran au-dessus de la moyenne, avec ses excellents cocktails artisanaux (19 $). Pas de carte des boissons : les barmen, fins connaisseurs, vous guideront dans votre choix. (www.attaboy.us ; 134 Eldridge St, entre Delancey St et Broome St, Lower East Side ; 🕒18h-4h ; Ⓢ B/D jusqu'à Grand St)

Abraço

CAFÉ

30 PLAN P. 88, D3

Aménagé dans un grand espace ouvert de plain-pied, l'Abraço est un havre accueillant au cœur d'East Village. Les expressos et les latte, préparés à la perfection, sont à accompagner de douceurs maison. Sirotez votre cappuccino avec une tranche de cake à l'huile d'olive – terriblement addictif. (www.abraconyc.com ; 81 E 7th St, entre First Ave et Second Ave, East Village ; 8h-22h mar-sam, 9h-18h dim ; S F jusqu'à 2nd Ave ; L jusqu'à 1st Ave ; 6 jusqu'à Astor Pl)

Death & Co

BAR À COCKTAILS

31 PLAN P. 88, D3

Ce bar à cocktails primé est bien vivant, malgré son nom un peu morbide. Le cadre élégant, aux lumières tamisées, invite à la détente, pendant que des mixologues galonnés vous concoctent des cocktails qui confinent au sublime (classiques et créations à partir de 18 $). C'est souvent bondé : laissez votre numéro et on vous rappelle quand il y a une place pour vous. (212-388-0882 ; www.deathandcompany.com ; 433 E 6th St, entre First Ave et Ave A, East Village ; 18h-1h ; S F jusqu'à 2nd Ave, L jusqu'à 1st Ave)

Amor y Amargo

BAR

32 PLAN P. 88, D3

"Amour et amer" est minuscule par sa taille mais grand par son savoir-faire en matière de cocktails, notamment pour les bitters, comme son nom l'indique. Demandez conseil aux barmen, vous ne serez pas déçu. (212-614-6818 ; www.amoryamargony.com ; 443 E 6th St, entre Ave A et First Ave, East Village ; 17h-1h dim-jeu, 17h-3h ven-sam ; S F jusqu'à 2nd Ave ; L jusqu'à 1st Ave ; 6 jusqu'à Astor Pl)

Angel's Share (p. 98)

Sortir

Metrograph

CINÉMA

33 PLAN P. 88, D8

Le secteur n'ayant pas encore cédé à la gentrification, les propriétaires de cet authentique temple du 7e art ont pu acquérir ce bâtiment à hauteur de leurs ambitions. Les deux salles sont pourvues d'un projecteur numérique dernier cri et d'un modèle ancien à bobines. La sélection pointue se décline souvent autour d'un thème : le Studio Ghibli (animations japonaises), le provocateur Gaspar Noé, le cinéma punk... (212-660-0312 ; www.metrograph.com ; 7 Ludlow St, entre Canal St et Hester St, Lower East Side ; billets 17 $; 11h-minuit dim-mer, 11h-2h ven-sam ; ; S F jusqu'à East Broadway, B/D jusqu'à Grand St)

Rockwood Music Hall

MUSIQUE LIVE

34 PLAN P. 88, D6

Lancée par le rocker Ken Rockwood, cette petite salle composée de trois scènes invite des groupes, compositeurs et interprètes. Si votre budget est serré, préférez la scène 1, qui propose des concerts gratuits d'une heure maximum pour chaque groupe (on peut en enchaîner cinq ou plus chaque soir). Trois concerts par soir sont généralement programmés (à 19h, 21h et 22h30/23h, plus 17h le week-end). (212-477-4155 ; www.rockwoodmusichall.com ; 196 Allen St, entre Houston St et Stanton St, Lower East Side ; concerts à partir de 19h lun-ven, 17h sam-dim ; ; S F jusqu'à 2nd Ave)

Arlene's Grocery

MUSIQUE LIVE

35 PLAN P. 88, D6

Tout le monde dans le Lower East Side connaît Arlene's Grocery (une ancienne bodega). Depuis 1995, des groupes locaux de rock, de punk et de musique alternative (entre autres) s'y succèdent. Arcade Fire, The Strokes et Lady Gaga s'y sont notamment produits. Un bar à l'étage permet de prolonger la soirée. (www.arlenesgrocery.net ; 95 Stanton St, entre Orchard St et Ludlow St, Lower East Side ; 10-15 $; 14h-4h mer-ven, 16h-4h ven-sam ; S F jusqu'à 2nd Ave)

Nuyorican Poets Café

ARTS DE LA SCÈNE

36 PLAN P. 88, F5

En activité depuis 1973, le légendaire Nuyorican accueille des soirées slam, hip-hop, théâtre, cinéma, danse et musique. Cette association artistique à but non lucratif fait partie intégrante de l'histoire de l'East Village. Programmation et achat des billets pour les spectacles du week-end, les plus demandés, via le site Internet. Ne manquez pas d'exprimer votre talent lors de la soirée scène ouverte du lundi (21h ; gratuit). (212-780-9386 ;

www.nuyorican.org ; 236 E 3rd St, entre Ave B et Ave C, East Village ; 5-15 $; S F jusqu'à 2nd Ave)

Performance Space New York

THÉÂTRE

37 PLAN P. 88, D2

Fondé en 1980 sous le nom de Performance Space 122, ce théâtre à la programmation avant-gardiste, installé dans une école désaffectée, abrite aujourd'hui des espaces de représentations dernier cri, des studios d'artistes, un lieu d'expositions gratuit (l'Open Room) et une terrasse sur le toit. Eric Bogosian, Meredith Monk et Elevator Repair Service se sont tous produits ici. (212-477-5829, billetterie 212-352-3101 ; www.performancespacenewyork.org ; 150 First Ave, au niveau de E 9th St, East Village ; expositions 12h-18h mer-dim ; S L jusqu'à 1st Ave, 6 jusqu'à Astor Pl)

La MaMa ETC

THÉÂTRE

38 PLAN P. 88, C4

Bastion historique de l'expérimentation théâtrale (ETC signifiant Experimental Theater Club), La MaMa abrite désormais trois salles de spectacle, un café, une galerie d'art et un bâtiment annexe qui accueille des pièces d'avant-garde, des sketchs et des lectures. Pour chaque spectacle, des billets sont mis en vente à partir de 10 $ en ligne. (212-254-6468 ; www.lamama.org ; 74a E 4th St, entre Bowery et 2nd Ave, East Village ; 10-60 $; S F jusqu'à 2nd Ave)

Arlene's Grocery

Shopping

Russ & Daughters ALIMENTATION

39 PLAN P. 88, D5

Depuis 1914, cette épicerie fine très appréciée fait honneur à la tradition culinaire juive d'Europe de l'Est, avec du caviar, des harengs, de l'esturgeon et, bien sûr, du lox (saumon confit au sel). Fièrement tenue par la famille Russ depuis plusieurs générations, cette maison est parfaite pour se ravitailler en vue d'un pique-nique ou remplir son réfrigérateur. Les mordus d'histoire et les fans de décoration d'intérieur adoreront autant que les gourmets. (212-475-4800 ; www.russanddaughters.com ; 179 E Houston St, entre Orchard St et Allen St, Lower East Side ; 8h-18h ven-mer, 8h-19h jeu ; S F jusqu'à 2nd Ave)

Kiehl's COSMÉTIQUES

40 PLAN P. 88, B1

Bienvenue dans le vaisseau amiral de cette marque qui concocte des produits de beauté depuis 1851 (c'était alors une boutique d'apothicaire) et s'est établie à l'international. L'accueil reste personnalisé et les échantillons, très convoités, sont généreux. (212-677-3171 ; 109 3rd Ave, entre 13th St et 14th St, East Village ; 10h-19h lun-sam, 11h-18h dim ; S L jusqu'à 3rd Ave)

Verameat BIJOUX

41 PLAN P.88, C2

Dans cette ravissante boutique de 9th St, la créatrice Vera Balyura crée des pièces exquises à l'humour noir. Ses minuscules pendentifs, bagues, boucles d'oreilles et bracelets semblent presque trop précieux... mais une inspection attentive vous révélera des zombies, des têtes d'animaux, des griffes, des dents et d'autres charmants détails gothiques. (212-388-9045 ; www.verameat.com ; 315 E 9th St, entre First Ave et Second Ave, East Village ; 12h-20h ; S 6 jusqu'à Astor Pl, F/M jusqu'à 2nd Ave)

No Relation Vintage VINTAGE

42 PLAN P. 88, D1

Parmi les nombreuses boutiques vintage de l'East Village, celle-ci se distingue par ses collections fournies : vestes griffées en jean et en cuir, pantalons vintage, tennis fantasques, chemises à carreaux, T-shirts aux slogans iconoclastes, blousons Teddy, pochettes, etc. Préparez-vous à jouer des coudes : des flots de hipsters s'y pressent le week-end. (L Train Vintage ; 212-228-5201 ; www.ltrainvintagenyc.com ; 204 1st Ave, entre 12th St et 13th St, East Village ; 12h-19h dim-jeu, 12h-20h ven-sam ; S L jusqu'à 1st Ave)

Economy Candy ALIMENTATION

43 PLAN P. 88, E6

La boutique de bonbons des New-Yorkais depuis 1937, remplie d'articles en sachets ou en vrac du sol au plafond, sans oublier quelques splendides distributeurs de chewing-gum et balances à l'ancienne. On y trouve de tout :

jelly beans, sucettes, friandises, Cadbury, vers de terre en gélatine et sucres d'orge pour les plus jeunes ; halva, bonbons au thé vert, brochettes nappées de chocolat, gingembre et papaye séchés pour leurs parents. (☎212-254-1531 ; www.economycandy.com ; 108 Rivington St, à la hauteur d'Essex St, Lower East Side ; ⏰12h-17h ven-mar ; Ⓢ F, J/M/Z jusqu'à Delancey St-Essex St)

A-1 Records MUSIQUE

44 PLAN P. 88, D3

Parmi les disquaires autrefois nombreux dans l'East Village, voici l'un des derniers survivants, qui existe depuis 1996. Amateurs de vinyles et DJ viennent de loin pour fouiller dans les bacs qui débordent de disques de jazz, funk ou soul. (☎212-473-2870 ; www.instagram.com/a1recordshop ; 439 E 6th St, entre 1st Ave et Ave A, East Village ; ⏰12h-20h tlj ; Ⓢ F/M jusqu'à 2 Ave)

John Varvatos MODE ET ACCESSOIRES

45 PLAN P. 88, B5

Aménagée dans les anciens locaux du légendaire club punk CBGB, la boutique de John Varvatos honore l'héritage rock and roll des lieux, avec des disques, du matériel hi-fi haut de gamme et des guitares électriques, aux côtés de vêtements en jean, de bottes en cuir, de ceintures et de T-shirts imprimés du créateur. Les vendeurs, qui portent les vêtements proposés dans la boutique, affichent un style chic décontracté bien éloigné du caractère autrefois licencieux de Bowery. (☎212-358-0315 ; www.johnvarvatos.com ; 315 Bowery, entre E 1st St et E 2nd St, East Village ; ⏰11h-17h lun-sam, 12h-17h dim ; Ⓢ F/M jusqu'à 2nd Ave, 6 jusqu'à Bleecker St)

DAN HERRICK/LONELY PLANET ©

John Varvatos

LET US RAISE A STANDARD TO WHICH THE WISE
AND THE HONEST CAN REPAIR THE EVENT
IS IN THE HAND OF GOD
WASHINGTON

Explorer

West Village, Chelsea et Meatpacking District

Rues pavées et maisons en brique font le charme du "Village," quartier propice à la flânerie et à des pauses dans des cafés intimistes ; le long de l'Hudson le Meatpacking District, ancien quartier des abattoirs, déborde de musique la soir avec ses clubs et ses bars. Au nord, Chelsea est le fief des galeries d'art et d'une scène gay trépidante. À plus de 9 m au-dessus de la rue, la High Line est un superbe jardin suspendu sauvage, jalonné d'œuvres d'art.

À ne pas manquer

- ***High Line (p. 108)*** *Après un ravitaillement au Chelsea Market, un pique-nique au vert au-dessus de la ville.*
- ***Galeries de Chelsea (p. 110)*** *Les œuvres d'art les plus en vue, exposées dans les meilleures galeries du quartier.*
- ***Washington Square Park (p. 115)*** *Un espace public populaire, plein d'énergie, au cœur de Greenwich Village.*
- ***Rubin Museum of Art (p. 115)*** *Un remarquable musée consacré à l'art de la région himalayenne.*
- ***Stonewall National Monument (p. 115)*** *Un mémorial à la fameuse nuit qui a déclenché le mouvement de protestation LGBT.*

Comment y aller

S Sixth Ave, Seventh Ave et Eighth Ave comptent toutes des stations de métro très pratiques. En revanche, les options se font plus rares quand on va vers l'ouest. Prenez les lignes A/C/E ou 1/2/3 jusqu'à 14th St puis finissez à pied, ou jusqu'à W 4th St-Washington Sq pour rallier le cœur du Village.

Plan du quartier p. 112

Washington Square Park (p. 115) MILA PARH/SHUTTERSTOCK ©

Les incontournables

La High Line

Traversant le Meatpacking District à près de 10 m au-dessus de la rue, ce parc de 2,4 km, "plus long toit vert du monde", est un fabuleux exemple de reconversion urbaine. Tombée en déshérence dans les années 1980, cette ancienne voie ferrée de fret qui reliait le quartier des abattoirs à l'Hudson a été réaménagée en un ruban de verdure suspendu au milieu des gratte-ciel et jalonné d'œuvres d'art.

PLAN P. 112, C4

www.thehighline.org

Gansevoort St

7h-23h juin-sept, 7h-22h avr-mai et oct-nov, 7h-19h déc-mars

M14 (14th St), M23 (23rd St), S A/C/E, L jusqu'à 8th Ave-14th St, C/E jusqu'à 23rd St, 7 jusqu'à 34th St-Hudson Yards

Une ancienne voie ferrée

Au début du XXe siècle, la zone ouest située autour du Meatpacking District et de Chelsea était le plus grand quartier industriel de Manhattan. Étant donné que le transport du fret provoquait des perturbations et des accidents, valant à Tenth Ave le surnom de "Death Avenue" (avenue de la Mort), une voie surélevée fut construite, le premier train empruntant la *West Side Elevated Line* en 1933. Mais alors que la ville se développait, la ligne tomba en désuétude. La démolition fut évoquée, puis un projet fut proposé en 1999 afin de convertir le viaduc rongé par la rouille et les herbes folles en un espace vert public. En 2009, le premier tronçon de ce projet de rénovation urbaine fut inauguré.

Une balade sur la High Line

La première portion débute à Gansevoort St et suit Tenth Ave jusqu'à West 20th St. Jalonnée de méridiennes géantes et de gradins, cette section a rapidement accueilli manifestations culturelles et activités diverses. Durant les années suivantes, les 2e et 3e sections de la High Line ont ouvert et atteint la hauteur de 34th St, contournant le dépôt des West Side Rail Yards en dessinant un U. À cet endroit, la voie s'élargit et offre une vue dégagée sur l'Hudson ; le long de la promenade, les rails rouillés recouverts de végétation donnent l'impression d'un espace où la nature a repris le dessus au cœur de la métropole. En 2019, l'ultime portion de la voie ferrée d'origine a été achevée. Surnommée *the Spur* (l'éperon), cette section s'étend vers l'est jusqu'à 10th Ave, offrant une vue sur un imposant espace d'art appelé le Plinth.

De nombreux escaliers permettent d'accéder à la High Line, notamment au niveau de Gansevoort St, 14th St, 16th St, 17th St, 20th St, 23rd St, 26th St, 28th St, 30th St et 34th St. On trouve également des ascenseurs dans Gansevoort St, 14th St, 16th St, 23rd St et 30th St.

★ À savoir

- Devancez la foule en démarrant tôt de 30th St ou 34th St ; partez vers le sud et sortez sur 14th St pour un en-cas au Chelsea Market avant d'explorer West Village. Si vous avez faim, parcourez la High Line dans l'autre sens, armé d'un cornet de glace.
- La High Line est un bon moyen d'éviter le dédale des rues du Meatpacking District, surtout quand il y a des travaux.

Une petite faim ?

- Restaurants et stands de street-food ne manquent pas dans l'enceinte en brique du Chelsea Market (p. 114), à la sortie de la High Line, sur 14th St.
- Si vous souhaitez faire une petite folie après une longue balade, rejoignez le toit-terrasse Top of the Standard (p. 124) pour un cocktail onéreux et une vue sublime.

Promenade à pied

Les galeries d'art de Chelsea

Le quartier de Chelsea se targue de la plus forte concentration de galeries d'art de New York. Installées pour la plupart entre 20th St et 30th St, entre Tenth Ave et Eleventh Ave, elles sont généralement ouvertes du mardi au samedi (vernissages fréquents le jeudi). Vous pourrez souvent vous y procurer le Gallery Guide (avec plan), gratuit, du magazine Art Info ; sinon, consultez le site www.chelseagalleries.nyc.

Itinéraire

Départ Paula Cooper Gallery

Arrivée Artechouse

Distance et durée 2,1 km ; 3 heures

S 1, C/E jusqu'à 23rd St

❶ Paula Cooper Gallery

La galerie **Paula Cooper** (☎212-255-1105 ; www.paulacoopergallery.com ; 524 West 26th St, entre Tenth Ave et Eleventh Ave ; ⏲10h-18h mar-sam) est axée sur l'art conceptuel et minimaliste.

❷ Pace Gallery

Immense espace sur 8 niveaux pour la **Pace Gallery** (☎212-421-3292 ; www.pacegallery.com ; 540 W 25th St, entre Tenth Ave et Eleventh Ave ; ⏲10h-18h mar-sam), qui met à l'honneur des peintres de premier plan, dont Loie Hollowell, Sol LeWitt et David Hockney.

❸ Gladstone Gallery

La **galerie** (☎212-206-9300 ; www.gladstonegallery.com ; 515 W 24th St, entre Tenth Ave et Eleventh Ave, Chelsea ; ⏲10h-18h mar-sam) de Barbara Gladstone représente des artistes contemporains comme les Britanniques Anish Kapoor et Sarah Lucas.

❹ Gagosian

Devenu un réseau planétaire, **Gagosian** (☎212-741-1111 ; www.gagosian.com ; 555 W 24th St, au niveau de Eleventh Ave ; ⏲10h-18h mar-sam) accueille des expositions tournantes de grands artistes contemporains comme Jeff Koons, Andy Warhol, Jean-Michel Basquiat ou Damien Hirst.

❺ Matthew Marks Gallery

Pionnier de Chelsea, **Matthew Marks** (☎212-243-0200 ; www.matthewmarks.com ; 522 W 22nd St, entre 10th Ave et 11th Ave ; ⏲10h-18h mar-sam ; S 1, C/E jusqu'à 23rd St) expose des artistes américains, comme la photographe Nan Goldin et le peintre abstrait Terry Winters.

❻ Tía Pol

Petit restaurant idéal pour une pause, **Tía Pol** (☎212-675-8805 ; www.tiapol.com ; 205 Tenth Ave, entre 22nd St et 23rd St ; assiettes de tapas 5-16 $; ⏲17h-23h mar-ven, 12h-23h sam, 12h-16h dim) est un lieu intimiste où se régaler de tapas basques et espagnoles.

❼ 192 Books

Une charmante petite **librairie** (☎212-255-4022 ; www.192books.com ; 192 10th Ave, entre 21st St et W 22nd St ; ⏲11h-19h) où trouver un bon choix d'œuvres littéraires, de monographies d'artistes et de livres pour la jeunesse.

❽ David Zwirner

Acteur majeur du monde de l'art (avec une antenne à Paris), le galeriste allemand **David Zwirner** (☎212-517-8677 ; www.davidzwirner.com ; 537 W 20th St, entre 10th Ave et 11th Ave ; ⏲10h-18h mar-sam) organise certaines des expositions les plus cotées de New York.

❾ Artechouse

Ne manquez pas l'**Artechouse** (www.artechouse.com/nyc ; 439 W 15th St, Chelsea Market ; adulte/enfant 24/17 $; ⏲10h-21h tlj, variable selon les installations), un lieu immersif où l'art se mêle à la technologie.

A
B
C
D
1
2
3
4
5
6
Pier 66
23
Twelfth Ave (West Side Hwy)
Hudson River Park
50
Eleventh Ave
W 27th St
36
21
High Line
Tenth Ave
Chelsea Park
CHELSEA
Ninth Ave
W 26th St
W 25th St
Eighth Ave
W 24th St
23rd St
W 23rd St
Chelsea Waterside Park
9A
W 22nd St
7
W 21st St
Pier 62
W 20th St
41
Pier 61
10
W 19th St
29
44
Pier 60
W 18th St
Eleventh Ave (West Side Hwy)
W 17th St
Pier 59
Chelsea Market
W 16th St
26
2
W 15th St
8th Ave-14th St
59
W 14th St
47
27
W 13th St
MEATPACKING DISTRICT
52
La High Line
Gansevoort St
Hudson St
24
Whitney Museum of American Art
1
Horatio St
Jane St
8
Café Cluny
Abingdon Sq
WEST VILLAGE
W 4th St
Hudson River
W 12th St
Bethune St
Bank St
Bleecker St
Washington St
W 11th St
Perry St
13
19
500 m
0,25 mile
Hudson River Park
West Side Hwy
Charles St
14
Hudson St
W 10th St
Christopher St
Greenwich St
34
Barrow St
Morton St
3
Hudson River Park
Nos adresses
Les incontournables p. 108
Voir p. 114
Se restaurer p. 117
Prendre un verre p. 121
Sortir p. 127
Shopping p. 131

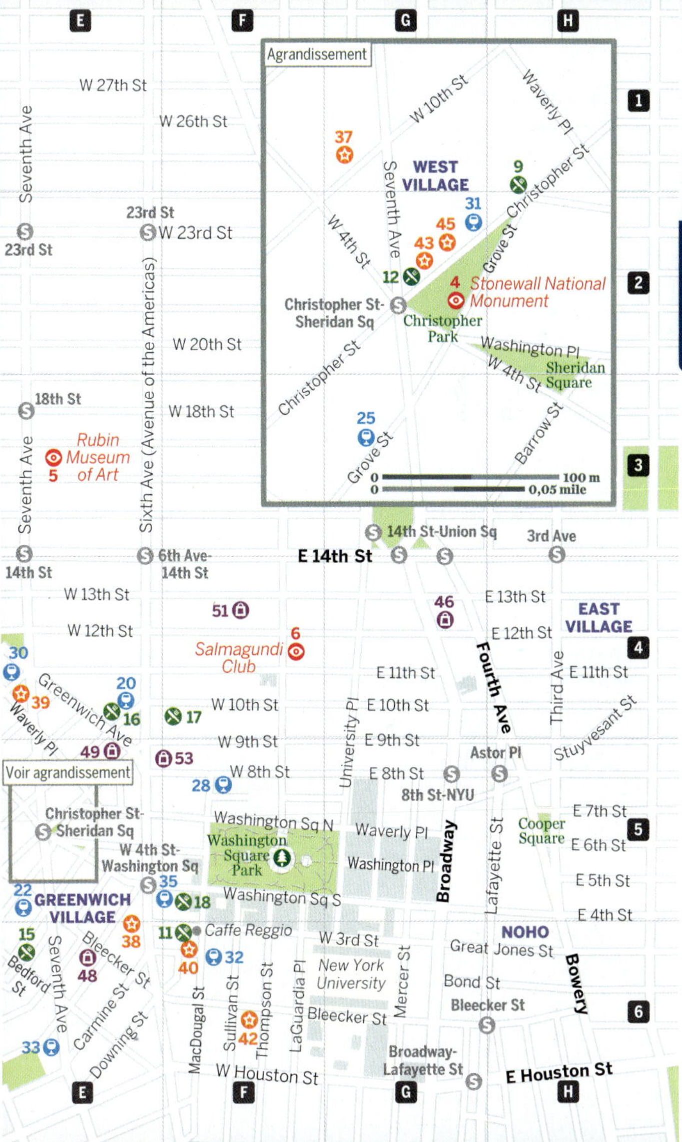
E
F
G
H
1
2
3
4
5
6
Agrandissement
W 10th St
Waverly Pl
37
WEST VILLAGE
Seventh Ave
9
Christopher St
31
45
43
W 4th St
Grove St
12
4 Stonewall National Monument
Christopher St-Sheridan Sq
Christopher Park
Washington Pl
W 4th St
Sheridan Square
Christopher St
25
Grove St
Barrow St
0 100 m
0 0,05 mile
W 27th St
W 26th St
Seventh Ave
23rd St
W 23rd St
23rd St
Sixth Ave (Avenue of the Americas)
W 20th St
18th St
W 18th St
Rubin Museum of Art
5
Seventh Ave
14th St-Union Sq
3rd Ave
14th St
6th Ave-14th St
E 14th St
W 13th St
51
46
E 13th St
W 12th St
6
Salmagundi Club
E 12th St
EAST VILLAGE
30
Fourth Ave
E 11th St
Third Ave
E 11th St
39
Greenwich Ave
20
16
17
W 10th St
University Pl
E 10th St
Waverly Pl
49
W 9th St
E 9th St
Stuyvesant St
53
Astor Pl
W 8th St
E 8th St
Voir agrandissement
28
8th St-NYU
Christopher St-Sheridan Sq
Washington Sq N
Washington Square Park
Waverly Pl
Broadway
Lafayette St
Cooper Square
E 7th St
E 6th St
W 4th St-Washington Sq
Washington Pl
35
E 5th St
22
GREENWICH VILLAGE
18
Washington Sq S
E 4th St
38
11
Caffe Reggio
W 3rd St
NOHO
15
Great Jones St
Seventh Ave
Bleecker St
48
40
32
New York University
Mercer St
Bowery
Bedford St
Carmine St
Bond St
Bleecker St
MacDougal St
Sullivan St
Thompson St
LaGuardia Pl
Bleecker St
Downing St
33
42
Broadway-Lafayette St
W Houston St
E Houston St

Voir

Whitney Museum of American Art MUSÉE

1 PLAN P. 112, C4

Posé aux confins sud de la High Line (p. 108), cet édifice asymétrique et paré de verre, signé Renzo Piano, fournit plus de 5 800 m² d'espace à une incomparable collection d'art contemporain américain. À l'intérieur, des espaces lumineux où vous pourrez admirer des œuvres de tous les grands maîtres, notamment Edward Hopper, Jasper Johns, Georgia O'Keeffe et Mark Rothko. Contrairement à d'autres musées, le Whitney met particulièrement l'accent sur le travail des artistes vivants. (212-570-3600 ; www.whitney.org ; 99 Gansevoort St, au niveau de Washington St, Meatpacking District ; adulte/enfant 25 $/gratuit, 19h-22h ven entrée sur don ; 10h30-18h lun, mer et jeu, jusqu'à 22h ven, 11h-18h sam-dim ; S A/C/E, L jusqu'à 8th Ave-14th St)

Tournée des galeries d'art de Chelsea

Rejoignez la foule d'amateurs d'art branchés dans les dernières expositions de Chelsea. Le jeudi soir se prête idéalement à une flânerie sur ce thème, certaines galeries organisant des vernissages. Au sein du Meatpacking District, le **Whitney Museum of American Art** et la **High Line** (p. 108) – avec ses sculptures, ses fresques murales et ses tableaux intégrés – sont appréciés de tous.

Chelsea Market MARCHÉ

2 PLAN P. 112, C3

Exemple accompli de reconversion et de préservation du patrimoine, le marché de Chelsea est installé dans une ancienne usine de biscuits, transformée en marché couvert pour gourmets. Il y a une vingtaine d'enseignes de restauration, notamment **Mokbar** (ramen à la coréenne), **Takumi** (cuisine nippo-mexicaine), **Very Fresh Noodles** (nouilles de Chine du Nord étirées à la main), **Bar Suzette** (crêpes), **Num Pang** (sandwichs cambodgiens) et **Doughnuttery** (mini-donuts). (212-652-2110 ; www.chelseamarket.com ; 75 Ninth Ave, entre W 15th St et W 16th St, Chelsea ; 7h-2h lun-sam, 8h-22h dim ; S A/C/E, L jusqu'à 8th Ave-14th St)

Hudson River Park PARC

3 PLAN P. 112, C6

Si la High Line (p. 108) est la coqueluche des New-Yorkais, à une rue de là s'étire un ruban de verdure de 8 km qui a lui aussi contribué à transformer le visage de la ville. Couvrant 220 ha (dont 162 au bord de l'eau) depuis Battery Park, à la pointe sud

Washington Square Park

Jadis un cimetière pour indigents et un site d'exécutions publiques, **Washington Square Park** (plan p. 112, F5 ; www.nycgovparks.org ; Fifth Ave, au niveau de Washington Sq N, West Village ; 6h-minuit ; ; S A/C/E, B/D/F/M jusqu'à W 4th St-Washington Sq, R/W jusqu'à 8th St-NYU) est aujourd'hui un bel espace vert et la "place centrale" de Greenwich Village accueille étudiants, musiciens, joueurs d'échecs, enfants s'amusant, résidents promenant leurs chiens et écureuils téméraires. Les habitants ayant résisté au changement, la forme et les utilisations du parc ont peu changé depuis le XIXe siècle. Consultez le site www.washingtonsquareparkconservancy.org pour accéder aux infos et manifestations.

L'emblématique Stanford White Arch (communément appelé Washington Square Arch) domine le parc de ses 22 m de scintillant marbre de Tuckahoe. Édifié en bois en 1889 pour fêter le centenaire de l'investiture de George Washington, cet arc de triomphe eut un tel succès qu'on le remplaça six ans plus tard par un monument en marbre blanc de Douvres.

de Manhattan, jusqu'à 59th St, à Midtown, ce long sentier en bordure du fleuve est idéal pour se balader à vélo, faire une séance de running ou simplement flâner. (212-627-2020 ; www.hudsonriverpark.org ; 6h-1h ; ; bus interurbain M23, S 1 jusqu'à Christopher St, C/E jusqu'à 23rd St)

Stonewall National Monument PARC NATIONAL

4 PLAN P. 112, G2

En 2016, le président Barack Obama a déclaré Christopher Park – un petit parc triangulaire offrant bancs et verdure au cœur de West Village – parc national et premier monument du pays dédié à la cause du mouvement LGBTQ. Venez ici vous rappeler les combats de cette communauté née, entre autres, aux États-Unis suite aux émeutes de Stonewall (1969), lorsque les homosexuels se révoltèrent contre les discriminations dont ils étaient victimes. (www.nps.gov/ston/index.htm ; W 4th St, entre Christopher St et Grove St, West Village ; 6h-18h30 ; S 1 jusqu'à Christopher St-Sheridan Sq, A/C/E, B/D/F/M jusqu'à W 4th St-Washington Sq)

Rubin Museum of Art MUSÉE

5 PLAN P. 112, E3

Il s'agit du premier musée du monde occidental consacré à l'art de l'Himalaya et des régions environnantes.

Son impressionnante collection, qui couvre une période allant du Ve siècle jusqu'à nos jours, comprend des textiles brodés chinois, des bodhisattvas du Népal en cuivre doré, des statues en pierre du Pakistan et de complexes peintures du Bhoutan, ou encore des objets rituels et des masques de danse du Tibet. Parmi les fascinantes expositions tournantes, citons la série *Shrine Room Projects* (2021), une interprétation de l'iconographie traditionnelle et religieuse par différents artistes contemporains. (☎212-620-5000 ; www.rubinmuseum.org ; 150 W 17th St, entre 6th Ave et 7th Ave, Chelsea ; tarif plein/- 12 ans 19 $/gratuit, 18h-22h ven gratuit ; 10h-17h jeu, 11h-22h ven, 11h-17h sam-dim ; S 1 jusqu'à 18th St)

Salmagundi Club

GALERIE

6 PLAN P. 112, F4

Loin des galeries clinquantes de Chelsea, le Salmagundi Club est installé dans une superbe *brownstone* (demeure historique en grès rouge) de Fifth Ave, à proximité d'Union Square. Là, plusieurs espaces d'exposition sont consacrés à l'art figuratif américain. Fondé en 1871, ce club d'amateurs d'art est l'un des plus anciens du pays et il propose tout au long de l'année ateliers, expositions, ventes aux enchères, etc. (☎212-255-7740 ; www.salmagundi.org ; 47 Fifth Ave, entre W 11th St et 12th St, West Village ; entrée libre ; 13h-18h lun-ven, 13h-17h sam et dim ; S 4/5/6, L, N/Q/R/W jusqu'à 14th St-Union Sq)

Salmagundi Club

Se restaurer

Foragers Table

AMÉRICAIN $$$

7 PLAN P. 112, D2

Les propriétaires de ce restaurant épatant gèrent une ferme de 11 ha dans la vallée de l'Hudson, d'où proviennent la majorité des produits de saison. La carte change souvent, mais dernièrement on a pu se laisser tenter par un magret de canard poêlé avec poires pochées, des *pappardelle* aux champignons, au sherry et aux amandes grillées, ainsi qu'un steak de chou-fleur avec tahini de patate douce et oignons au sumac. Juste à côté se tient le **Foragers Market** (8h-22h lun-sam, jusqu'à 21h dim), marché aux étals remplis de produits bio, de fruits et légumes frais, de fromages et de desserts divins. De 8h à 15h30 du lundi au vendredi, il est possible de déguster les produits que vous y avez achetés à une table du restaurant. À côté également, un **caviste** propose une excellente sélection de vins de petits producteurs bio. (212-243-8888 ; www.foragersmarket.com/restaurant ; 233 8th Ave, Chelsea ; plats 20-39 $; 8h-22h tlj ; ; S 1, C/E jusqu'à 23rd St)

Benny's Burritos

MEXICAIN $

8 PLAN P. 112, D4

La meilleure sélection de burritos du quartier ! Son décor coloré, aux murs décorés de peintures kitsch, et ses portions généreuses séduisent une clientèle jeune et métissée. L'accueil est chaleureux mais parfois chaotique, et les serveurs vous reçoivent avec un petit plateau de tortillas accompagnées de sauce. Les végétariens et les végans ne seront pas déçus puisque le restaurant leur dédie une partie de sa carte. (212-633-9210 ; 113 Greenwich Ave, à l'angle de Jane St ; plats 12-15 $; 12h-21h30 dim-jeu, 12h-22h ven-sam ; S A/C/E, L arrêt 8th Ave-14th St)

Jeffrey's Grocery

PRODUITS DE LA MER $$$

9 PLAN P. 112, H1

Les produits de la mer tiennent la vedette chez Jeffrey's, institution de West Village à l'ambiance animée. À noter le bar à huîtres, de beaux plateaux de fruits de mer et des plats magnifiquement exécutés comme les moules au curry jaune, lait de coco et fines herbes, le sandwich de raie panée au panko et les toasts au caviar. Happy hour spécial huîtres entre 15h30 et 17h30 en semaine et brunch le week-end. (646-398-7630 ; www.jeffreysgrocery.com ; 172 Waverly Pl, au niveau de Christopher St, West Village ; plateaux de fruits de mer 65-145 $, plats 25-34 $; 11h30-15h30 lun-ven et 17h-22h tlj, jusqu'à 23h mar-sam ; S 1 jusqu'à Christopher St-Sheridan Sq)

Cookshop

AMÉRICAIN **$$**

10 PLAN P. 112, C2

Excellente étape brunch avant (ou après) une balade sur la High Line (p. 108) située de l'autre côté de la rue, ce lieu animé a trouvé sa niche et maîtrise son affaire. Les excellents cocktails (mention spéciale au Blushing Monk !), le pain cuit à la perfection, les places en terrasse aux beaux jours et les plats inventifs à base d'œuf en font l'une des adresses les plus courues de Chelsea. (212-924-4440 ; www.cookshopny.com ; 156 Tenth Ave, au niveau de W 20th St, Chelsea ; plats brunch 15-25 $, déj 16-32 $, dîner 22-34 $; 12h-22h lun, 12h-23h mar-ven, 10h-23h sam, 10h-22h dim ; ; S 1, C/E jusqu'à 23rd St)

Mamoun's

MOYEN-ORIENTAL **$**

11 PLAN P. 112, F6

Ce restaurant de falafels et de shawarma est spécialisé dans les grandes assiettes et les pains pita, copieux, pas chers et servis rapidement. Bastion new-yorkais, avec une autre enseigne à Lower Manhattan, Mamoun's possède même sa propre marque de sauce piquante. Attention : elle n'est pas faite pour les palais sensibles. L'établissement de West Village est petit mais dispose de quelques tables. (www.mamouns.com ; 119 MacDougal St, entre W 3rd St et Minetta Lane, West Village ; sandwichs 6,50-10 $, assiettes 9-13,50 $; 11h-2h lun-mer, 11h-3h jeu, 11h-4h ven-sam, 11h-1h dim ; S A/C/E, B/D/F/M jusqu'à W 4th St-Washington Sq)

Ofrenda

MEXICAIN **$$**

12 PLAN P. 112, G2

La terrasse spacieuse, donnant sur une rue animée du Village, est l'un des atouts de ce restaurant, mais la cuisine n'est pas en reste, avec des classiques mexicains et tex-mex bien exécutés. Le brunch du week-end (11h-15h30) est très prisé et, contrairement à d'autres spots populaires, on peut réserver. Happy hour de 16h à 19h. (212-924 2305 ; ofrendanyc.com ; 113 7th Ave, près de Christopher St ; tacos 14-16 $, plats 23-29 $; 16h-23h lun-ven, 11h-23h sam-dim ; S 1 arrêt Christopher St-Sheridan Sq)

RedFarm

FUSION **$$$**

13 PLAN P. 112, D5

Découvrez l'art délicat d'une savoureuse cuisine aux influences chinoises dans ce petit espace animé. Les *bruschette* aux dés de thon et d'aubergine, le poulet fumé à l'ail à la peau croustillante, et les pâtés impériaux au pastrami figurent parmi les plats les plus surprenants qui mélangent différentes cuisines avec brio. D'autres vedettes à la carte : le sauté de homard aux œufs et à l'effiloché de porc, les tartelettes au filet mignon façon Kowloon, ou encore les raviolis croustillants de canard et de crabe. Réservation vivement recommandée. Au sous-sol, le **Decoy** (17h-23h tlj) petite sœur discrète de RedFarm, est spécialisé dans le canard laqué. En général moins fréquenté, il prend les réservations pour un petit nombre de convives (2 à 7 personnes), à la condition de commander le menu canard laqué à 125 $ par personne. Les convives prennent place autour de la longue table centrale ; une poignée de places au bar sans réservation pour les chanceux (plats à la carte dans ce cas).(212-792-9700 ; www.redfarmnyc.com ; 529 Hudson St, entre W 10th St et Charles St, West Village ; plats 22-54 $, raviolis chinois 15,50-21 $; 17h-21h mar-ven, 16h-22h sam, 16h-21h dim ; S 1 jusqu'à Christopher St-Sheridan Sq, A/C/E, B/D/F/M jusqu'à W 4th St-Washington Sq)

JeJu Noodle Bar

CORÉEN, NOUILLES **$$**

14 PLAN P. 112, D6

Si le ramen (plat de nouilles accompagnées d'une soupe) s'est fait une place à toutes les tables du monde, peut-être est-il temps de goûter à ses variations ? Les *ramyun* coréens (ramens revisités) servis dans cet accueillant restaurant de Christopher Street, dans sa partie ouest plus calme, sont à tester ! Commencez par un *toro ssam bap* (thon gras, algues toastées, riz au *tobiko* et œufs brouillés) ou un *hwe* (sashimi) de saint-jacques au chimichurri, avant de vous délecter d'un *so ramyun* – poitrine de bœuf et nouilles dans un bouillon de veau. (646-666-0947 ; www.jejunoodlebar.com ; 679 Greenwich

Chelsea Market (p. 114)

St, au niveau de Christopher St, West Village ; nouilles 19-43 $; 17h-22h mer-dim ; M8 jusqu'à Greenwich St-Christopher St, S 1 jusqu'à Christopher St-Sheridan Sq)

Sushi Nakazawa SUSHIS $$$

15 PLAN P. 112, E6

Dans ce petit restaurant plébiscité dès son ouverture en 2013, les prix sont élevés, mais en valent la peine. Peu de libre arbitre est laissé au client : les menus de 20 plats à prix fixe sont entièrement créés par le chef Daisuke Nakazawa, qui a fait ses classes auprès de Jiro Ono, sans doute le plus grand maître des sushis au monde. Le restaurant a été auréolé d'une étoile au Michelin. Réservations ouvertes 15 jours à l'avance. (212-924-2212 ; www.sushinakazawa.com ; 23 Commerce St, entre Bedford St et Seventh Ave, West Village ; menus 120 et 150 $; 11h45-14h (comptoir) et 17h-22h tlj ; S 1 jusqu'à Christopher St-Sheridan Sq)

Lobster Place POISSONNERIE-TRAITEUR

Installée dans le Chelsea Market (voir 2 plan p. 112, C3), cette poissonnerie, l'une des meilleures de la ville, vend aussi des plats cuisinés (burger de saumon, *fish & shrimps*, sushis, sashimis...) et de délicieuses soupes du jour (3 ou 4 recettes au choix) très bon marché et préparées avec du poisson et des coquillages de première qualité. On peut manger aux petites tables installées à la sortie, ou bien sur la High Line, face au soleil couchant. Parmi les spécialités de la maison : la chaudrée de palourdes et la bisque de homard (5,50 $ la petite, 8,95 $ la grande – vraiment énorme et servie dans un bol de pain). (212-255 5672 ; www.lobsterplace.com ; Chelsea Market, 75 9th Ave, terrasse 448 W 16th St ; plats 12-18,50 $, lobster roll 22-27 $; 11h-21h ; S A/C/E, L arrêt 8th Ave-14th St)

Rosemary's ITALIEN $$$

16 PLAN P. 112, E4

Figurant parmi les hauts lieux gastronomiques du moment à West Village, le Rosemary's est apprécié pour sa cuisine italienne de qualité, concoctée avec les produits de son jardin urbain et de sa ferme de la vallée de l'Hudson. Des betteraves servies avec des noisettes et des légumes verts amers jusqu'au porc de la "Meiller Farm" accompagné de fruits à la moutarde d'orange, toute la carte est fantastique. Dans un cadre évoquant vaguement une ferme, les convives se régalent de généreux plats de pâtes maison, de salades composées originales riches en saveur et de planches de fromage et de charcuterie. (212-647-1818 ; www.rosemarysnyc.com ; 18 Greenwich Ave, au niveau de W 10th St, West Village ; plats 17-29 $, menu déj 2 plats 24 $; 12h-22h tlj, brunch 10h-16h sam-dim ; S 1 jusqu'à Christopher St-Sheridan Sq)

Alta

TAPAS $$

17 PLAN P. 112, F4

Cette superbe maison de ville illustre le charme désuet du quartier : briques et poutres apparentes, lueur vacillante des bougies, immenses miroirs et cheminée romantique. Les petites assiettes à la carte raviront les indécis : succulentes boulettes d'agneau, pétoncles à la pistache, aubergines japonaises à l'époisses, chèvre frit et plats-de-côte braisés. La carte des vins est également remarquable. (☎212-505-7777 ; www.altarestaurant.com ; 64 W 10th St, entre Fifth Ave et Sixth Ave, West Village ; 17h30-21h30 dim-jeu, 17h30-22h mar-jeu, 17h-22h45 ven-sam ; S A/C/E, B/D/F/M jusqu'à W 4th St-Washington Sq)

Red Bamboo

VÉGAN $

18 PLAN P. 112, F5

"Crevettes" de soja cajun, "poulet" mariné à la jamaïcaine, "cheesecake" si généreux qu'on peine à le finir : les délices *soul food* et asiatiques concoctés ici font de l'endroit un *must* pour les végans en quête d'originalité. On se détend aisément dans un cadre alliant mobilier en bois nu et salle carrelée toute simple, tandis que les bières et les vins bio complètent l'aventure culinaire. (☎212-260-1212 ; www.redbamboo-nyc.com ; 140 W 4th St, entre 6th Ave et MacDougal St, West Village ; plats 14-17 $; 12h-21h lun-mar, 12h-22h mer-dim ; ; S A/C/E, B/D/F/M jusqu'à W 4th St-Washington Sq)

Sortir dîner

Moyennant quelques recherches et un peu d'argent, il est possible de manger royalement à chaque repas dans ces quartiers. West Village est connu pour ses adresses élégantes et intimistes, tandis que le Meatpacking District voisin offre généralement une scène plus ostentatoire, tendance et onéreuse.

Chelsea représente le juste milieu entre ces deux quartiers : établissements gays animés le long de l'ultra-populaire Eighth Ave, idéals pour voir et être vu à l'heure du brunch, et cafés sur Ninth Ave, plus à l'ouest.

Prendre un verre

Employees Only

BAR

19 PLAN P. 112, D5

Le top des bars à cocktails est niché derrière un discret auvent vert de Hudson Street. Des experts en mixologie y concoctent des mélanges étonnants comme le Ginger Smash (racine de gingembre, ananas frais, rhum, liqueur de pomme et de marasquin, plus un trait de citron). L'intérieur Art déco, tout en boiseries, donne une atmosphère très chic. Ouverte jusqu'à 3h30 du matin, la cuisine fait aussi l'attrait du lieu : citons les entrées à base d'os à moelle ou de gnocchis aux shiitaké sauce madère, et les saucisses épicées et *cavatelli* à la roquette (plats 20-36 $). (☎212-242-3021 ; www.employeesonlynyc.com ; 510 Hudson St, entre W 10th St et Christopher St, West Village ; ⏰18h-4h ; S 1 jusqu'à Christopher St-Sheridan Sq)

Happiest Hour — BAR À COCKTAILS

20 PLAN P. 112, E4

Décor à base de palmiers, fond musical des années 1960 et cocktails étonnants vous attendent dans ce bar chic décontracté. Les vrais amateurs descendront au sous-sol, au **Slowly Shirley**, pour déguster des breuvages préparés selon des recettes soigneusement élaborées. (☎212-243-2827 ; www.happiesthournyc.com ; 121 W 10th St, entre Greenwich St et 6th Ave, West Village ; ⏰⏰17h-minuit mar-mer, 17h-3h jeu-ven, 14h-3h sam, 15h-minuit dim ; S A/C/E, B/D/F/M jusqu'à W 4th St-Washington Sq, 1 jusqu'à Christopher St-Sheridan Sq)

Gallow Green — BAR

21 PLAN P. 112, B1

Tenu par l'équipe créative qui se cache derrière le spectacle à succès *Sleep No More* (p. 127), le Gallow Green est un extravagant bar sur le toit débordant de verdure, aux plantes grimpantes et guirlandes lumineuses. Une pause s'impose en ce lieu, avant ou après le spectacle. Vous y apprécierez le personnel en costume d'époque, la musique live la plupart des soirs et les savoureux cocktails. Réservation conseillée. L'hiver, le Gallow Green ouvre les portes de son "Lodge", un chalet douillet à la décoration intérieure étonnante, qui offre une escapade sylvestre en plein Manhattan. (☎212-564-1662 ; www.mckittrickhotel.com/gallow-green ; 542 W 27th St, entre Tenth Ave et Eleventh Ave, Chelsea ; ⏰17h-23h dim-mer, 17h-minuit jeu, 17h-1h ven-sam ; S 1, C/E jusqu'à 23rd St ; 1 jusqu'à 28th St)

Buvette — RESTO-BAR À VINS

22 PLAN P. 112, E5

Bruissant de conversations des habitués, des couples et des amateurs de théâtre, ce bar à vins-restaurant francophile est parfait pour une pause lors d'une balade dans les petites rues de West Village. Dégustez un verre de brouilly, de bandol ou de corbières, avant de grignoter un en-cas. Les plats de brunch, comme les croque-monsieur, sont remplacés le soir par des tartines et des petites assiettes. (☎212-255-3590 ; www.ilovebuvette.com ; 42 Grove St, entre Bedford St et Bleecker St, West Village ; plats déj et dîner 12-20 $, plats brunch 16-20 $; ⏰8h-23h dim-jeu, 8h-minuit ven-sam ; S 1 jusqu'à Christopher St-Sheridan Sq, A/C/E, B/D/F/M jusqu'à W 4th St-Washington Sq)

Pier 66 Maritime — BAR

23 PLAN P. 112, A1

Remonté du fond de la baie de Chesapeake, le *Frying Pan*, emblématique bateau-phare rouge du Pier 66, et son bar sur deux niveaux sont parfaits pour un verre en début de soirée. Par beau temps, la jetée en bois attire les foules, qui viennent se prélasser sur des transats et siroter quelques bières fraîches (7/25 $ bière artisanale/pichet). (☎212-989-6363 ; www.pier66maritime.com, fryingpan.com ; Pier 66, au niveau de W 26th St, Chelsea ; ⏰12h-minuit mai-sept et beaux jours avr-oct ; S 1, C/E jusqu'à 23rd St)

Cubbyhole

BAR LGBT

24 PLAN P. 112, D4

Cet établissement de West Village se présente comme un bar "lesbien, gay et hétéro depuis 1994". Si la clientèle est majoritairement féminine, le lieu accueille toute personne souhaitant prendre un verre en bonne compagnie, sous un plafond orné de lanternes et autres babioles. On y trouve un excellent juke-box, des employés sympathiques et des habitués aimant s'attarder et bavarder. (☎212-243-9041 ; www.cubbyholebar.com ; 281 W 12th St, au niveau de W 4th St, West Village ; ⏰16h-4h lun-ven, 14h-4h sam et dim ; S A/C/E, L jusqu'à 8th Ave-14th St)

Marie's Crisis

PIANO-BAR GAY

25 PLAN P. 112, G3

Stars de Broadway vieillissantes, jeunes gays débarqués de province, touristes gloussantes et autres fans de comédies musicales se succèdent autour du piano pour pousser la chansonnette, souvent rejoints par des célébrités de passage. L'ambiance est joyeuse et bon enfant. N'oubliez pas le

Buvette

Les cafés de West Village

West Village est l'une des zones résidentielles les plus agréables de Manhattan, jalonnée de charmants cafés, tels le **Café Cluny** (plan p. 112, D4 ; 212-255-6900 ; www.cafecluny.com ; 284 W 12th St, angle W 12th St et W 4th St, West Village ; plats déj 18-34 $, dîner 25-44 $; 11h-23h lun-ven, 10h-23h sam et dim ; S A/C/E, L jusqu'à 8th Ave-14th St) à l'ambiance parisienne, ou, pour un petit coin d'Italie, le **Caffe Reggio** (plan p. 112, F6 ; 212-475-9557 ; www.caffereggio.com ; 119 MacDougal St, près de W 3rd St, West Village ; sandwichs 9,50 $; 9h-3h dim-jeu, jusqu'à 4h30 ven-sam ; S A/C/E, B/D/F/M jusqu'à W 4th St-Washington Sq). Commandez un *latte*, plongez-vous dans un livre ou regardez les passants.

chapeau pour les artistes ! (212-243-9323 ; www.mariescrisiscafe.com ; 59 Grove St, entre 7th Ave et Bleecker St, West Village ; 16h-4h tlj ; S 1 jusqu'à Christopher St-Sheridan Sq, A/C/E, B/D/F/M jusqu'à W 4th St-Washington Sq)

The Tippler — BAR À COCKTAILS

26 PLAN P. 112, C3

Honorant le passé industriel du bâtiment, ce bar tout en bois et brique, dans l'ancien espace cave, est niché sous le Chelsea Market. Au programme : des cocktails bien préparés (16 $) et des bières artisanales intéressantes. Côté décoration, des matériaux vintage récupérés, provenant notamment d'un ancien château d'eau de NYC et de la High Line voisine, créent un espace chaleureux et décontracté. (917-261-7949 ; www.thetippler.com ; 425 W 15th St, au sous-sol du Chelsea Market, Chelsea ; 17h-minuit ; S A/C/E, L jusqu'à 8th Ave-14th St)

Top of the Standard — BAR

27 PLAN P. 112, C4

L'*afternoon tea* fait place aux cocktails en début de soirée dans ce splendide bar lounge perché au sommet de l'élégant hôtel **Standard**. Les petites assiettes (12-20 $), par exemple les ravioles aux petits pois ou les crevettes à la marocaine avec raisins secs marinés et yaourt grec, permettent d'éviter toute fringale. Les concerts de jazz et la vue sur la ville complètent ce tableau raffiné. (212-645-7600 ; www.standardhotels.com ; The Standard, 848 Washington St, au niveau de W 13th St, Meatpacking District ; 16h-minuit ; S A/C/E, L jusqu'à 8th Ave-14th St)

Stumptown Coffee Roasters — CAFÉ

28 PLAN P. 112, F5

Avec ses breuvages merveilleusement préparés, cette brûlerie réputée de Portland contribue à réinventer l'univers du café new-yorkais. Le cadre est élégant – plafond à caissons et comptoir en bois de noyer –, mais les quelques tables sont souvent occupées par des clients pianotant sur leurs ordinateurs portables. (☎347-414-7802 ; www.stumptowncoffee.com ; 30 W 8th St, au niveau de MacDougal St, West Village ; ⏲6h30-19h tlj ; S A/C/E, B/D/F/M jusqu'à W 4th St-Washington Sq)

Bathtub Gin BAR À COCKTAILS

29 PLAN P. 112, C3

Les bars clandestins tendance *speakeasy revival* ne manquent pas à New York, mais celui-ci se démarque avec sa porte d'entrée dérobée, au fond du Stone Street Coffee Shop (repérez le panneau "Stone Street Standard"). Sa décoration d'inspiration victorienne, sa musique douce et son personnel aimable en font l'endroit idéal pour siroter des cocktails entre amis, ou de très bons gins. (☎646-559-1671 ; www.bathtubginnyc.com ; 132 9th Ave, entre W 18th St et W 19th St, Chelsea ; ⏲17h-2h mar-jeu et dim, 17h-3h ven-sam ; S A/C/E, L jusqu'à 8th Ave-14th St, 1, C/E jusqu'à 23rd St, 1 jusqu'à 18th St)

Vin Sur Vingt BAR À VINS

30 PLAN P. 112, E4

Adresse cosy à proximité de l'animation de Seventh Ave, ce Vin Sur Vingt est un petit bar à vins français où l'on peut s'asseoir au comptoir ou aux tables désuètes à deux places. Attention : si vous venez prendre l'apéritif, vous serez inévitablement tenté de rester dîner pour goûter

Stonewall Inn (p. 126)

aux spécialités françaises de la maison, notamment les cassolettes de bœuf bourguignon, ratatouille ou cassoulet (plats 12-21 $). (212-924-4442 ; www.vsvwinebars.com ; 201 W 11th St, entre Seventh Ave et Waverly Pl, West Village ; 16h-1h dim-mer, jusqu'à 2h jeu-sam ; S A/C/E, L jusqu'à 8th Ave-14th St)

Stonewall Inn

BAR LGBT

31 PLAN P. 112, G2

Site des émeutes de Stonewall en 1969 et l'un des berceaux du mouvement des droits des homosexuels, Stonewall est classé monument historique. Malgré sa renommée internationale, l'endroit est chaleureux et sans prétention, accueillant tout le monde sous la bannière arc-en-ciel, autour de soirées thématiques comme le karaoké années 1990 et le bingo version drag-queen. (212-488-2705 ; www.thestonewallinnnyc.com ; 53 Christopher St, au niveau de Christopher Park, West Village ; 14h-4h lun-mer, 12h-4h jeu-dim ; S 1 jusqu'à Christopher St-Sheridan Sq)

124 Old Rabbit Club

BAR À BIÈRES

32 PLAN P. 112, F6

Vous vous féliciterez sûrement d'avoir trouvé ce bar bien caché (repérez le mot *Rabbit* écrit en petit au-dessus de la porte). Une fois à l'intérieur de ce lieu étroit aux allures de cave et à l'ambiance tranquille, asseyez-vous au comptoir à la lumière tamisée et offrez-vous une bière d'importation parmi les dizaines proposées. (646-781-9646 ; www.rabbitclubnyc.com ; 124 MacDougal St, au niveau de Minetta Lane, West Village ; 18h-2h dim-jeu, 18h-4h ven-sam ; S A/C/E, B/D/F/M jusqu'à W 4th St-Washington Sq, 1 jusqu'à Houston St)

Little Branch

BAR À COCKTAILS

33 PLAN P. 112, E6

Sans la file d'attente en fin de soirée, on ne devinerait jamais qu'un bar se cache derrière la porte métallique de ce bâtiment en brique. Quelques marches à descendre et vous voilà dans une salle tout droit sortie de l'époque de la Prohibition. Les clients trinquent et sirotent des cocktails préparés avec art, tout en profitant de concerts de jazz programmés du dimanche au jeudi soir. (212-929-4360 ; 22 Seventh Ave, au niveau de Leroy St, West Village ; 18h-minuit dim-mar, 18h-1h mer-jeu, 18h-2h ven-sam ; S 1 jusqu'à Houston St, A/C/E, B/D/F/M jusqu'à W 4th St-Washington Sq)

Henrietta Hudson

BAR LESBIEN

34 PLAN P. 112, D6

Ce bar lesbien est pris d'assaut par toutes sortes de jeunes femmes, qui viennent pour la plupart du New Jersey et de Long Island, pour profiter des soirées à thèmes où officient d'excellentes DJ (hip-hop, house, rock, etc.). Happy hour tous les jours de 16h à 19h. (212-924-3347 ; www.henriettahudson.com ; 438 Hudson St, au niveau de Morton St,

West Village ; 16h-2h lun-mar, 16h-4h mer-dim ; S 1 jusqu'à Houston St)

Vol de Nuit

PUB

35 PLAN P. 112, F5

Un discret (ouvrez l'œil !) petit bar à bières belges, où l'on sert de la Delirium Tremens à la pression et une petite dizaine de marques en bouteille, dont la Duvel et la Lindemans Framboise. On peut également commander des moules-frites, à partager installé sur la terrasse, dans le lounge, autour de tables communes en bois, ou sous les lampes rouges du bar. (212-982-3388 ; www.voldenuitbar.com ; 148 W 4th St, entre Sixth Ave et MacDougal St ; 16h-minuit dim-jeu, 16h-3h ven-sam ; S A/C/E, B/D/F/M jusqu'à W 4th St-Washington Sq)

Sortir

Sleep No More

THÉÂTRE

36 PLAN P. 112, B1

L'une des expériences théâtrales les plus immersives jamais conçues, *Sleep No More* est une adaptation sombre et libre du *Macbeth* de Shakespeare. Les représentations sont données dans plusieurs entrepôts de Chelsea, réaménagés pour évoquer l'hôtel McKittrick (en référence à *Sueurs froides*, le film d'Alfred Hitchcock) ; le bar de jazz, le Manderley, est une autre référence à Hitchcock, à *Rebecca*, l'adaptation du roman de Daphné du Maurier. Au cours de cette aventure née à Londres dont chaque participant est le

IFC Center (p. 128)

héros, le public peut se promener librement dans les pièces minutieusement décorées (salle de bal, cimetière...) et interagir avec les acteurs, qui jouent diverses scènes confinant à l'étrange. (☎billetterie 212-904-1880 ; www.sleepnomorenyc.com ; 530 W 27th St, entre 10h Ave et 11th Ave, Chelsea ; billets à partir de 100 $, à partir de 13 ans ; ⊙début du spectacle 17h-20h tlj sauf mar, matinées à partir de 15h sam ; S 1, C/E jusqu'à 23rd St)

Smalls
JAZZ

37 ✪ PLAN P. 112, G1

Bien nommée, cette petite salle en sous-sol accueille tous les soirs des groupes de jazz variés. On peut temporairement quitter les lieux pour aller manger un morceau (pas de cuisine au Smalls). Excellentes jam-sessions les samedis et dimanches après-midi. (☎646-476-4346 ; www.smallslive.com ; 183 W 10th St, entre W 4th St et 7th Ave S, West Village ; entrée sans/avec réservation 25/35-40 $; ⊙ouverture des portes 19h ; S 1 jusqu'à Christopher St-Sheridan Sq, A/C/E, B/D/F/M W jusqu'à 4th St-Washington Sq)

IFC Center
CINÉMA

38 ✪ PLAN P. 112, E6

Au cœur du territoire de l'université de New York (NYU), ce cinéma d'art et d'essai programme des films indépendants et étrangers, des classiques, mais aussi des courts-métrages, des documentaires, des mini-festivals, des reprises de films des années 1980, des rétrospectives... (☎212-924-7771 ; www.ifccenter.com ; 323 6th Ave, au niveau de W 3rd St, West Village ; adulte/enfant 17/14 $; 📶 ; S A/C/E, B/D/F/M jusqu'à W 4th St-Washington Sq)

Village Vanguard
JAZZ

39 ✪ PLAN P. 112, E4

Ce club de jazz, probablement le plus prestigieux de New York, a vu défiler tous les grands noms de ces 50 dernières années. Ouvert en 1935 pour accueillir des poètes *beat* et des chanteurs de folk, l'endroit revient parfois à ses racines, même si c'est un jazz franc et audacieux qui rythme l'essentiel de ses soirées. Le **Vanguard Jazz Orchestra** joue le lundi soir, depuis 1966. (☎212-255-4037, billetterie 1-800-210-0689 ; www.villagevanguard.com ; 178 7th Ave S, entre W 11th St et Perry St, West Village ; entrée environ 35-40 $; ⊙19h30-12h30 ; S 1/2/3 jusqu'à 14th St, A/C/E, L jusqu'à 8th Ave-14th St)

Comedy Cellar
COMEDY CLUB

40 ✪ PLAN P. 112, F6

Installé de longue date sous le café Olive Tree dans West Village, ce *comedy club* intimiste accueille des humoristes talentueux, occasionnellement rejoints par des vedettes comme

Dave Chappelle, Jerry Seinfeld ou Amy Schumer. Autre adresse dans le **Village Underground**, (thevillageunderground.com), à l'angle de 130 W 3rd St. (212-254-3480 ; www.comedycellar.com ; 117 MacDougal St, entre W 3rd St et Minetta Lane, West Village ; 14-25 $; début des spectacles 19h30-23h30 lun-jeu et dim, 19h-0h30 ven-sam ; S A/C/E, B/D/F/M jusqu'à W 4th St-Washington Sq)

Atlantic Theater Company THÉÂTRE

41 PLAN P. 112, D2

Fondé en 1985 par David Mamet et William H. Macy, l'Atlantic Theater est une pierre angulaire des productions "off-Broadway" (théâtre alternatif). En plus de 30 ans, il a accueilli de nombreux lauréats des Tony Awards et des Drama Desk Awards. (212-691-5919, billetterie 646-989-7996 ; www.atlantictheater.org ; Linda Gross Theater ; 336 W 20th St, entre 8th Ave et 9th Ave, Chelsea ; S 1, C/E jusqu'à 23rd St ; 1 jusqu'à 18th St)

(Le) Poisson Rouge MUSIQUE LIVE

42 PLAN P. 112, F6

Cet espace artistique est connu pour sa programmation musicale live éclectique. Entre classique, folk et opéra, l'expérimentation et le mélange des genres sont à l'honneur. (212-505-3474 ; www.lepoissonrouge.com ; 158 Bleecker St, entre Sullivan St et Thompson St, West Village ; S A/C/E, B/D/F/M jusqu'à W 4th St-Washington Sq)

Comedy Cellar

L'histoire du New York LGBT

New York affiche fièrement les couleurs LGBT, surtout à West Village où eurent lieu les émeutes de Stonewall, où est né le mouvement pour les droits des gays et où fut organisée la première Gay Pride.

Avant Stonewall

Au début du XXe siècle, plusieurs établissements tenus par des homosexuels bordaient MacDougal St à Greenwich Village, comme, au n° 129, le salon de thé Eve's Hangout, ouvert par la féministe Eve Kotchever et célèbre pour son panneau "hommes acceptés mais pas bienvenus". Petit à petit, cet esprit relativement transgressif fit place à un nouveau conservatisme. Une politique durcie visant à effacer la visibilité des gays dans l'espace public contraignit ceux-ci à la clandestinité dans les années 1940 et 1950. Les descentes de police dans les établissements homosexuels se multiplièrent.

La révolution de Stonewall

Le 28 juin 1969, huit officiers de police firent irruption au Stonewall Inn (p. 126), un bar gay de Greenwich Village. Les clients harcelés firent alors l'impensable : ils se rebellèrent et bombardèrent les policiers avec des bouteilles et des briques en scandant "gay power" et "nous vaincrons". Cette colère collective déclencha des débats passionnés autour de la discrimination, donnant le coup d'envoi au mouvement moderne des droits homosexuels, non seulement à New York mais aussi aux États-Unis et dans le monde.

Le mariage et le nouveau millénaire

Le combat pour l'égalité connut deux avancées majeures en 2011 : l'abolition d'une loi fédérale interdisant aux militaires LGBT de révéler leur orientation sexuelle, le fameux "Don't Ask, Don't Tell" (ne rien demander, ne rien dire) et, surtout, le droit au mariage. L'Assemblée de l'État de New York a voté la "Loi d'égalité du mariage", qui est devenue juridiquement effective à la veille de la Gay Pride de New York. Cette victoire devint nationale le 26 juin 2015, quand la Cour suprême des États-Unis légalisa le mariage homosexuel dans tout le pays, abrogeant les interdictions encore en vigueur dans 13 États.

The Duplex CABARET

43 ☆ PLAN P. 112, G2

Depuis 1950, cabarets, spectacles comiques et danses kitschs sont au programme du légendaire Duplex (Woody Allen ou Barbara Streisand ont foulé ses planches). Des photos de Joan Rivers tapissent les murs, et sur scène les artistes se plaisent à imiter son style impertinent et son autodérision, tout en raillant des membres du public (déconseillé aux timides). (212-255-5438 ; www.theduplex.com ; 61 Christopher St, au niveau de 7th Ave S, West Village ; entrée 10-25 $; début des spectacles 19h, 21h30 ; S 1 jusqu'à Christopher St-Sheridan Sq, A/C/E, B/D/F/M jusqu'à W 4th St-Washington Sq)

Joyce Theater

DANSE

44 PLAN P. 112, D3

Très prisée des fans de danse pour ses productions originales, cette salle de 472 places, logée dans un ancien cinéma Art déco rénové, accueille des compagnies traditionnelles modernes comme Martha Graham, Stephen Petronio Company et Parsons Dance, ainsi que des grands noms de la scène mondiale (Dance Brazil, Ballet Hispanico, MalPaso Dance Company). (212-691-9740, billetterie 212-242-0800 ; www.joyce.org ; 175 8th Ave, au niveau de W 19th St, Chelsea ; S 1 jusqu'à 18th St, 1, C/E jusqu'à 23rd St, A/C/E, L jusqu'à 8th Ave-14th St)

55 Bar

JAZZ

45 PLAN P. 112, G2

Pas besoin de s'endimancher ni de payer un prix exorbitant pour écouter du jazz dans ce bar accueillant, en sous-sol, qui date de la Prohibition. Deux concerts chaque soir, donnés par de bons musiciens en résidence, des blues bands ou Mike Stern, le génial guitariste de Miles Davis dans les années 1980. Deux consommations minimum. (212-929-9883 ; www.55bar.com ; 55 Christopher St, au niveau de 7th Ave, West Village ; entrée 15 $; généralement 18h30 et 21h30 ; S 1 jusqu'à Christopher St-Sheridan Sq)

Shopping

Strand Book Store

LIVRES

46 PLAN P. 112, G4

Cette librairie légendaire est le repaire des bibliophiles new-yorkais, où des générations de lecteurs, souvent avec l'emblématique tote bag de la maison au bras, se perdent avec délice pendant des heures. En activité depuis 1927, Strand recèle plus de 2,5 millions de volumes (ouvrages neufs, usagés et rares) couvrant près de 30 km de rayonnages – un dédale réparti sur trois niveaux. (212-473-1452 ; www.strandbooks.com ; 828 Broadway, au niveau de E 12th St, West Village ; 10h-20h ; S L, N/Q/R/W, 4/5/6 jusqu'à 14th St-Union Sq)

Screaming Mimis

VINTAGE

47 PLAN P. 112, D4

Amateurs de mode vintage, de vêtements griffés et rares ou de costumes originaux, cette fabuleuse boutique vous fera succomber, avec sa superbe sélection d'articles rangés par décennie, des années 1940 à 1990.

Flâner dans West Village

Une grande partie de West Village n'est pas desservie par le métro, et la ligne L ne va que jusqu'à Eighth Ave. Pour rejoindre les zones les plus à l'ouest de Chelsea et de West Village, prenez le bus M14 ou M8. Mais plutôt que de vous déplacer en bus ou en taxi dans ce secteur, explorez-le à pied : les charmantes rues pavées se prêtent idéalement à la promenade, avec un plan pour vous repérer dans le dédale des rues de West Village. Même les habitants ont du mal à s'y retrouver !

Cardigans en laine ornés de perles, minirobes en daim, fourrures fluo, gogo-boots en cuir blanc, accessoires et bijoux : tout ici est en excellent état. (☎212-677-6464 ; www.screamingmimis.com ; 240 W 14th St, entre 7th Ave et 8th Ave, Chelsea ; ⏲12h-20h lun-sam, 13h-19h dim ; S A/C/E, L jusqu'à 8th Ave-14th St)

Murray's Cheese ALIMENTATION

48 PLAN P. 112, E6

Fondée en 1940 par Murray Greenberg, vétéran de la guerre d'Espagne, cette fromagerie est l'une des meilleures de la ville. L'ancien propriétaire Rob Kaufelt (désormais "conseiller") sait dénicher de savoureux fromages dans le monde entier. Vous y trouverez aussi (et pourrez goûter) toutes sortes de fromages affinés dans des caves sur place ou dans le Queens. (☎212-243-3289 ; www.murrayscheese.com ; 254 Bleecker St, entre Morton St et Leroy St, West Village ; ⏲10h-18h ; S A/C/E, B/D/F/M jusqu'à W 4th St-Washington)

Lahn MODE ET ACCESSOIRES

49 PLAN P. 112, E5

Cette ravissante petite boutique indépendante (anciennement Personnel of New York) vend des vêtements de créateurs pour femmes. Il y a notamment des robes Laurence Bras et Kurt Lyle faciles à porter, des chemisiers et des pulls Sœur, des pantalons évasés Bellerose, ainsi que des bijoux, chapeaux, lunettes de soleil et autres accessoires pointus pour agrémenter vos tenues. (☎212-639-3379 ; shoplahn.com ; 9 Greenwich Ave, entre Christopher St et W 10th St, West Village ; ⏲11h-19h30 lun-sam, 12h-18h dim ; S A/C/E, B/D/F/M jusqu'à W 4th St-Washington Sq, 1 jusqu'à Christopher St-Sheridan Sq)

Printed Matter LIVRES

50 PLAN P. 112, B1

Cette merveilleuse petite librairie est spécialisée dans les monographies d'artistes en édition limitée et les petits magazines originaux qu'on ne trouve nulle part ailleurs : manifestes incendiaires, essais critiques sur la BD, folioscopes où le visage deJésus apparaît à travers des codes-barres ou guides pratiques écrits par des détenus (☎212-925-0325 ; www.printedmatter.org ; 231 11th Ave, entre 25th St et 26th St, Chelsea ; 🕑11h-19h lun-sam, 11h-18h dim ; Ⓢ7 jusqu'à 34th St-Hudson Yards, 1 jusqu'à 28th St)

Beacon's Closet VINTAGE

51 PLAN P. 112, F4

Chez Beacon's, qui a trois autres antennes à Brooklyn, un bon choix de vêtements de seconde main en très bon état, à l'esthétique résolument hipster et brooklynoise, vous attend. Les friperies étant rares dans le quartier, ce magasin n'en est que plus attrayant. (☎917-261-4863 ; www.beaconscloset.com ; 10 W 13th St, entre 5th Ave et 6th Ave, West Village ; 🕑11h-20h ; ⓈL, N/Q/R/W, 4/5/6 jusqu'à 14th St-Union Sq)

Odin VÊTEMENTS

52 PLAN P. 112, D4

Nommé ainsi d'après un dieu nordique, Odin offre une touche de magie aux hommes en quête d'un nouveau look. Sur les portants de cette boutique animée : des vêtements signés Dickies, Acne Studios ou encore Second Layer, ainsi que ceux de créateurs prometteurs. Côté accessoires figurent des chapeaux Albertus Swanepoel, des lunettes de soleil Oliver Peoples et des bijoux Nikolai Rose. (☎212-243-4724 ; www.odinnewyork.com ; 106 Greenwich Ave, entre W 13th St et W 12th St, West Village ; 🕑12h-20h lun-sam, 12h-19h dim ; ⓈA/C/E, L jusqu'à 8th Ave-14th St, 1/2/3 jusqu'à 14th St)

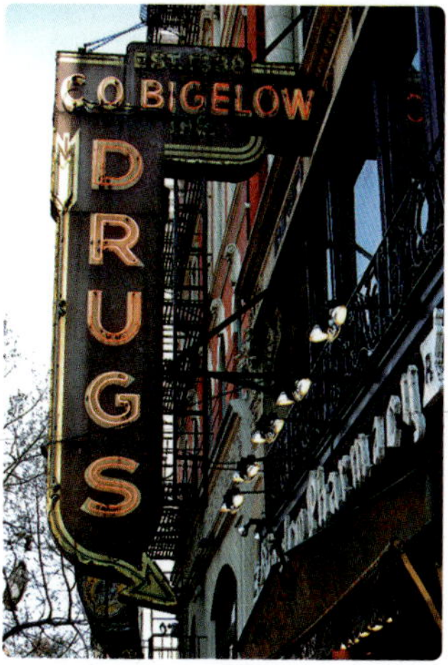

DANIEL M SILVA/SHUTTERSTOCK ©

C.O. Bigelow Apothecary

C.O. Bigelow Apothecary COSMÉTIQUES

53 PLAN P. 112, F5

La "plus ancienne pharmacie d'Amérique", fondée en 1838, est très appréciée pour ses lotions, masques pour le visage, savons bio, boules de bain effervescentes et articles de toilette haut de gamme. Une adresse légendaire où les produits pour la beauté et le bien-être sont rois. (☎212-533-2700 ; www.bigelowchemists.com ; 414 6th Ave, entre 8th St et 9th St, West Village ; 🕑9h-19h lun-sam, 9h-17h30 dim ; Ⓢ1 jusqu'à Christopher St-Sheridan Sq, A/C/E, B/D/F/M jusqu'à W 4th St-Washington Sq)

PHOTO
BOMB!

Explorer

Union Square, Flatiron District et Gramercy

Cœur trépidant du secteur, Union Square est le lieu de prédilection des New-Yorkais à l'heure du déjeuner. Au nord, on trouve la silhouette emblématique du Flatiron Building et Madison Square Park, un havre de verdure. Le quartier de Gramercy Park, avec son parc éponyme, est plus résidentiel.

À ne pas manquer

- ***Flatiron Building (p. 139)*** *Une icône architecturale à la triangularité saisissante.*
- ***Union Square (p. 137)*** *Une place urbaine animée, fréquentée par un mélange éclectique d'habitants.*
- ***Union Square Greenmarket (p. 137)*** *Le paradis des gourmets, entre produits régionaux et délices artisanaux.*
- ***Raines Law Room (p. 143)*** *Un luxueux cadre d'un autre temps, idéal pour siroter un cocktail.*
- ***Eataly (p. 140)*** *Un immense temple de la restauration, où s'offrir un voyage culinaire à l'accent italien.*

Comment y aller

S Union Square est un carrefour des transports locaux : les lignes 4/5/6 arrivent de l'Upper East Side, la L de Williamsburg et les lignes N/Q/R du Queens et de Brooklyn. Prenez la Q pour rejoindre prestement Herald Square et Times Square.

Les lignes M14A et M14D traversent la ville en suivant 14th St, tandis que la M23 emprunte 23rd St.

Plan du quartier p. 136

Flatiron Building (p. 139)

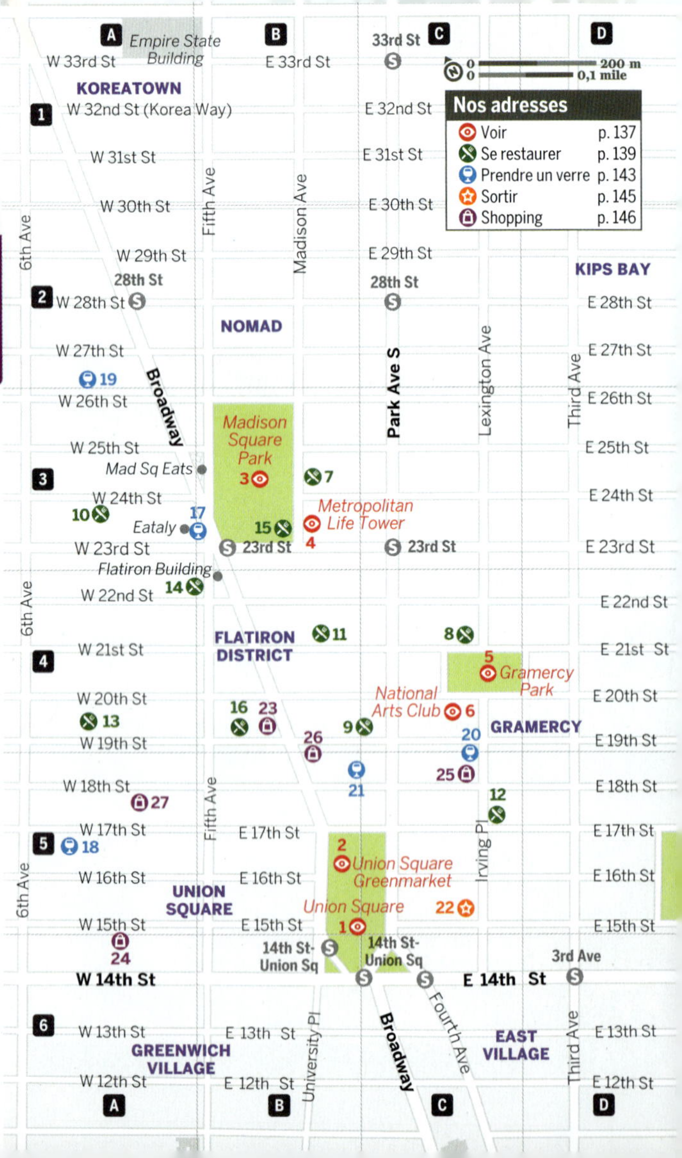
Nos adresses
Voir p. 137
Se restaurer p. 139
Prendre un verre p. 143
Sortir p. 145
Shopping p. 146
0 200 m
0 0,1 mile
A
B
C
D
1
2
3
4
5
6
Empire State Building
KOREATOWN
NOMAD
KIPS BAY
FLATIRON DISTRICT
GRAMERCY
UNION SQUARE
GREENWICH VILLAGE
EAST VILLAGE
W 33rd St
E 33rd St
33rd St
W 32nd St (Korea Way)
E 32nd St
W 31st St
E 31st St
W 30th St
E 30th St
W 29th St
E 29th St
28th St
W 28th St
E 28th St
W 27th St
E 27th St
W 26th St
E 26th St
W 25th St
E 25th St
W 24th St
E 24th St
W 23rd St
23rd St
E 23rd St
W 22nd St
E 22nd St
W 21st St
E 21st St
W 20th St
E 20th St
W 19th St
E 19th St
W 18th St
E 18th St
W 17th St
E 17th St
W 16th St
E 16th St
W 15th St
E 15th St
14th St-Union Sq
3rd Ave
W 14th St
E 14th St
W 13th St
E 13th St
W 12th St
E 12th St
6th Ave
Fifth Ave
Madison Ave
Park Ave S
Lexington Ave
Third Ave
Broadway
Irving Pl
University Pl
Fourth Ave
Madison Square Park
Mad Sq Eats
Eataly
Flatiron Building
Metropolitan Life Tower
Gramercy Park
National Arts Club
Union Square Greenmarket
Union Square
1
2
3
4
5
6
7
8
9
10
11
12
13
14
15
16
17
18
19
20
21
22
23
24
25
26
27

Voir

Union Square

PLACE

1 PLAN P. 136, B5

Telle l'Arche de Noé, Union Square est un refuge pour tous, à l'abri d'une mer de béton déchaînée. Difficile, en effet, de trouver un échantillon de population plus éclectique rassemblé dans un seul endroit : hommes d'affaires en costume en pause déjeuner, néo-hippies tapant sur des bongos, skateurs exécutant des figures dans les escaliers au sud-est, joueurs d'échecs en pleine partie, et foules de manifestants s'enflammant pour diverses causes. (www.unionsquarenyc.org ; 17th St, entre Broadway et Park Ave S, Union Square ; S 4/5/6, L/N/Q/R jusqu'à 14th St-Union Sq)

Union Square Greenmarket

MARCHÉ

2 PLAN P. 136, B5

Ne soyez pas surpris de croiser ici quelques-uns des plus grands chefs new-yorkais tâtant les produits : le marché aux légumes d'Union Square est sans doute le plus célèbre de la ville. Pour vous ouvrir l'appétit, faites le tour des étals chargés de fruits et de légumes issus de fermes de l'État de New York, de pains de campagne, de cidre et même de miels produits sur les toits de la ville. (212-788-7900 ; www.grownyc.org/unionsquaregreenmarket ; E 17th St, entre Broadway et Park Ave S, Union Square ; 8h-18h lun, mer, ven et sam ; S 4/5/6, N/Q/R/W, L jusqu'à 14th St-Union Sq)

Union Square Greenmarket

Madison Square Park PARC

3 PLAN P. 136, B3

Ce parc marquait la limite nord de Manhattan avant l'explosion démographique qui suivit la guerre de Sécession. Aujourd'hui, ce havre de paix au milieu de la frénésie urbaine comprend une aire de jeux pour enfants, un espace pour les chiens, ainsi qu'un restaurant de burgers Shake Shack (p. 142). C'est aussi un endroit axé sur la culture, avec des installations artistiques et, aux beaux jours, des activités allant des concerts aux rencontres littéraires ; consultez le site Internet. (212-520-7600 ; www.madisonsquarepark.org ; de E 23rd St à 26th St, entre 5th Ave et Madison Ave, Flatiron District ; 6h-minuit ; ; S R/W, F/M, 6 jusqu'à 23rd St)

Metropolitan Life Tower BÂTIMENT HISTORIQUE

4 PLAN P. 136, B3

Achevée en 1909, cette tour de 213 m de haut à l'angle sud-est du Madison Square Park est l'œuvre de Napoléon LeBrun, architecte d'origine française né à Philadelphie. Les italophiles auront une impression de déjà-vu : LeBrun s'inspira en effet du célèbre campanile de la place Saint-Marc, à Venise. La version de LeBrun est désormais plus ancienne que son modèle, l'édifice vénitien d'origine s'étant effondré en 1902 (il fut reconstruit en 1912). (1 Madison Ave, entre E 23rd St et E 24th St, Flatiron District ; S N/R, F/M, 6 jusqu'à 23rd St)

Gramercy Park PARC

5 PLAN P. 136, C4

Samuel Ruggles créa ce joli parc en 1831 après avoir asséché le marais qui occupait la zone et aménagé des rues à l'anglaise. On ne peut pas entrer (c'est le seul parc privé de Manhattan), mais on peut l'observer à travers le portail. L'acteur hollywoodien James Cagney habitait jadis au 34 Gramercy Park E. Situé au 15 Gramercy Park S, le **National Arts Club** (ci-dessous) compte Martin Scorsese, Uma Thurman et Ethan Hawke parmi ses membres. (E 20th St, entre Park Ave et 3th Ave, Gramercy ; S N/R, 6 jusqu'à 23rd St)

National Arts Club CENTRE CULTUREL

6 PLAN P. 136, C4

Créé en 1898 pour sensibiliser le public à l'art, ce centre culturel accueille des expositions, accessibles gratuitement en≈semaine ; consultez le site Web pour la liste des expositions et des manifestations en soirée. Calvert Vaux, l'un des créateurs de Central Park, conçut le bâtiment, qui inclut un petit salon orné de tableaux et un splendide panneau en vitrail voûté. Cette demeure appartenait jadis à Samuel J. Tilden, gouverneur de New York et candidat malheureux aux élections présidentielles de 1876. (212-475-3424 ; www.nationalartsclub.org ; 15 Gramercy Park S, Gramercy ; gratuit ; expositions 10h-17h tlj ; S N/R, 6 jusqu'à 23rd St)

Le Flatiron Building

Conçu par Daniel Burnham en 1902 et comptant 20 étages, le **Flatiron Building** (plan p. 136, B4 ; Broadway, angle Fifth Ave et 23rd St, Flatiron District ; S N/R, F/M, 6 jusqu'à 23rd St) affiche une silhouette triangulaire unique ; sa façade traditionnelle en calcaire et en terre cuite de style Beaux-Arts se fait de plus en plus belle à mesure que le regard s'y attarde. Cet édifice singulier, à admirer idéalement depuis l'îlot de circulation au nord de 23rd St, dominait la place du temps des premiers gratte-ciel au début du XIXe siècle, coïncidant avec la prolifération des cartes postales produites en série. Avant même son achèvement, des images du futur plus grand immeuble du monde (un titre qu'il conserva jusqu'en 1909) faisaient déjà le tour de la planète, contribuant à en faire une icône architecturale. L'actrice Katharine Hepburn murmura même un jour qu'elle aimerait susciter autant d'admiration que ce majestueux building.

Pendant des décennies, l'immeuble abrita de petites entreprises, surtout dans le domaine de l'édition. La société Frank Munsey y installa le *Munsey's Magazine*, où figuraient des nouvelles de William Sydney Porter (connu sous le pseudonyme d'O. Henry et auteur du *Cadeau des rois mages*), des reproductions de tableaux de John Sloan et des photographies d'Alfred Stieglitz.

Ces dernières années, le rez-de-chaussée de la “proue” a été converti en un lieu d'exposition vitré. Y a notamment été présentée une reconstitution grandeur nature en 3D du tableau d'Edward Hopper *Nighthawks* (*Noctambules*, 1942), dont le *diner* angulaire ressemble de manière frappante au Flatiron. Un projet est en cours afin de restaurer l'ancienne grandeur du bâtiment et de le transformer en un luxueux hôtel cinq étoiles.

Se restaurer

Eleven Madison Park

AMÉRICAIN **$$$**

7 PLAN P. 136, B3

L'Eleven Madison Park est systématiquement classé parmi les meilleures tables de la ville. Emblème d'une cuisine américaine moderne et durable, c'est l'un des 5 restaurants new-yorkais à compter 3 étoiles au Michelin. Avec l'épidémie de Covid-19, le chef Daniel Humm a fait évoluer sa carte vers un menu totalement végétarien, explorant de nouvelles recettes comme la fermentation et les bouillons. Pour chaque couvert, 5 repas sont distribués aux plus démunis. Les réservations ouvrent le premier du mois pour le mois suivant, soyez dans les starting-blocks. Tenue

Festin à Eataly

Ce temple de la gastronomie italienne (☎212-229-2560 ; www.eataly.com ; 200 5th Ave, au niveau de 23rd St, Flatiron District ; 9h-22h tlj ; ; S R/W, F/M, 6 jusqu'à 23rd St), géré par Mario Batali, comprend plusieurs restaurants servant aussi bien du *crudo* (poisson cru) et du *fritto misto* (légumes frits) que des pâtes et des pizzas, ainsi qu'un café et d'innombrables comptoirs et rayons où acheter de quoi vous composer un délicieux pique-nique à l'italienne. Autre adresse Downtown.

élégante de rigueur. (☎212-889-0905 ; www.elevenmadisonpark.com ; 11 Madison Ave, entre 24th St et 25th St, Flatiron District ; bar plats 35-50 $, menu dégustation 8-10 $, plats restaurant/6 plats bar 335/175 $; sur réservation ; ; S R/W, 6 jusqu'à 23rd St)

Maialino ITALIEN $$$

8 PLAN P. 136, C4

Il faut réserver jusqu'à un mois à l'avance pour avoir une table dans le restaurant de Danny Meyer. Les meilleures places sont cependant au bar (sans réservation). Vous serez servi par un personnel courtois et expert, et vous régalerez d'une succulente cuisine italienne rustique, à base de produits frais provenant de l'Union Square Greenmarket voisin (p. 137). (☎212-777-2410 ; www.maialinonyc.com ; Gramercy Park Hotel, 2 Lexington Ave, au niveau de 21st St, Gramercy ; plats 24-58 $; 7h30-10h, 12h-14h et 17h30-22h30 lun-jeu, jusqu'à 23h ven, 10h-14h et 17h30-23h sam, jusqu'à 22h30 dim ; S 6, R/W jusqu'à 23rd St)

Craft AMÉRICAIN $$$

9 PLAN P. 136, C4

Ce restaurant chic et animé se fournit auprès de fermes familiales et de petits producteurs pour préparer une cuisine de très grande tenue. Que ce soit le poulpe braisé, cuit à la perfection, les saint-jacques fondantes ou les *mezzaluna* (ravioles demi-lune) au potiron, nappées de beurre de noisette à la sauge et de parmesan, chaque plat est un concentré de saveurs. Réservation conseillée du mercredi au samedi. (☎212-780-0880 ; www.craftrestaurant.com ; 43 E 19th St, entre Broadway et Park Ave S, Union Square ; plats 27-63 $; 17h30-21h30 mar-jeu, 17h30-22h ven, 17h-22h sam ; ; S 4/5/6, N/Q/R/W, L jusqu'à 14th St-Union Sq)

Tacombi Café El Presidente MEXICAIN $

10 PLAN P. 136, A3

Regroupant le meilleur des établissements typiques de Mexico, ce lieu comprend, entre autres, un bar à jus, un bar à boissons alcoolisées et un stand de tacos. Trouvez une table, commandez une margarita et découvrez les délices de la street food mexicaine. Parmi les mets vedettes figurent les *esquites* (maïs grillé avec fromage *cotija* et mayonnaise au chipotle) et les succulents tacos de carnitas. (212-242-3491 ; www.tacombi.com ; 30 W 24th St, entre Fifth Ave et Sixth Ave, Flatiron District ; tacos 4,50-7,50 $, quesadillas 6-9 $; 11h-23h tlj ; ; S F/M, R/W jusqu'à 23rd St)

Clocktower BRITANNIQUE $$$

Toute la maîtrise d'Albion s'affiche dans cet établissement très couru, niché à l'intérieur de l'emblématique Metropolitan Life Tower (voir 4 plan p. 136, B3). Ultime adresse du chef britannique étoilé, Jason Atherton, l'endroit offre un cadre séduisant, tout en bois et stuc, pour se régaler de mets raffinés, à l'image des côtes de porc Heritage accompagnées de carottes anciennes et de boudin noir, ou encore les macaronis au fromage servis avec de la joue de bœuf cuite à feu doux. (212-413-4300 ; www.theclocktowernyc.com ; 5 Madison Ave, entre 23rd St et 24th St, Gramercy ; plats 28-68 $; 17h-22h mar-sam ; ; S F/M, R/W, 6 arrêt 23rd St)

Cosme MEXICAIN $$$

11 PLAN P. 136, B4

La gastronomie mexicaine se fait raffinée dans cet élégant restaurant aux tons gris anthracite, où les chefs Enrique Olvera et Gustavo Garnica imaginent des saveurs inspirées des terres au sud du Texas.

Le Serra (p. 143), bar sur le toit à Eataly

Ici, on bouleverse les stéréotypes culinaires avec de délicats pétoncles accompagnés d'avocat et de jicama, le *mole verde* assorti de bok choy et de pourpier, le guacamole aux herbes ou encore les désormais mythiques *carnitas de Cosme*. Si vous n'avez pas réservé, tentez votre chance au bar. (212-913-9659 ; www.cosmenyc.com ; 35 E 21st St, entre Broadway et Park Ave S, Flatiron District ; plats 19-29 $; 17h30-21h30 tlj et 12h-15h sam-dim ; ; S R/W, 6 jusqu'à 23rd St)

Casa Mono

TAPAS **$$$**

12 PLAN P. 136, C5

Nouvelle réussite du restaurateur Mario Batali et du chef Andy Nusser, la Casa Mono comporte un long comptoir où l'on peut s'asseoir et assister à la préparation de ses tapas étoilées au Michelin. Sinon, on peut s'installer à table pour discuter en toute discrétion. Préparez-vous à des délices forts en saveurs, tels les œufs crémeux accompagnés d'oursin, de noix, de citron vert et d'huile d'anchois. (212-253-2773 ; www.casamononyc.com ; 52 Irving Pl, entre 17th St et 18th St, Gramercy ; assiette de tapas 9-50 $; 12h-22h tlj ; S 4/5/6, N/Q/R/W, L jusqu'à 14th St-Union Sq)

Burger & Lobster Flatiron

BURGER ET HOMARD **$$**

13 PLAN P. 136, A4

Dans cet immense restaurant au décor rutilant mais chic, la carte est simple. Pour 20-32 $, on a le choix entre un burger ou un homard – bouilli ou grillé –, accompagnés de frites et de salade. Le restaurant est très vite bondé les soirs de week-end mais on pourra profiter d'un verre au bar – cocktails, bières et vins – en attendant son tour. (646-833 7532 ; www.burgerandlobster.com ; 39 West 19th St, entre 5th Ave et 6th Ave ; plats 16-32 $; 12h-22h dim-jeu, 12h-23h ven-sam ; S 6, R/W arrêt 23rd St, 1 arrêt 18th St).

Eisenberg's Sandwich Shop

DINER **$**

14 PLAN P. 136, A4

Ce *diner* à l'ancienne – une rareté dans ce quartier plutôt haut de gamme – est un lieu calme et confortable où déguster une cuisine juive traditionnelle (foie haché, sandwhich au pastrami, salade de thon) et de copieux petit-déjeuners. Installez-vous au long comptoir et côtoyez une clientèle éclectique qui se régale d'un pain de viande (*meatloaf*) ou d'une bonne portion d'œufs brouillés. (415-345-2303 ; www.eisenbergsnyc.com ; 174 Fifth Ave, entre W 22nd et 23rd St, Flatiron District ; plats brunch 5-13 $, sandwichs 8,50-15 $; 7h30-18h lun-ven, 11h-15h sam-dim ; ; S R/W jusqu'à 23rd St)

Shake Shack

BURGERS **$**

15 PLAN P. 136, B3

Fleuron de la chaîne de hamburgers du chef Danny Meyer (tout a commencé ici avec un stand de hot dogs), le Shake Shack propose des burgers hyper-frais, des frites maison et un bon choix de crèmes glacées. Les végétariens pourront dévorer un burger aux champignons Portobello. Les files d'attente sont longues, mais cela en vaut la peine. À défaut d'une table disponible, installez-vous sur l'un des bancs du parc. (☎646-889-6600 ; www.shakeshack.com ; Madison Square Park, angle E 23rd St et Madison Ave, Flatiron District ; burgers 5,50-11 $; 🕘11h-22h ; S R/W, F/M, 6 jusqu'à 23rd St)

Thaï Villa — TAÏLANDAIS $$

16 PLAN P. 136, B4

Une adresse coup de cœur tant pour son cadre enchanteur – boiseries, fontaine, lustres rutilants... – que pour sa carte, où s'alignent les classiques de la gastronomie thaïlandaise, tous savamment exécutés et très abordables, comme le pad thaï ou le panang curry. Réservation conseillée. (☎212-802 9999 ; www.thaivillanyc.com ; 5 East 19th St, entre 5th Ave et Broadway ; 🕘11h30-22h15 dim-jeu, 11h30-22h30 ven-sam ; plats autour de 14 $; S 6, R/W arrêt 23rd St)

Prendre un verre

Serra — BAR SUR LE TOIT

17 PLAN P. 136, B3

Le joyau de l'espace de restauration Eataly (p. 140) est son *beer garden* sur le toit, niché entre les tours de bureaux de Flatiron District. Chaque saison voit le thème de ce bar à bières renouvelé : il pourra avoir des airs de plage méditerranéenne, puis ressembler à une retraite alpine le mois suivant. Le cadre est magnifique, tandis que la nourriture et les boissons rivalisent avec les délices gastronomiques proposés à l'étage inférieur. (☎212-937-8910 ; www.eataly.com ; 200 5th Ave, au niveau de W 23rd St, Flatiron District ; plats 16-39 $ 🕘11h30-22h dim-jeu, 11h30-23h ven-sam ; S F/M, R/W, 6 jusqu'à 23rd St)

Raines Law Room — BAR À COCKTAILS

18 PLAN P. 136, A5

Rideaux de velours, fauteuils en cuir capitonnés, briques nues et cocktails préparés d'une main experte à partir de spiritueux idéalement vieillis : rien n'est laissé au hasard dans ce bar où règne une atmosphère calme et détendue. Dehors, rien ne marque l'entrée du bar ; repérez le n°48 et sonnez. (www.raineslawroom.com ; 48 W 17th St, entre 5th Ave et 6th Ave, Flatiron District ; 🕘17h-1h lun-mer, 17h-2h jeu-ven, 16h-2h sam, 16h-1h dim ; S F/M jusqu'à 14th St, L jusqu'à 6th Ave, 1 jusqu'à 18th St)

Flatiron Room — BAR À COCKTAILS

19 PLAN P. 136, A2

Papier peint rétro, grand lustre, plafond peint et étagères garnies de whiskies rares forment un cadre élégant où l'on vient boire de bons cocktails

Les sculptures d'Union Square

En vous promenant sur Union Square, vous remarquerez des sculptures insolites. Certaines sont temporaires, d'autres permanentes, comme l'imposante statue équestre de George Washington (l'une des premières grandes œuvres d'art publiques de New York) et la statue du Mahatma Gandhi.

Du côté sud-est de la place, une énorme installation suscite au mieux la perplexité, au pire l'indifférence des passants. Représentation symbolique du temps, le **Metronome** est composé de trois éléments : à l'extrémité droite, une façade métallique s'orne d'une sphère mi-noire, mi-dorée, qui suit les phases de la Lune. Les nuits de pleine lune, la sphère apparaît entièrement dorée. Au centre, un mur en brique construit en cercles concentriques recouverts de feuilles d'or et qui rejettent de la vapeur à midi et minuit. À gauche de ce mur ("Artwall"), une horloge numérique ("The Passage") qui affichait à l'orgine 15 chiffres en LED orange à décomposer en deux séries de sept – à partir de la gauche, l'heure actuelle (heures, minutes, secondes et dizièmes de seconde) et, à partir de la droite en sens inverse, le temps restant dans la journée – le chiffre du milieu représentant un centième de seconde, symbole de la frénésie du rythme de la ville. Depuis 2020, les chiffres ont changé. Ils indiquent à présent le temps qu'il nous reste avant le point de non-retour du changement climatique. Pour Kristin Jones et Andrew Ginzel, qui ont conçu cette œuvre d'art publique contemporaine en 1999, cette horloge devenue climatique est un moyen de crier le temps qu'il nous reste depuis les toits. Le compte à rebours a commencé....

accompagnés d'amuse-bouche à partager : œufs mimosa aux rillettes de canard, huîtres fumées et charcuterie. Concerts presque tous les soirs (bluegrass et jazz, entre autres). Réservation fortement conseillée. (☎212-725-3860 ; www.theflatironroom.com ; 37 W 26th St, entre 6th Ave et Broadway, Flatiron District ; 🕐17h-2h mar-sam, jusqu'à minuit dim-lun ; S R/W jusqu'à 28th St, F/M jusqu'à 23rd St)

Irving Farm Roasters CAFÉ

20 PLAN P. 136, C5

Fréquenté par des secrétaires et des universitaires, cet établissement ne désemplit pas. Le café est torréfié dans une ferme de la vallée de l'Hudson, à environ 145 km de New York, à partir de grains cueillis à la main. Croissants de la boulangerie Balthazar, muesli, plats à base d'œufs, bagels et sandwichs. (☎212-206-0707 ;

www.irvingfarm.com ; 71 Irving Pl, entre 18th St et 19th St, Gramercy ; 7h-20h lun-ven, 8h-20h sam-dim ; S 4/5/6, N/Q/R/W, L jusqu'à 14th St-Union Sq)

Old Town Bar

BAR

21 PLAN P. 136, B5

Comptoir en acajou, sols carrelés d'origine et plafonds en étain – l'Old Town est une taverne classique, où le temps semble s'être arrêté en 1892. L'endroit est d'ailleurs souvent utilisé pour le tournage de scènes de films et d'émissions TV (le clip de "Bad Girl", de Madonna, y a même été tourné). La plupart des clients se glissent dans un box en bois confortable pour déguster une bière et un burger (à partir de 12,50 $). (212-529-6732 ; www.oldtownbar.com ; 45 E 18th St, entre Broadway et Park Ave S, Union Square ; 11h30-minuit lun-mar, 11h30-0h30 mer-sam, 13h-21h30 dim ; ; S 4/5/6, N/Q/R/W, L jusqu'à 14th St-Union Sq)

Sortir

Irving Plaza

MUSIQUE LIVE

22 PLAN P. 136, C5

Depuis 1978, Irving Plaza a vu passer les Ramones, Bob Dylan, U2, Pearl Jam et autres célébrités. Aujourd'hui, c'est l'endroit idéal pour découvrir des artistes rock et pop moins connus, du trio féminin Sleater-Kinney au groupe de hard-rock Disturbed en passant par Jain. On peut s'installer dans la fosse ou au balcon (bonne vue sur la scène). (212-777-6800 ; www.irvingplaza.com ; 17 Irving Pl, au niveau de 15th St, Union Square ; S 4/5/6, N/Q/R, L jusqu'à 14th St-Union Sq)

Old Town Bar

HEATHER SHIMMIN/SHUTTERSTOCK ©

Où faire son shopping

Des livres rares pour la jeunesse aux fromages artisanaux, en passant par des marchés fermiers très prisés à New York, ces quartiers recèlent quelques pépites. Toutefois, il y a désormais autant de magasins de chaînes que de boutiques indépendantes, surtout aux abords d'**Union Square** et de **Sixth Ave**. **Fourteenth St** (plutôt du côté ouest) est un petit royaume du shopping, où sont proposés guitares, meubles, sportswear, perruques et tatouages. Pour trouver des enseignes connues comme Zara, Banana Republic, Club Monaco, J Crew, Anthropologie ou Intermix, allez flâner plus au nord sur **Fifth Ave**.

Shopping

Fishs Eddy

ARTICLES DE MAISON

23 PLAN P. 136, B4

Les New-Yorkais branchés plébiscitent ce magasin pour ses articles de qualité pleins de fantaisie. On y trouve une foule de mugs, d'assiettes, de torchons, de carafes et de tout ce qui peut avoir sa place dans une cuisine. Ces articles affichent aussi bien des *color blocks* élégants que des motifs délicieusement audacieux. Les produits des lignes Brooklynese (*Cawfee, Shuguh, Sawlt*, etc.) et Skyline font d'excellents souvenirs. (212-420-9020 ; www.fishseddy.com ; 889 Broadway, au niveau de E 19th St, Union Square ; 10h-21h lun-ven, 10h-20h sam-dim ; S R/W, 6 jusqu'à 23rd St)

Rent the Runway

MODE

24 PLAN P. 136, A6

Cette boutique de vêtements de location vous accueille avec ou sans rendez-vous pour une consultation mode à prix abordable (30 $). On peut louer toutes sortes de tenues griffées (Narciso Rodriguez, Emanuel Ungaro, Nicole Miller). L'idéal si vous voyagez léger et que vous avez envie de vous mettre sur votre trente-et-un pour une soirée new-yorkaise d'exception. (www.renttherunway.com ; 30 W 15th St, entre 5th Ave et 6th Ave, Union Square ; 8h-21h lun-ven, 9h-20h sam, 9h-19h dim ; S L, F/M jusqu'à 14th St-6th Ave, 4/5/6, L, N/Q/R/W jusqu'à 14th St-Union Sq)

Bedford Cheese Shop

ALIMENTATION

25 PLAN P. 136, C5

Fromage au lait cru bio parfumé à l'absinthe ou fromage de chèvre à l'ail australien : vous trouverez sans doute votre bonheur parmi la magnifique sélection de quelque 200 produits de cette succursale du plus célèbre fromager de Brooklyn. Accompagnez votre choix de charcuterie artisanale, d'un plat de traiteur ou de sandwichs (12,50 $) et faites le plein de produits *made in Brooklyn*. (718-395-3080 ; www.bedfordcheeseshop.com ; 67 Irving Pl,

URBAN BY HABIT/SHUTTERSTOCK ©

Fishs Eddy

entre E 18th St et 19th St, Gramercy ; 9h-19h tlj ; S 4/5/6, N/Q/R/W, L jusqu'à 14th St-Union Sq)

ABC Carpet & Home DÉCO

26 PLAN P. 136, B5

Décorateurs et designers viennent chercher l'inspiration dans ce magasin sur sept niveaux, avec toutes sortes d'objets déco, petits ou gros, des bijoux et des meubles de créateurs, des lampes design, des céramiques et des tapis anciens. À Noël, le magasin est un ravissement pour les yeux et une excellente adresse pour acheter des décorations. (212-473-3000 ; www.abchome.com ; 888 Broadway, au niveau de E 19th St, Flatiron District ; 11h-18h tlj ; S 4/5/6, N/Q/R/W, L jusqu'à 14th St-Union Sq)

Books of Wonder LIVRES

27 PLAN P. 136, A5

À tout âge, vous tomberez sous le charme de cette librairie spécialisée dans la littérature jeunesse. Par temps pluvieux, vous pourrez faire pratiquer la langue de Shakespeare à vos bambins, en particulier quand elle accueille un auteur ou un conteur pour une lecture. (212-989-3270 ; www.booksofwonder.com ; 42 W 17th St, entre 5th Ave et 6th Ave, Flatiron District ; 11h-18h tlj ; ; S F/M jusqu'à 14th St, L jusqu'à 6th Ave)

Explorer

Midtown

Centre névralgique de la ville, Midtown incarne le New York des cartes postales. Chaque jour, plus de 300 000 personnes investissent ses rues jalonnées de lieux emblématiques, tels Times Square, Grand Central Terminal et l'Empire State Building. Parmi les pépites culturelles figurent le MoMA et la New York Public Library, complétées non loin par le paradis culinaire et gay-friendly d'Hell's Kitchen.

Notre sélection

- ***Rockefeller Center (p. 160)*** *Tous les édifices emblématiques, à observer depuis la plateforme d'observation Top of the Rock, et la visite des studios télévisés historiques de la NBC.*
- ***Museum of Modern Art (p. 154)*** *Des œuvres de Picasso, Warhol et Rothko dans un musée de renommée internationale.*
- ***Bryant Park (p. 159)*** *Un déjeuner en plein air ou un simple moment de détente dans cette oasis de Midtown.*
- ***Jazz at Lincoln Center (p. 169)*** *Une vue superbe à admirer en écoutant une pointure du jazz.*
- ***Broadway (p. 169)*** *Du strass et des paillettes, pour rendre votre séjour étincelant !*

Comment y aller et circuler

[S] Times Sq-42nd St, Grand Central-42nd St et 34th St-Herald Sq sont les principales stations avec correspondances à Midtown. Les lignes A/C/E et 1/2/3 traversent Midtown West du nord au sud, les lignes 4/5/6 passent par Midtown East. Les lignes centrales B/D/F/M longent Sixth Ave, tandis que les N/Q/R/W longent Broadway. Les lignes 7, E et M permettent d'autres traversées du secteur.

Plan du quartier p. 156

Bryant Park (p. 159) GAGLIARDIPHOTOGRAPHY/SHUTTERSTOCK ©

Les incontournables

Times Square

Qu'on l'aime ou qu'on la déteste, l'intersection de Broadway et de Seventh Ave, plus connue sous le nom de Times Square, est le cœur palpitant de New York. C'est un torrent hypnotique de lumières scintillantes, de panneaux d'affichage géants et d'énergie urbaine à l'état brut, qui semble ne jamais s'arrêter : l'endroit est presque aussi fréquenté la nuit qu'en plein après-midi.

PLAN P. 156, D4

www.timessquarenyc.org

Broadway, au niveau de Seventh Ave

S N/Q/R/W, S, 1/2/3, 7 jusqu'à Times Sq-42nd St

Carrefour du monde

Times Square incarne le New York de l'imaginaire collectif, là où Al Jolson rencontre le succès dans *Le Chanteur de jazz* (1927) et où s'étend la "jungle de béton où les rêves se construisent" chantée par Alicia Keys et Jay-Z.

Pendant plusieurs décennies, le rêve fut plutôt ici un cauchemar sordide. La crise du début des années 1970 entraîna un exode des entreprises qui y étaient installées. Les panneaux d'affichage s'éteignirent et les grands hôtels furent convertis en immeubles d'habitation. Bien que le Theater District voisin ait survécu, ses théâtres partageaient les rues avec des cinémas porno et des boîtes de strip-tease. Tout cela changea avec Rudolph Giuliani, nouveau maire qui, dans les années 1990, accrut les effectifs policiers et fit venir une vague d'enseignes commerciales, de restaurants et d'attractions "convenables". À l'aube du nouveau millénaire, Times Square était redevenu tout public. Près de 50 millions de visiteurs s'y pressent chaque année.

Times Square aujourd'hui

Constamment bondé et presque aussi illuminé à 2h du matin qu'à midi, avec ses immenses panneaux lumineux et ses enseignes au néon annonçant spectacles et comédies musicales, Times Square prouve que New York n'a pas usurpé sa réputation de ville qui ne dort jamais. Toutes sortes de personnages déguisés, allant d'Elmo à la statue de la Liberté en passant par divers super-héros Marvel et un cow-boy en slip (le "Naked Cowboy"), côtoient des touristes venus des quatre coins de la planète. En quelques minutes, vous entendez parler plus de langues que vous ne pensiez qu'il en existait. Cette aire de jeux urbaine pour l'art public et les événements saisonniers est aussi le lieu le plus populaire de la planète pour célébrer le Nouvel An.

★ À savoir

Des espaces dédiés à la cuisine de rue ont été créés sur les placettes piétonnières de Times Square (à l'intersection de Broadway entre W 43rd St et W 47th St). Il y a aussi un **guichet d'information touristique** (☎ 212-484-1222 ; www.timessquarenyc.org ; Broadway Plaza, au niveau de W 45th St ; ⏲ 8h-17h).

✕ Une petite pause ?

Pour une vue imprenable sur les lumières de Times Square, sans la foule, allez prendre un verre au **R Lounge** (☎ 212-261-5114 ; Two Times Sq, 714 7th Ave, au niveau de W 48th St ; ⏲ 17h-22h30 dim-lun, 17h 23h mar-jeu, 17h-23h30 ven-sam S N/R/W jusqu'à 49th St), un agréable bar d'hôtel aux grandes baies vitrées.

Les incontournables

Empire State Building

Bien que le Chrysler Building soit plus beau et le One World Trade Center le plus haut, l'Empire State Building reste incontestablement le roi de l'horizon new-yorkais ! C'est aussi une véritable star à New York, car il a le privilège d'apparaître dans près d'une centaine de films, de King Kong à Independence Day. *Grimper à son sommet est une expérience aussi fondamentale que de déguster un hot dog.*

PLAN P. 156, E5

www.empirestatebuilding.com

20 W 34th St

plateforme 86e ét. adulte/enfant 42/36 $, avec plateforme 102e ét. 75/69 $

8h-2h

S 6 jusqu'à 33rd St, B/D/F/M, N/Q/R/W jusqu'à 34th St-Herald Sq

Quelques chiffres

Les chiffres donnent le vertige : 10 millions de briques, 60 000 tonnes d'acier, 6 400 fenêtres et près de 30 500 m² de marbre. Sa construction sur l'emplacement originel du Waldorf-Astoria se fit en un temps record de 410 jours, nécessita sept millions d'heures de main-d'œuvre et coûta quelque 41 millions de dollars (environ 650 millions de dollars actuels) – un montant pharaonique mais bien inférieur au budget initialement prévu de 50 millions (heureusement, car la construction se déroula pendant la Grande Dépression). Ce colosse en pierre calcaire de 102 étages et 443 m (antenne comprise) fut inauguré le 1er mai 1931. Des années plus tard, la réplique de Deborah Kerr à Cary Grant dans *Elle et lui* sonne toujours aussi juste : "C'est, à New York, ce qui s'approche le plus du paradis."

Point de vue vertigineux

À moins que vous ne soyez Ann Darrow (la malheureuse jeune femme enlevée par King Kong), monter au sommet de l'Empire State Building devrait vous donner le sourire. Il y a deux plateformes d'observation. La plateforme en plein air du 86e étage dispose de télescopes (ils fonctionnaient auparavant à pièces mais sont désormais en accès libre) pour zoomer sur la métropole bruissant d'activité. Au-dessus, au sommet de la flèche, l'observatoire du 102e étage, en intérieur, est le plus haut de New York après celui du One World Trade Center. Inutile de préciser que la vue sur les cinq *boroughs* (quartiers) de la ville (et les quatre États voisins, quand la météo est de la partie) à travers les immenses baies vitrées est inouïe. Depuis les deux plateformes, le spectacle est encore plus fascinant au coucher du soleil, quand la ville se prépare pour la nuit sous les dernières lueurs du jour.

★ À savoir

- Venez tôt (8h) ou tard pour éviter une longue attente, ou achetez vos billets en ligne (2 $ de plus).
- Au 86e étage, entre 22h et 1h du jeudi au samedi, un joueur de saxophone accompagne les jeux de lumière en contrebas.
- Téléchargez l'application pour la visite de l'Empire State Building (gratuite avec votre billet) ou consultez la version audio en streaming grâce à la connexion Wi-Fi gratuite sur place.

✗ Une petite faim ?

- Vous n'êtes qu'à une courte marche de Koreatown et de ses restaurants, notamment le paisible Hangawi (p. 165).
- Sinon, prenez au nord pour gagner le **Bryant Park Grill** (www.bryantparkgrillnyc.com ; Bryant Park, 25 W 40th St, entre 5th Ave et 6th Ave ; plats 20-49 $; ⌚11h30-15h30 et 17h-23h avr-déc, horaires réduits jan-mars ; ✎ ; S B/D/F/M jusqu'à 42nd St-Bryant Park, 7 jusqu'à 5th Ave).

Les incontournables

Museum of Modern Art

Le MoMA peut se vanter de rassembler plus de grands noms que la soirée des Oscars : Van Gogh, Matisse, Picasso, Warhol, Rothko, Pollock… Depuis sa création en 1929, le musée a rassemblé pas loin de 200 000 œuvres témoignant des mouvements créatifs de la fin du XIXe siècle à nos jours. Pour les amateurs d'art, c'est le paradis. Pour les non-initiés, c'est un passionnant cours intensif d'histoire picturale.

PLAN P. 156, E2

212-708-9400

www.moma.org

11 W 53rd St

adulte/enfant 25 $/gratuit, 17h30-21h ven gratuit

13h-17h30 lun, 10h30-17h30 mar-dim, jusqu'à 19h sam

S E, M jusqu'à 5th Ave-53rd St, F jusqu'à 57th St

Chefs-d'œuvre de la collection

Une rotation des œuvres est effectuée tous les six mois, mais il est quasiment certain que vous pourrez admirer *La Nuit étoilée* de Van Gogh – la toile est généralement entourée d'une nuée d'admirateurs brandissant leurs appareils photo. Parmi les autres pièces maîtresses de la collection, citons *Les Demoiselles d'Avignon* de Picasso, *La Bohémienne endormie* d'Henri Rousseau et *La Danse I* de Matisse, sans oublier des œuvres américaines légendaires comme *Campbell's Soup Cans* et *Gold Marilyn Monroe* de Warhol, ou encore *New York Movie* de Hopper.

Jardin de sculptures Abby Aldrich Rockefeller

En 2004, la reconstruction du musée par l'architecte Yoshio Taniguchi fut l'occasion de restaurer le jardin de sculptures pour lui redonner sa forme d'origine, imaginée par Philip Johnson en 1953 et qu'il décrivait comme une "sorte de salle extérieure". Quand les journées sont chaudes et ensoleillées, on a l'impression d'un apaisant salon en plein air, avec des œuvres d'éminents artistes comme Matisse, Giacometti, Calder et Picasso. Le jardin des sculptures est en accès libre chaque jour de 9h30 à 10h15 (sauf par mauvais temps).

Rénovation monumentale

Le MoMA a été réaménagé par Diller Scofidio + Renfro, avec au final plus de 3 700 m² d'espace d'exposition supplémentaires. La collection permanente a été agencée comme une histoire de l'art moderne, mettant en scène peintures, sculptures, photographies, cinéma, architecture, design industriel, entre autres disciplines, le tout organisé en segments chronologiques aux étages n°5 (1880-1940), n°4 (1940-1970) et n°2 (1970-présent). Le 3e étage abrite les galeries des expositions temporaires, tandis que le Kravis Studio, au 4e, inauguré en octobre 2019, est dédié à l'art vivant expérimental.

★ À savoir

- Pour optimiser votre temps et monter un plan d'attaque, téléchargez l'application gratuite du musée sur votre Smartphone, à partir du site Internet. Elle est disponible en plusieurs langues.
- Venez plutôt le lundi ou le mardi, sauf si ce sont des jours fériés. Le vendredi soir et le week-end, le musée est noir de monde.

✕ Une petite pause ?

- Pour des tables communes et une atmosphère décontractée, optez pour les plats d'inspiration italienne de l'agréable **Café 2** (plats 12-20 $; ⏲11h-15h mar-sam).
- Pour un service à table, direction le bel espace du **Terrace Café** (petites assiettes 8-21 $; ⏲11h-16h lun-jeu, 11h-17h ven), avec une terrasse extérieure surplombant 53rd St, où s'attabler quand le temps le permet.

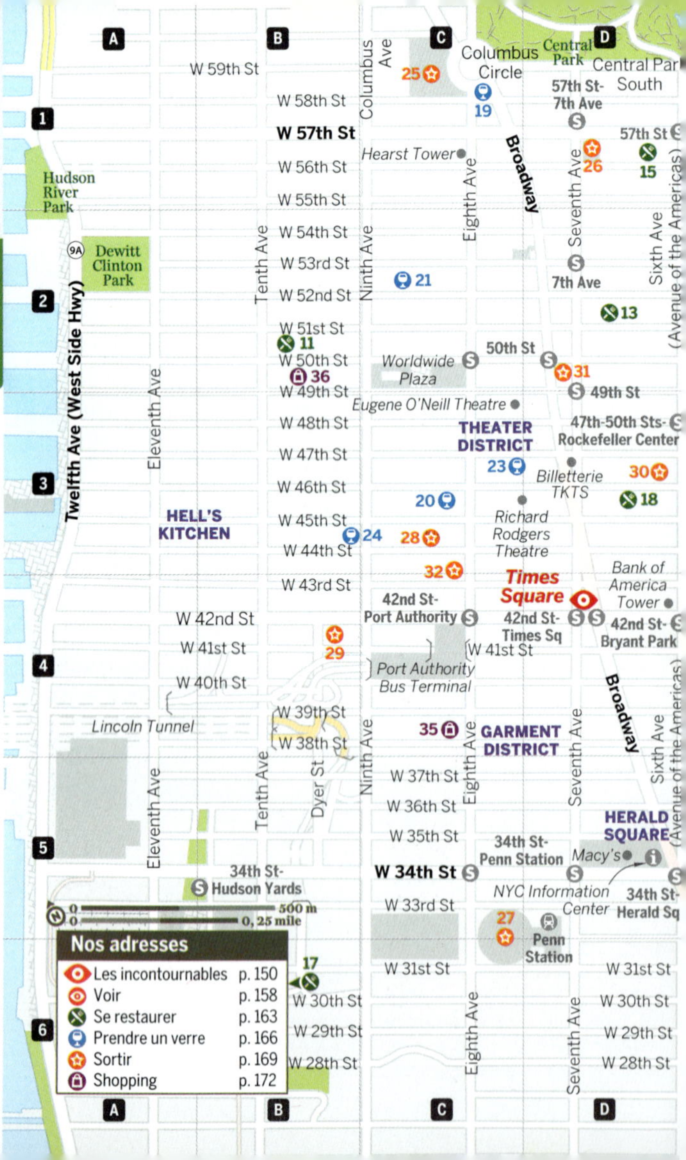

A
B
C
D
1
2
3
4
5
6
W 59th St
W 58th St
W 57th St
W 56th St
W 55th St
W 54th St
W 53rd St
W 52nd St
W 51st St
W 50th St
W 49th St
W 48th St
W 47th St
W 46th St
W 45th St
W 44th St
W 43rd St
W 42nd St
W 41st St
W 40th St
W 39th St
W 38th St
W 37th St
W 36th St
W 35th St
W 34th St
W 33rd St
W 31st St
W 30th St
W 29th St
W 28th St
Columbus Ave
Columbus Circle
Central Park
Central Park South
57th St-7th Ave
57th St
Hearst Tower
Broadway
Eighth Ave
Seventh Ave
Sixth Ave (Avenue of the Americas)
Hudson River Park
Dewitt Clinton Park
9A
Twelfth Ave (West Side Hwy)
Eleventh Ave
Tenth Ave
Ninth Ave
Dyer St
7th Ave
50th St
Worldwide Plaza
49th St
Eugene O'Neill Theatre
THEATER DISTRICT
47th-50th Sts-Rockefeller Center
Billetterie TKTS
HELL'S KITCHEN
Richard Rodgers Theatre
Times Square
Bank of America Tower
42nd St-Port Authority
42nd St-Times Sq
42nd St-Bryant Park
W 41st St
Port Authority Bus Terminal
Lincoln Tunnel
GARMENT DISTRICT
HERALD SQUARE
34th St-Penn Station
Macy's
34th St-Hudson Yards
NYC Information Center
34th St-Herald Sq
Penn Station
0 500 m
0 0,25 mile
11 13 15 17 18 19 20 21 23 24 25 26 27 28 29 30 31 32 35 36
Nos adresses
Les incontournables p. 150
Voir p. 158
Se restaurer p. 163
Prendre un verre p. 166
Sortir p. 169
Shopping p. 172

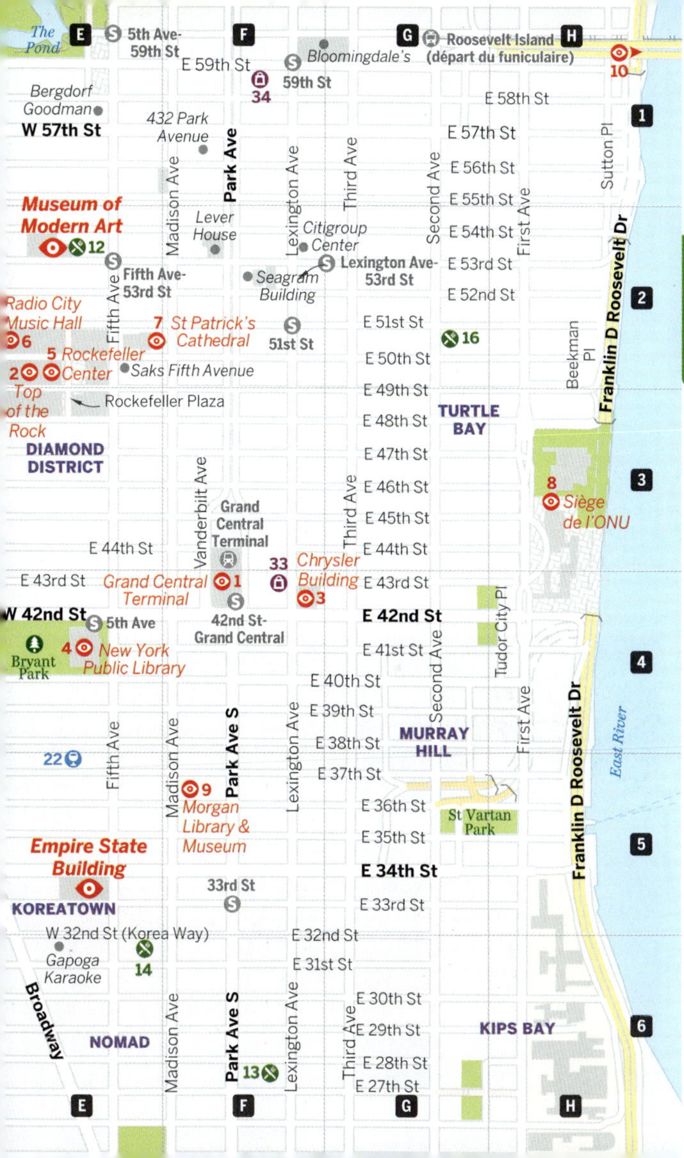
E
F
G
H
The Pond
5th Ave-59th St
E 59th St
Bloomingdale's
59th St
34
Roosevelt Island (départ du funiculaire)
10
E 58th St
1
Bergdorf Goodman
W 57th St
432 Park Avenue
E 57th St
Madison Ave
Park Ave
Lexington Ave
Third Ave
Second Ave
E 56th St
E 55th St
Sutton Pl
Museum of Modern Art
12
Lever House
Citigroup Center
E 54th St
First Ave
Franklin D Roosevelt Dr
Fifth Ave-53rd St
Seagram Building
Lexington Ave-53rd St
E 53rd St
E 52nd St
2
Radio City Music Hall
6
Fifth Ave
7 St Patrick's Cathedral
51st St
E 51st St
16
5 Rockefeller
2 Center
Saks Fifth Avenue
E 50th St
Beekman Pl
Top of the Rock
Rockefeller Plaza
E 49th St
E 48th St
TURTLE BAY
DIAMOND DISTRICT
E 47th St
Vanderbilt Ave
E 46th St
3
8
Siège de l'ONU
Grand Central Terminal
E 45th St
E 44th St
33
Chrysler Building
E 43rd St
Grand Central Terminal
1
3
W 42nd St
5th Ave
42nd St-Grand Central
E 42nd St
Tudor City Pl
4 New York Public Library
Bryant Park
E 41st St
4
E 40th St
E 39th St
Park Ave S
E 38th St
MURRAY HILL
22
E 37th St
9 Morgan Library & Museum
East River
E 36th St
St Vartan Park
E 35th St
5
Empire State Building
E 34th St
33rd St
KOREATOWN
E 33rd St
W 32nd St (Korea Way)
E 32nd St
Gapoga Karaoke
14
E 31st St
Broadway
E 30th St
E 29th St
KIPS BAY
6
NOMAD
E 28th St
13
E 27th St
Midtown

Voir

Grand Central Terminal BÂTIMENT HISTORIQUE

1 PLAN P. 156, F4

Achevé en 1913, Grand Central Terminal est l'un des multiples trésors Beaux-Arts de New York. Dans le hall principal, où le marbre des sols vient du Tennessee et celui des guichets d'Italie, le plafond voûté représente les constellations à l'envers. Quand les passagers firent remarquer que le ciel était peint à l'envers – comme si on le voyait d'en haut et non du sol – le peintre français Paul César Helleu répondit que c'était intentionnel (peut-être pour ne pas avoir à admettre son erreur). (www.grandcentralterminal.com ; 89 E 42nd St, au niveau de Park Ave ; 5h30-2h ; S S, 4/5/6, 7 jusqu'à Grand Central-42nd St, Metro North jusqu'à Grand Central)

Top of the Rock PANORAMA

2 PLAN P. 156, E2

Perché au sommet du Comcast Building (ex-GE Building), cet observatoire est situé au 30 Rock Plaza, plus haut gratte-ciel du Rockefeller Center (p. 160) et le premier construit (1933). Sa plateforme au 70e étage offre une vue époustouflante sur la *skyline* de New York, Empire State Building (p. 152) compris. Avant de monter, une exposition au 2e étage permet d'en savoir plus sur le célèbre philanthrope à l'origine de cet ensemble de tours de style Art déco. (212-698-2000 ; numéro vert

Grand Central Terminal

ANDERM/SHUTTERSTOCK ©

877-692-7625 ; www.topoftherocknyc.com ; 30 Rockefeller Plaza, entrée sur W 50th St, entre 5th Ave et 6th Ave ; adulte/enfant 40/34 $, coucher du soleil 10 $ supp ; ⏲10h-22h, dernier ascenseur 21h10 ; S B/D/F/M jusqu'à 47th St-50th St-Rockefeller Center)

Chrysler Building

BÂTIMENT HISTORIQUE

3 ◉ PLAN P. 156, F4

Conçu par William Van Alen et achevé en 1930, le Chrysler Building (77 étages) incarne l'architecture Art déco sous sa forme la plus pure à New York. Il est surveillé par deux aigles stylisés en nichrome et surmonté d'une flèche de sept niveaux rappelant le soleil levant. L'édifice fut construit pour abriter le siège de l'empire automobile de Walter P. Chrysler. Incapable de rivaliser avec Ford et General Motors sur la chaîne de production, Chrysler prit sa revanche sur la ligne d'horizon et avec l'un des plus beaux halls d'entrée de New York. (405 Lexington Ave, au niveau de E 42nd St ; ⏲hall d'entrée 7h-18h30 lun-ven ; S S, 4/5/6, 7 jusqu'à Grand Central-42nd St)

New York Public Library

BÂTIMENT HISTORIQUE

4 ◉ PLAN P. 156, E4

Fidèlement gardée par "Patience" et "Fortitude" (les lions en marbre), cette magnifique bibliothèque, conçue dans le style architectural Beaux-Arts, ne maque pas d'allure. Lors de son inauguration en 1911, c'était le plus grand édifice de marbre jamais construit aux États-Unis. Le plafond à caissons de la **Rose Main Reading Room**, restaurée, est époustouflant. Et on ne s'arrête pas aux apparences : tout le monde a le droit de venir travailler ici librement, ce qui en fait incontestablement le lieu de *coworking* le plus glamour du monde. (Stephen A. Schwarzman Building ; ☎917-275-6975 ; www.

Bryant Park

Kiosques à café à l'européenne, échiquiers en plein air, projections de films en été et patinoire en hiver : il est difficile de croire que l'oasis verdoyante de **Bryant Park** (plan p. 156, E4 ; ☎212-768-4242 ; www.bryantpark.org ; 42nd St, entre 5th Ave 6th Ave ; ⏲7h-22h mars-mai et sept-nov, 7h-23h juin-août, horaires différents sem/week-end déc-fév ; S B/D/F/M jusqu'à 42nd St-Bryant Park, 7 jusqu'à 5th Ave) était dans les années 1970 un enfer de la criminalité surnommé "Needle Park" ("parc des seringues"). Niché derrière le bel édifice de la **New York Public Library**, ce lieu enchanteur est idéal pour échapper un instant à la frénésie de Midtown. Envie de vous initier à l'italien, au yoga ou au jonglage, de participer à un atelier de peinture ou à un circuit d'ornithologie ? Des activités originales sont organisées chaque jour.

Les gratte-ciel de Midtown

Loin de se réduire à l'Empire State Building et au Chrysler Building, Midtown compte assez de joyaux modernistes et postmodernes pour satisfaire les rêves de hauteur les plus fous. En voici six :

Seagram Building (1956-1958) 157 m (Plan p. 156, F2 ; 100 E 53rd St, au niveau de Park Ave, Midtown East ; S 6 jusqu'à 51st St, E, M jusqu'à 5th Ave-53rd St)

Lever House (1950-1952) 93 m (Plan p. 156, F2 ; 390 Park Ave, entre 53rd St et 54th St, Midtown East ; S E, M jusqu'à 5th Ave-53rd St)

Citigroup Center (1974-1977) 279 m (Plan p. 156, F2 ; 601 Lexington Ave, au niveau de E 53rd St, Midtown East ; S 6 jusqu'à 51st St, E, M jusqu'à 5th Ave-53rd St)

Hearst Tower (2003-2006) 182 m (Plan p. 156, C1 ; 949 8th Ave, entre 56th St et 57th St, Midtown West ; S A/C, B/D, 1 jusqu'à 59th St-Columbus Circle)

Bank of America Tower (2004-2009) 366 m (One Bryant Park ; Plan p. 156, D4 ; www.durst.org ; Sixth Ave, au niveau de W 42nd St ; S B/D/F/M jusqu'à 42nd St-Bryant Park)

432 Park Avenue (2011-2015) 425 m (Plan p. 156, F1 ; www.432parkavenue.com ; 432 Park Ave, entre 56th St et 57th St, Midtown East ; S N/Q/R jusqu'à Lexington Ave-59th St)

nypl.org ; 476 5th Ave, au niveau de W 42nd St ; entrée libre ; 10h-18h lun et jeu-sam, 10h-20h mar-mer, 13h-17h dim, visites guidées 11h et 14h lun-sam/ Rose Main Reading Room 10h et 13h30 lun-sam, 15h dim ; S B/D/F/M jusqu'à 42nd St-Bryant Park, 7 jusqu'à 5th Ave)

Rockefeller Center

BÂTIMENT HISTORIQUE

5 PLAN P. 156, E2

Édifiée en 9 ans au plus sombre de la Grande Dépression, cette "ville dans la ville" de 9 ha fut le premier complexe du pays associant commerces, espaces de loisirs et bureaux. L'ensemble est composé de 19 immeubles (dont 14 sont encore les édifices Art déco d'origine). Le promoteur John D. Rockefeller Jr a dépensé quelque 100 millions de dollars, mais cela en valait la peine ! Déclaré monument national en 1987, le "Rock Center" abrite notamment les **studios de la NBC** (212-664-3700 ; www.thetouratnbcstudios.com ; 30 Rockefeller Plaza, entrée au 1250 6th Ave ; visites 1 heure adulte/ enfant 33/29 $, - 6 ans non admis ; 8h20-14h20 lun-jeu, 8h20-17h ven, 8h20-18h certains sam-dim, horaires étendus en été) et le Top of the Rock (p. 158). (☎212-588-8601 ; www.rockefellercenter.com ; entre 5th Ave et 6th Ave et W 48th St et 51st St ; S B/D/F/M jusqu'à 47th-50th Sts-Rockefeller Center)

Radio City Music Hall

BÂTIMENT HISTORIQUE

6 ◉ PLAN P. 156, E2

Le Radio City Music Hall est une salle de spectacle Art déco née d'une idée originale du metteur en scène de vaudevilles Samuel Lionel "Roxy" Rothafel. Roxy, qui ne faisait jamais dans la discrétion, inaugura la salle le 23 décembre 1932 avec un somptueux spectacle comprenant une Symphonie des rideaux et la troupe de danse les Roxyettes (renommées les Rockettes). Des visites guidées (1 heure 15) du somptueux intérieur présentent l'auditorium, la fresque *History of Cosmetics* de Witold Gordon dans le Women's Downstairs Lounge, et la très chic VIP Roxy Suite, où des célébrités comme Elton John et Alfred Hitchcock ont passé du bon temps. (www.radiocity.com ; 1260 6th Ave, au niveau de W 50th St ; visites adulte/enfant 31/27 $; ⏲visites 9h30-17h ; 👪 ; S B/D/F/M jusqu'à 47th-50th Sts-Rockefeller Center)

St Patrick's Cathedral

CATHÉDRALE

7 ◉ PLAN P. 156, E2

Récemment rénovée, la plus grande cathédrale d'Amérique, achevée en 1878, gratifie à nouveau Fifth Ave de sa splendeur néogothique. L'édifice d'origine ne comportait

Radio City Music Hall

pas les deux flèches à l'avant, ajoutées en 1888. Pénétrez à l'intérieur pour apprécier l'autel dessiné par Louis Tiffany, étincelant sous un orgue de 7 000 tuyaux, ainsi que l'époustouflante rosace de Charles Connick au-dessus de l'entrée de Fifth Ave. Des visites guidées sans réservation sont proposées ponctuellement (consultez le site Internet). (☎212-753-2261 ; www.saintpatrickscathedral.org ; 5th Ave, entre E 50th St et 51st St ; ⏰6h30-20h45 ; S B/D/F/M jusqu'à 47th-50th Sts-Rockefeller Center, E/M jusqu'à 5th Ave-53rd St)

Siège des Nations unies BÂTIMENT HISTORIQUE

8 ◎ PLAN P. 156, H3

New York abrite le siège des Nations unies. La tour du Secrétariat, conçue, entre autres, par Le Corbusier, n'est pas accessible, mais des visites de 1 heure incluent les salles du Conseil de sécurité, du Conseil de tutelle et du Conseil économique et social (ECOSOC), ainsi que des présentations du travail de l'ONU et des œuvres d'art données par des États membres. En semaine, réservez votre visite en ligne ; les moins de 5 ans ne sont pas admis. Il faut présenter un passeport. (☎212-963-4475 ; www.un.org/visit. ; entrée des visiteurs 1st Ave, au niveau de 46th St, Midtown East ; visite guidée adulte/enfant 22/12 $, accès aux jardins sam-dim mars-déc gratuit ; ⏰visites de 1 heure 9h-16h45 lun-ven, centre d'information des visiteurs 10h-16h45 sam-dim ; S S, 4/5/6, 7 jusqu'à Grand Central-42nd St)

Téléphérique Roosevelt Island Aerial Tramway

Morgan Library & Museum

MUSÉE

9 PLAN P. 156, F5

Dans une ancienne demeure du magnat de l'acier J. P. Morgan, ce musée présente une extraordinaire collection de manuscrits, de tapisseries et de livres (dont trois bibles de Gutenberg). Orné d'œuvres d'art de la Renaissance italienne et hollandaise, le bureau de J. P. Morgan n'est surpassé que par sa bibliothèque (East Room), extraordinaire salle voûtée aux rayonnages en noyer sur 3 niveaux, ornée d'une tapisserie hollandaise du XVIe siècle et d'un plafond représentant les signes du zodiaque. Les expositions temporaires sont souvent excellentes, comme les événements régulièrement organisés sur place. Audioguides gratuits. (212-685-0008 ; www.themorgan.org ; 225 Madison, au niveau de E 36th St, Midtown East ; adulte/enfant 22 $/gratuit, 14h-17h ven gratuit ; 10h30-17h mer-dim ; S 6 jusqu'à 33rd St)

Roosevelt Island

QUARTIER

10 PLAN P. 156, H1

Sis sur l'East River entre la lisière est de Manhattan et le Queens, ce quartier singulier de New York occupe une île minuscule pas plus large qu'un terrain de football. À l'extrémité sud de l'île, le **Four Freedoms Park** (212-204-8831 ; www.fdrfourfreedomspark.org ; 9h-19h mer-lun avr-sept, 9h-17h mer-lun oct-mars), avec un mémorial dédié à Franklin D. Roosevelt, fut conçu par l'architecte Louis Kahn. Prendre le **téléphérique** (Roosevelt Island Aerial Tramway ; 212-832-4583 ; www.rioc.ny.gov/tramtransportation.htm ; aller 2,75 $; toutes les 7-15 min 6h-2h dim-jeu, 6h-3h30 ven-sam ; S N/Q/R, 4/5/6 jusqu'à Lexington Ave-59th St) au-dessus de l'East River (4 minutes) jusqu'à l'île est une expérience mémorable : vous aurez une vue mirifique sur l'East Side de Manhattan, encadré par le pont de 59th St. (www.rihs.us ; S F jusqu'à Roosevelt Island, depuis Roosevelt Island Tramway Station, 2nd Ave au niveau de E 60th St)

Se restaurer

Totto Ramen Hell's Kitchen

JAPONAIS $

11 PLAN P. 156, B2

Il n'y a plus que deux Totto Ramen dans Midtown, car celui d'origine (au 366 W 52nd St), à une rue du Hell's (quelque 20 couverts) et tout aussi minuscule, a fermé. Les puristes se retrouvent donc désormais ici. Notez votre nom et le nombre de convives sur le tabelau à l'entrée et attendez votre tour. Le *char siu* (porc) fondant est sublimé dans des plats comme les *ramen* au miso (nouilles en bouillon avec pâte de soja fermentée, œuf, échalote, germes de soja, oignon et pâte de piment maison). (646-596-9056 ; www.tottoramen.com ; 464 W 51st St, entre 9th Ave et 10th Ave ; ramen 14-24 $; 12h-22h ; ; S C/E jusqu'à 50th St)

The Modern

FRANÇAIS **$$$**

12 PLAN P. 156, E2

Salué par deux étoiles au Michelin, le Modern, restaurant gastronomique du MoMa, propose des créations sophistiquées et inventives, comme la tarte au foie gras ou le gâteau au beurre de cacahuète et au céleri. Le service est agréable, dans un espace très lumineux, avec de hautes baies vitrées donnant sur le jardin de sculptures du musée.

Si vos moyens sont limités, optez pour une formule moins onéreuse (menu 3 plats 75 $) au Bar Room adjacent : le lieu est très agréable également, avec un éclairage tamisé. Le Modern dispose de sa propre entrée dans W 53rd St. Réservez un mois à l'avance pour le restaurant. Les fans de *Sex and the City* se souviendront peut-être que Carrie annonça ici son mariage imminent avec M. Big. (212-333-1220 ; www.themodernnyc.com ; 9 W 53rd St, entre 5th Ave et 6th Ave ; dîner 6 plats 188 $; restaurant à partir de 18h mar-sam, Bar Room 11h30-14h30 et 17h-21h mar-sam ; ; S E, M jusqu'à 5th Ave-53rd St)

Le Bernardin

PRODUITS DE LA MER **$$$**

13 PLAN P. 156, D2

Malgré un léger relooking visant à toucher une "clientèle plus jeune" (le triptyque de l'océan en pleine tempête est l'œuvre de l'artiste de Brooklyn Ran Ortner), ce trois-étoiles au guide Michelin reste une table gastronomique luxueuse. La cuisine de la mer du célèbre chef Éric Ripert, dressée avec sobriété, fait voyager les papilles. Réservez

Totto Ramen Hell's Kitchen (p. 163)

MICHAEL TALALAEV/GETTY IMAGES ©

bien en amont. (☎212-554-1515 ; www.le-bernardin.com ; 155 W 51st St, entre 6th Ave et 7th Ave ; formule déj/dîner 115/185 $, menu dégustation 280 $/végétarien 220 $; ⌚déj 12h-13h30 lun-ven, dîner à partir de 17h lun-sam ; S 1 jusqu'à 50th St, B/D, E jusqu'à 7th Ave)

Hangawi CORÉEN $$

14 PLAN P. 156, E6

Déchaussez-vous à l'entrée, pénétrez dans un espace zen et installez-vous sur des coussins pour déguster des plats coréens végétariens aux saveurs complexes, au son d'une musique méditative. Au programme : champignons shiitaké farcis, pancakes aux champignons et *kimchi* épicé ou tofu divinement soyeux avec sauce au gingembre. À midi, le menu de 4 plats coûte 26 $. (☎212-213-0077 ; www.hangawirestaurant.com ; 12 E 32nd St, entre 5th Ave et Madison Ave ; plats déj 13-29 $, dîner 20-30 $; ⌚17h-22h lun-jeu, jusqu'à 22h30 ven, 13h-22h30 sam, 13h-22h dim ; 🌱 ; S B/D/F/M, N/Q/R/W jusqu'à 34th St-Herald Sq)

Burger Joint HAMBURGERS $

15 PLAN P. 156, D1

Seule l'enseigne lumineuse en forme de hamburger indique ce petit snack dissimulé derrière le rideau de l'hôtel Parker New York. S'il n'est plus aussi tendance et secret qu'avant (vous verrez la file d'attente), on y trouve toujours des murs couverts de graffitis, des box rétro et un personnel branché servant de délicieux burgers. (☎212-708-7414 ; www.burgerjointny.com ; 119 W 56th St, entre 6th Ave et 7th Ave ; hamburgers 9-17 $; ⌚11h-23h30 dim-jeu, 11h-minuit ven-sam ; 🌱 ; S F jusqu'à 57th St)

Grand Central Oyster Bar & Restaurant PRODUITS DE LA MER $

Sous sa voûte carrelée conçue par l'ingénieur catalan Rafael Guastavino, ce bar-restaurant animé, situé au cœur de Grand Central (voir 1 plan p. 156, F4) est un lieu superbe. Passez les tables classiques installées sur votre gauche en entrant et gagnez les véritables places de choix : d'élégantes tables communes, sur la droite, où l'on enchaîne joyeusement les huîtres à mesure que les employés les ouvrent. (☎212-490-6650 ; www.oysterbarny.com ; niveau inférieur, grand Central Terminal, 89 E 42nd St, au niveau de Park Ave ; huîtres 2-4 $, plats 22-43 $; ⌚11h30-20h30 lun-ven ; 📶 ; S S, 4/5/6, 7 jusqu'à Grand Central-42nd St, 🚆Metro North jusqu'à Grand Central-42nd St)

The Smith AMÉRICAIN $$

16 PLAN P. 156, G2

Cette brasserie animée se distingue par son intérieur au style industriel chic, son bar propice aux rencontres et sa cuisine bien exécutée. Les menus de saison marient nostalgie américaine et inspiration italienne (frites accompagnées d'une sauce au bleu, poulet frit épicé et sa salade de chou kale ou œufs à la sicilienne avec artichauts, épinards et sauce tomate épicée). (☎212-644-2700 ; thesmithrestaurant.com ; 956 Second Ave, au niveau de E 51st St, Midtown East ; plats 22-33 $; ⏰11h30-22h lun-mar, 11h30-23h mer-ven, 9h30-23h sam, 9h-22h dim ; 📶 ; Ⓢ6, E/M jusqu'à 51st St)

Mercado Little Spain ESPACE DE RESTAURATION $$

17 PLAN P. 156, B6

Le virtuose des fourneaux José Andrés s'est lui aussi lancé dans la tendance des *food hall* à l'européenne – comme Eataly (p. 140) ou Le District (p. 55) – en créant cet effervescent marché à l'espagnole. Découvrez la variété de la cuisine ibérique dans les divers bars et restaurants, complétés d'une dizaine de stands proposant des spécialités – *jamón*, paella, tapas, fruits de mer et *pasteles* (pâtisseries). Impressionnante sélection de vins espagnols et plus encore. (☎646-495-1242 ; www.littlespain.com ; 501 W 30th St, au niveau de Tenth Ave, Hudson Yards, Midtown ; plats à partir de 12 $; ⏰11h-21h ; 🍷 ; Ⓢ7 jusqu'à 34th St-Hudson Yards)

Margon CUBAIN $

18 PLAN P. 156, D3

On se croirait dans les années 1970 dans cette cantine cubaine où le Formica orange et les plats roboratifs ne sont jamais passés de mode. Son légendaire sandwich *cubano* (garni de rôti de porc, salami, fromage, pickles, sauce *mojo* et mayonnaise) est plus qu'excellent. (☎212-354-5013 ; www.ordermargon.com ; 136 W 46th St, entre Sixth Ave et Seventh Ave ; sandwichs 6-13 $, plats 11-14 $; ⏰7h-16h30 lun-sam ; ⓈB/D/F/M jusqu'à 47th-50th St-Rockefeller Center)

Prendre un verre

The Campbell BAR À COCKTAILS

En 1923, ce lieu dissimulé était le bureau du financier américain John W. Campbell. Il devint ensuite un bureau d'aiguilleur, une prison puis une armurerie avant de sombrer dans l'oubli. En 2017, il fut restauré et retrouva son prestige d'antan au sein de Grand Central Terminal (voir 1 plan p. 156, F4), avec une incroyable fresque peinte à la main au plafond et le coffre-fort original de Campbell dans la cheminée. En sirotant votre cocktail, vous aurez le sentiment d'attendre l'arrivée de Rockefeller ou de Carnegie. (☎212-297-1781 ; www.thecampbellnyc.com ; Grand Central Terminal, Hall D, 89 E 42nd St ; ⏰16h-minuit lun-sam ; ⓈS, 4/5/6, 7 jusqu'à Grand Central-42nd St)

Robert BAR À COCKTAILS

19 PLAN P. 156, C1

Au 9e étage du **Museum of Arts & Design** (MAD ; ☎212-299-7777 ; www.madmuseum.org ; adulte/enfant 18 $/gratuit, moitié prix 15h-18h jeu ; ⏰10h-18h mar-dim ; 👪), le Robert est un restaurant américain chic au décor des sixties. La cuisine est bonne, mais venez plutôt en fin d'après-midi ou après le dîner pour admirer Central Park en sirotant un MAD Manhattan (bourbon, vermouth à l'orange et cerises à l'eau-de-vie). Concerts de jazz (consultez le site Internet). (☎212-299-7730 ; www.robertnyc.com ; 2 Columbus Circle, entre 8th Ave et Broadway ; 🕒12h-20h mar-jeu et dim, 12h-21h ven, 11h-21h sam ; S A/C, B/D, 1 jusqu'à 59th St-Columbus Circle)

Bar Centrale

BAR

20 PLAN P. 156, C3

Aménagé dans un ancien édifice en grès brun, ce bar sans enseigne, à l'atmosphère intimiste, est très prisé des comédiens de Broadway : une fois le rideau tombé, ils y viennent souvent pour décompresser dans une ambiance jazzy. Il faut absolument avoir des places assises, donc mieux vaut téléphoner au préalable (les réservations sont enregistrées jusqu'à une semaine à l'avance). En haut des escaliers, à gauche de Joe Allen's. (☎212-581-3130 ; www.barcentrale.nyc ; 324 W 46th St, entre Eighth Ave et Ninth Ave, Midtown West ; 🕒17h-23h30 mar-sam ; S A/C/E jusqu'à 42nd St-Port Authority)

Industry

GAY

21 PLAN P. 156, C2

Cet ancien parking est aujourd'hui l'un des bars gays les plus tendance de Hell's Kitchen, un établissement chic de plus de 370 m² comprenant de jolis salons, un billard et une scène pour les excellentes drag-queens. Venez de 17h à 21h pour profiter de deux boissons pour le prix d'une, ou plus tard pour vous joindre à la foule. Espèces

Explorez Koreatown

Koreatown (ou "K-Town"), le quartier coréen, s'organise autour de W 32nd St, entre Fifth Ave et l'intersection de Sixth Ave et Broadway. Sorte de Séoul miniature, il offre une succession de boutiques, de salons de coiffure, de spas et de restaurants coréens. Parmi ceux-ci, où combler à coup sûr vos envies de *kimchi* (légumes fermentés aux piments, plat majeur de la cuisine coréenne), le paisible Hangawi (p. 165) est une valeur sûre. Les commerces, très nombreux, occupent souvent deux niveaux ; certains ont migré à l'est de Fifth Ave et vers 31st St et 33rd St. Il y a aussi une kyrielle de bars et de salles de karaoké – si vous avez envie de chanter jusqu'au petit jour, essayez **Gagopa** (plan p. 156, E6 ; ☎212-967-5353 ; www.gagopakaraoke.com ; 28 W 32nd St ; salles à partir de 36 $/heure ; 🕒18h30-4h lun-sam, 19h-4h dim ; S B/D/F/M, N/Q/R/W jusqu'à 34th Street-Herald Sq) – ce tronçon de la rue reste animé jusque tard dans la nuit.

uniquement. (☎646-476-2747 ; www.industry-bar.com ; 355 W 52nd St, entre 8th Ave et 9th Ave ; ⌚17h-4h tlj ; S C/E, 1 jusqu'à 50th St)

Top of the Strand BAR À COCKTAILS

22 PLAN P. 156, E5

Pour vivre un moment tout à fait new-yorkais, rejoignez le bar installé sur le toit-terrasse du Marriott Vacation Club Pulse et sirotez un Martini extra dirty. Fréquenté par des clients de tous âges, ce bar doté de confortables salons de jardin évoquant les cabines de plage et d'un toit ouvrant en verre offre une vue inoubliable sur l'Empire State Building. (☎646-368-7032 ; www.topofthestrand.com ; Marriott Vacation Club Pulse, 33 W 37th St, entre 5th Ave et 6th Ave, Midtown East ; ⌚17h-minuit dim-lun, 17h-1h mar-sam ; ; S B/D/F/M, N/Q/R jusqu'à 34th St)

Rum House BAR À COCKTAILS

23 PLAN P. 156, C3

Bar au décor du New York d'antan, remis au goût du jour, réputé pour son choix expert de whiskies et de rhums, à déguster purs ou mariés dans des cocktails divins comme "The Escape", une piña colada corsée. Des musiciens jouent tous les soirs, du pianiste solo aux joyeux trios de jazz en passant par les divas aux chansons mélancoliques. Les barmen méticuleux aiment prendre leur temps. (☎646-490-6924 ; www.therumhousenyc.com ; 228 W 47th St, entre Broadway et 8th Ave ; ⌚16h-1h dim-jeu, jusqu'à 2h ven-sam ; S N/R/W jusqu'à 49th St)

Playwrights Horizons (p. 171)

HELEN89/SHUTTERSTOCK ©

Le théâtre à NYC : Broadway et au-delà

Au début du XXe siècle, de nombreux théâtres ouvrirent autour de Times Square et commencèrent à donner des pièces populaires et des comédies inspirées des premiers vaudevilles. Dans les années 1920, ces œuvres brouillonnes se muèrent en spectacles comme *Show Boat*, une production d'Oscar Hammerstein sur la vie d'artiste à bord d'un bateau à vapeur du Mississippi. En 1943, Broadway connut son premier succès monstre, *Oklahoma!*, qui fut joué 2 212 fois, alors un record.

Aujourd'hui, les comédies musicales jouées dans les 40 théâtres officiels de Broadway sont une composante majeure de la vie culturelle de New York. Pour les petits budgets, les productions off-Broadway sont plus intimes, moins chères et souvent aussi bonnes.

De Shakespeare à David Mamet en passant par de nouveaux dramaturges expérimentaux comme Young Jean Lee, l'offre théâtrale new-yorkaise est loin de se limiter à Broadway. Outre les piliers de Midtown tels le **Playwrights Horizons** (p. 171) et le **Second Stage Theatre** (p. 172), les salles du Lincoln Center et les compagnies plus petites comme **Soho Rep** (Soho Repertory Theatre ; ✆212-941-8632 ; www.sohorep.org ; 46 Walker St, entre Church St et Broadway, Tribeca ; S A/C/E jusqu'à Canal St, 1 jusqu'à Franklin St) permettent de voir les créations d'auteurs modernes et contemporains.

Rudy's Bar & Grill — BAR

24 PLAN P. 156, B3

Un cochon avec une veste rouge marque l'entrée de ce bar qui sert, depuis 1933, des bières (au pichet) bon marché, à boire sur des banquettes semi-circulaires, et des hot dogs gratuits. Retransmissions de matchs des Knicks (basket), sans le son, et rock classique. (✆646-707-0890 ; www.rudysbarnyc.com ; 627 9th Ave, au niveau de W 44th St, Midtown West ; 12h-4h tlj ; wifi ; S A/C/E jusqu'à 42nd St-Port Authority Bus Terminal)

Sortir

Jazz at Lincoln Center — JAZZ

25 PLAN P. 156, C1

Perché au sommet du Time Warner Center, Jazz at Lincoln Center est composé de trois salles dernier cri : le Rose Theater, de taille moyenne, l'Appel Room, panoramique et vitrée, et le **Dizzy's Club Coca-Cola**, intime et évocateur. Ce dernier accueille des concerts tous les soirs (entrée 5-45 $). La qualité de la musique est souvent exceptionnelle et la vue sur Central Park, éblouissante.

Broadway pour petits budgets

Le kiosque **TKTS** (plan p. 156, D3 ; www.tdf.org/tkts ; Broadway, au niveau de W 47th St, Midtown ; 15h-20h lun-mar et jeu-ven, 11h-20h mer et sam, 11h-19h dim ; S N/Q/R/W, S, 1/2/3, 7 jusqu'à Times Sq-42nd St) de Times Square propose des tarifs très intéressants, mais rarement pour les shows les plus courus. De nombreux spectacles – dont *Hamilton* (Richard Rodgers Theatre ; plan p. 156, C3 ; billets 877-250-2929 ; www.hamiltonmusical.com ; 226 W 46th St, entre Seventh Ave et Eighth Ave ; billetterie 10h-18h lun-sam ; S N/R/W jusqu'à 49th St) et *Book of Mormon* (Eugene O'Neill Theatre ; plan p. 156, C3 ; billets 877-250-2929 ; www.bookofmormonbroadway.com ; 230 W 49th St, entre Broadway et Eighth Ave ; billetterie 10h-20h lun-sam, 12h-18h dim ; S N/R/W jusqu'à 49th St, 1 jusqu'à 50th St, C/E jusqu'à 50th St) – vendent des billets à prix cassés sur tirage au sort quelques heures avant le lever de rideau, mais les places sont limitées. Certains le font aussi sur Internet. Des places debout sont parfois proposées à moindre coût si le spectacle est complet ; renseignez-vous à la billetterie du théâtre.

(réservations pour le Dizzy's Club Coca-Cola 212-258-9595, billets pour le Rose Theater et l'Appel Room 212-721-6500 ; www.jazz.org ; Time Warner Center, 10 Columbus Circle, Broadway, au niveau de W 59th St ; S A/C, B/D, 1 jusqu'à 59th St-Columbus Circle)

Carnegie Hall

CONCERTS

26 PLAN P. 156, D1

Le légendaire Carnegie Hall n'est peut-être pas la plus grande salle de concert du monde, ni la plus prestigieuse, mais c'est incontestablement l'une des meilleures en matière d'acoustique. L'**auditorium Isaac Stern** accueille les pointures de l'opéra, du jazz et du folk. Jazz plus avant-gardiste, pop, musique classique et musiques du monde se jouent dans le très populaire **Zankel Hall**. Empreint d'une ambiance intimiste, le **Weill Recital Hall** est dédié à la musique de chambre, aux premières apparitions et aux débats. De septembre à juin, le Carnegie Hall propose des visites guidées d'une heure apportant un éclairage sur la riche histoire du lieu. (212-247-7800 ; www.carnegiehall.org ; 881 7th Ave, au niveau de W 57th St ; visites adulte/enfant 17/12 $; visites 1 heure 11h30, 12h30, 14h et 15h lun-ven, 11h30 et 12h30 sam sept-juin ; S N/R/W jusqu'à 57th St-7th Ave)

Madison Square Garden

SPORT, CONCERTS

27 PLAN P. 156, C5

Des grands noms, comme Kanye West et Madonna, se sont produits sur la plus grande scène de la ville – installée dans le vaste complexe abritant la gare de Penn Station. C'est aussi un stade où jouent les **New York Knicks** (www.nba.com/knicks) et les **New York Rangers** (www.nhl.com/rangers) et qui accueille des combats de boxe, expositions canines et autres manifestations. (MSG, 'the Garden' ; www.thegarden.com ; 4 Pennsylvania Plaza,7th Ave, entre 31st St et 33rd St ; S A/C/E, 1/2/3 jusqu'à 34th St-Penn Station)

Birdland JAZZ

28 PLAN P. 156, C3

Cet oiseau ("bird") ne manque pas d'élégance et son nom est une référence évidente à la légende du be-bop Charlie Parker (surnommé "Bird"), qui se produisit à l'adresse originale du Birdland, dans 52nd St, tout comme Miles Davis, Thelonious Monk et toutes les stars de l'époque (leurs photos sont accrochées aux murs). Le club de la 44th St est plutôt intime ; venez pour la session Big Band survoltée le vendredi à 17h30. (212-581-3080 ; www.birdlandjazz.com ; 315 W 44th St, entre 8th Ave et 9th Ave ; entrée 25-50 $; 17h-1h tlj ; ; S A/C/E jusqu'à 42nd St-Port Authority Bus Terminal)

Playwrights Horizons THÉÂTRE

29 PLAN P. 156, B4

Idéal pour voir des œuvres qui pourraient devenir de grands succès, ce vénérable théâtre "d'auteurs" vise à promouvoir des pièces américaines contemporaines. On a notamment pu y applaudir *The Flick* d'Annie Baker (lauréat du prix Pulitzer), *Lobby Hero*, de Kenneth Lonergan, *Clybourne Park*, de Bruce Norris (lauréat d'un Tony Award), ainsi que *I Am My Own Wife* et *Grey Gardens* de Doug Wright. (212-564-1235 ; www.playwrightshorizons.org ; 416 W 42nd St, entre 9th Ave et 10th Ave, Midtown West ; S A/C/E jusqu'à 42nd St-Port Authority Bus Terminal)

Roundabout Theatre Company THÉÂTRE

30 PLAN P. 156, D3

Le Harold and Miriam Steinberg Center for Theatre est un lieu dernier cri dans lequel la Roundabout Theatre Company propose des œuvres de dramaturges émergents ou établis, ainsi que des reprises de comédies musicales et de pièces classiques. Elle joue aussi certaines productions dans son historique **American Airlines Theatre** dans W 42nd St, au **Stephen Sondheim Theatre** dans W 43rd St et au **Studio 54** dans W 54th St. (212-719-1300 ; www.roundabouttheatre.org ; 111 W 46th St, entre Sixth Ave et Seventh Ave, Midtown West ; S N/Q/R jusqu'à 49th St ; B/D/F/M jusqu'à 47th St-50th St)

Caroline's on Broadway HUMOUR

31 PLAN P. 156, D2

Vous reconnaîtrez peut-être cette grande salle aux couleurs vives car nombre de spectacles

Assister à un show télévisé

Saturday Night Live (www.nbc.com/saturday-night-live). L'une des émissions les plus prisées parmi celles tournées à NYC – il est difficile d'y assister. Tentez votre chance à la loterie d'automne en envoyant un message à snltickets@nbcuni.com en août, ou faites la queue côté 48th St de la Rockefeller Plaza le jour de l'émission, pour la distribution des billets restants à 7h.

The Late Show with Stephen Colbert Les billets peuvent s'acheter en ligne, mais ils sont souvent épuisés le jour de leur mise en vente. Consultez le compte Twitter officiel du *Late Show* (@colbertlateshow) et sa page Facebook pour connaître les dates, généralement annoncées un à deux mois à l'avance.

Last Week Tonight with John Oliver (www.lastweektickets.com). Les billets pour les revues d'actualités mordantes de ce comédien britannique sont disponibles en ligne jusqu'à un mois à l'avance (spectacle le dimanche à 18h30).

Full Frontal with Samantha Bee (www.samanthabee.com). Samantha Bee livre son point de vue drôle et percutant sur le monde politique et les polémiques qui défrayent la chronique. Son émission est enregistrée à 17h45 le mercredi (billets sur Internet).

comiques y ont été filmés. Idéal pour croiser des stars américaines de comédies et de sitcoms. En général, les billets coûtent autour de 20 $. (212-757-4100 ; www.carolines.com ; 1626 Broadway, au niveau de 50th St, Midtown West ; S N/R/W jusqu'à 49th St, 1, C/E jusqu'à 50th St)

Second Stage Theater THÉÂTRE

32 PLAN P. 156, C3

Cette compagnie de théâtre à but non lucratif est réputée pour avoir présenté le travail de talentueux écrivains émergents ainsi que des œuvres d'artistes plus connus. Si vous vous intéressez au théâtre américain contemporain de qualité, vous êtes au bon endroit. (Tony Kiser Theater ; billets 212-246-4422 ; www.2st.com ; 305 W 43rd St, au niveau de 8th Ave, Midtown West ; billetterie 12h-18h dim-ven, 12h-19h sam ; S A/C/E jusqu'à 42nd St-Port Authority Bus Terminal)

Shopping

MoMA Museum & Design Stores CADEAUX ET SOUVENIRS

La boutique phare du Museum of Modern Art (p. 154) est une adresse fantastique pour dénicher des souvenirs. Outre des livres splendides (art et architecture, ouvrages culturels et albums pour enfants), vous trouverez des reproductions d'œuvres d'art et des bibelots uniques. Pour le mobilier, les articles pour la maison, les bijoux, les sacs et autres cadeaux artistiques, gagnez le **MoMA Design Store** (10h-18h30 tlj), de l'autre côté de la rue. (212-708-9700 ; www.momastore.org ; 11 W 53rd St, entre 5th Ave et 6th Ave ; 10h30-18h dim-ven, jusqu'à 19h sam ; S E, M jusqu'à 5th Ave-53rd St)

Grand Central Market MARCHÉ

33 PLAN P. 156, F4

Il n'y a pas que des trains à Grand Central, mais aussi une galerie de 73 m de long bordée de stands de produits frais et de mets artisanaux : pains de campagne, tartes aux fruits, sushis, tourtes au poulet, thé en vrac, *antipasti* et cafés torréfiés en grains. Il y a même un stand Murray's Cheese qui vend des merveilles. (www.grandcentralterminal.com/market ; Grand Central Terminal, Lexington Ave, au niveau de 42nd St, Midtown East ; 8h-19h lun-ven, 11h-17h sam et dim ; S S, 4/5/6, 7 jusqu'à Grand Central-42nd St)

Argosy LIVRES

34 PLAN P. 156, F1

Les librairies de ce genre deviennent aussi rares que les ouvrages qu'elles contiennent. Argosy, fondée en 1925, renferme, sur six niveaux, cartes et livres anciens, dont des monographies d'art. On y trouve aussi une intéressante collection liée à Hollywood, à l'histoire

Grand Central Market

Mode haut de gamme

N'hésitez pas à faire un tour dans les boutiques les plus prisées de la ville pour vous faire une idée des dernières tendances, notamment chez Issey Miyake, Marc Jacobs, **Rag & Bone** (p. 83), **John Varvatos** (p. 105) et By Robert James.

Vous êtes pressé ou voulez voir plusieurs marques en même temps, rendez-vous dans les grands magasins – vous pourrez ainsi passer un après-midi entier chez **Saks Fifth Avenue** (plan p. 156, E2 ; 212-753-4000 ; www.saksfifthavenue.com ; 611 Fifth Ave, au niveau de E 50th St ; 11h-19h lun-sam, 12h-18h dim ; S B/D/F/M jusqu'à 47th St-50th St-Rockefeller Center, E, M jusqu'à 5th Ave-53rd St), **Bergdorf Goodman** (plan p. 156, E1 ; 212-753-7300 ; www.bergdorfgoodman.com ; 754 Fifth Ave, entre W 57th St et 58th St ; 11h-19h lun-mer, 11h-20h jeu-sam, 11h-18h dim ; S N/R/W jusqu'à 5th Ave-59th St, F jusqu'à 57th St), **Macy's** (plan p. 156, D5 ; 212-695-4400 ; www.macys.com ; 151 W 34th St, au niveau de Broadway, Midtown West ; 11h-22h lun-mer et ven-sam, 11h-21h jeu et dim ; S B/D/F/M, N/Q/R/W jusqu'à 34th St-Herald Sq ; A/C/E jusqu'à Penn Station) ou chez **Bloomingdale's** (plan p. 156, F1 ; 212-705-2000 ; www.bloomingdales.com ; 1000 Third Ave, au niveau de E 59th St ; 11h-20h lun-sam, 11h-19h dim ; ; S 4/5/6 jusqu'à 59th St ; N/R/W jusqu'à Lexington Ave-59th St).

et à la littérature, des lettres personnelles et livres dédicacés aux affiches publicitaires signées. Pour tous les budgets. (212-753-4455 ; www.argosybooks.com ; 116 E 59th St, entre Park Ave et Lexington Ave, Midtown East ; 11h-18h lun-sam ; S 4/5/6 jusqu'à 59th St, N/Q/R jusqu'à Lexington Ave-59th St)

FAO Schwarz — JOUETS

Lorsque l'enseigne principale de Fifth Ave a fermé ses portes en 2015, les New-Yorkais ont pleuré ce magasin de jouets emblématique, fondé vers 1862 (peut-être vous rappelez-vous la scène de Tom Hanks jouant avec un clavier géant dans le film *Big*). Une nouvelle version plus flamboyante que jamais est née dans le Rockefeller Center (voir 5 plan p. 156, F4) en 2018. Le clavier a fait son retour à l'étage. (800-326-8638 ; www.faoschwarz.com ; 30 Rockefeller Plaza ; 11h-20h tlj ; ; S B/D/F/M 47 St-50 St-Rockefeller Center)

Nepenthes New York — MODE ET ACCESSOIRES

35 PLAN P. 156, C4

Occupant une ancienne boutique de machines à coudre du Garment District, ce collectif japonais culte propose des vêtements pour hommes haut de gamme, de marques telles que Engineered Garments et Needles, réputées pour leur sens du détail et leurs modes de production artisanaux. On notera l'influence des vêtements de travail vintage. Entre autres accessoires, vous trouverez des sacs, cartables, chapeaux, gants, lunettes et chaussures. (☎212-643-9540 ; www.nepenthesny.com ; 307 W 38th St, entre Eighth Ave et Ninth Ave ; ⏱12h-19h lun-sam, 12h-17h dim ; S A/C/E jusqu'à 42nd St-Port Authority Bus Terminal)

Fine & Dandy MODE ET ACCESSOIRES

36 PLAN P. 156, B2

Cette minuscule mercerie est spécialiste des accessoires de mode rétro à destination de ceux qui aiment être tirés à quatre épingles. Il y a tout : nœuds papillon, foulards, bretelles brodées, boutons de manchette, épingles de cravate, canotiers en paille, casquettes de livreur de journaux, étuis de cigarettes et chaînes de gousset. (Il y a même des guêtres.) Vous n'aurez jamais vu autant de tweed, tissu écossais, cachemire et losanges concentrés au même endroit. (☎212-247-4847 ; www.fineanddandyshop.com ; 445 W 49th St, entre Ninth Ave et Tenth Ave, Midtown West ; ⏱12h-18h mer-lun ; S C/E jusqu'à 50th St)

New York Transit Museum Store CADEAUX ET SOUVENIRS

Pour un souvenir de NYC teinté d'originalité, arrêtez-vous dans cette boutique à côté du bureau du chef de gare à Grand Central Terminal (voir 1 plan p. 156, F4). Vous y trouverez une large gamme d'articles mettant à l'honneur les transports new-yorkais : tasses, T-shirts et casquettes à l'effigie de votre ligne de métro préférée, bijoux fabriqués avec d'anciens jetons, sacs, trousses, trains miniatures, etc. (☎212-878-0106 ; www.nytransitmuseumstore.com ; Grand Central Terminal, 89 E 42nd St, au niveau de Park Ave, Midtown East ; ⏱11h30-18h mer-ven ; S S, 4/5/6, 7 jusqu'à Grand Central-42nd St)

Vaut le détour

MoMA PS1

Petit frère branché du Museum of Modern Art de Manhattan, le MoMA PS1 déniche les talents et expose leurs œuvres dans les bâtiments d'une ancienne école. Ici, vous regarderez des vidéos disposées sur le parquet et vous débattrez du bien-fondé des structures mouvantes tout en scrutant une installation à travers un trou dans le mur. Attendez-vous à l'inattendu ! En plus, l'entrée est gratuite avec un billet du MoMA, dans les 14 jours qui suivent votre visite.

www.momaps1.org

22-25 Jackson Ave, Long Island City

don suggéré adulte/enfant 10 $/gratuit

12h-18h jeu-lun, jusqu'à 20h sam, après-midi Warm Up 12h-21h sam juil-début sept

S G, 7 jusqu'à Court Sq, E/M jusqu'à Court Sq-23rd St

Origines et pièces maîtresses du PS1

Le PS1 fit ses débuts dans les années 1970, à l'époque de Dia, de l'Artists' Space et du New Museum, autant d'espaces innovants qui présentaient les mouvements artistiques multimédias alors en plein essor. En 1976, Alanna Heiss – partisane de l'art exposé dans des lieux alternatifs – prit possession de l'ancien bâtiment d'une école publique dans le Queens et invita des artistes tels que Richard Serra, James Turrell et Keith Sonnier à créer des œuvres pour ce site. Le résultat fut l'exposition inaugurale du PS1, intitulée *Rooms*. Il reste de cette exposition les formes ovales de Richard Artschwager qui ponctuent les murs et *The Hole at P.S.1, Fifth Solar Chthonic Wall Temple*, d'Alan Saret, qui canalise la lumière au 3e niveau de l'aile nord.

Les "Warm Up" du samedi

Tous les samedis après-midi, du 4 juillet à la fête du Travail (premier lundi de septembre), déhanchez-vous lors d'un Warm Up, un rendez-vous musical et culturel, l'un des événements les plus branchés de New York. Des hipsters patentés aux mélomanes pointus, on se presse dans la cour du MoMA PS1 pour manger, boire et écouter des groupes, des musiciens expérimentaux et des DJ de haute volée.

Les Sunday Sessions

Pour étancher votre soif de culture, participez à l'une des Sunday Sessions, organisées le dimanche, normalement de novembre à avril (mais le calendrier varie d'une année à l'autre). Sous forme de conférences, de projections et de spectacles musicaux, la programmation a notamment abordé la comédie expérimentale, les jam-sessions de bruits postindustriels et les danses urbaines latines. Les séances à venir sont annoncées sur le site Internet.

★ À savoir

- Renseignez-vous sur les expositions en cours – le musée peut ne présenter qu'un nombre d'œuvres limité.
- À la librairie, procurez-vous les catalogues des expositions du MoMA, des beaux livres et des magazines dédiés à l'art, au design et aux nouveaux médias.

✕ Une petite pause ?

Depuis 2019, la chef Mina Stone mitonne une cuisine grecque familiale (recettes de sa grand-mère) dans le restaurant du musée, tout simplement nommé **Mina's** (www.minas.nyc ; plats 8-25 $; ⏲12h-18h mer-jeu et sam-dim, 12h-20h ven).

★ Comment y aller

- Le MoMA PS1 est à 5 km à l'est de Times Square, dans le Queens.
- S Prenez la ligne E ou M jusqu'à Court Sq-23rd St, ou la 7 jusqu'à Court Sq.

Le Queens : Astoria

Surnommé Little Athens, *en raison de la grande communauté grecque qui y vit, Astoria est un quartier charmant et très agréable, avec des boulevards jalonnés de restaurants, des rues bordées d'arbres, de jolies petites boutiques et des cafés, le tout à deux pas de Midtown. S'arrêter pour manger ou prendre un verre ici fait partie du plaisir de la visite. Venez plutôt le week-end pour profiter de l'animation.*

Comment y aller

Montez à bord du NYC Ferry et descendez à Astoria. Du quai, il faut 7 minutes de marche direction sud pour atteindre le Socrates Sculpture Park.

S Ligne N ou W jusqu'à Broadway.

❶ Socrates Sculpture Park

Ponctué d'installations artistiques et ombragé de bouleaux, ce joli **parc** (www.socratessculpturepark.org ; 32-01 Vernon Blvd ; entrée libre ; 9h-crépuscule) au bord de l'East River procure une belle vue sur Manhattan. On a du mal à croire que c'était autrefois une décharge illégale. Les week-ends d'été, les activités ne manquent pas : yoga, tai-chi, marchés ou encore kayak à Hallets Cove.

❷ Astoria Bookshop

Cette **librairie** (718-278-2665 ; www.astoriabookshop.com ; 31-29 31st St ; entre 31st Ave et Broadway ; 11h-19h lun-sam) très appréciée fait la part belle aux auteurs locaux, avec par exemple des livres sur la cuisine ou la diversité ethnique du Queens, et organise des lectures, des débats et des ateliers d'écriture.

❸ King Souvlaki

Suivez les volutes de fumée flottant dans 31st St jusqu'à ce **food truck** (917-416-1189 ; kingsouvlakinyc.com ; 31st St, au niveau de 31st Ave ; sandwichs 7-10 $; 9h-23h lun, 9h-minuit mar-mer, 9h-5h jeu-sam, 11h-23h dim), l'un des meilleurs d'Astoria, et prenez un pain pita garni de délicieux morceaux de viande (porc, poulet ou bœuf) et de frites, le tout parsemé de feta.

❹ Lockwood

Cette amusante **boutique** (718-626-6030 ; lockwoodshop.com ; 32-15 33rd St ; 11h-20h) regorge d'idées cadeaux et d'objets originaux : tentures murales vintage, bougies parfumées ou en forme de tête de mort, objets liés au Queens, gourdes décorées, etc. Lockwood possède un empire dans ce coin de rue, avec une papeterie et un magasin de vêtements à deux pas.

❺ Astoria Bier & Cheese

Institution du quartier, ce **bar-épicerie fine** (718-545-5588 ; astoriabierandcheese.com ; 34-14 Broadway ; 12h-22h tlj) branché propose un large choix de mets appétissants, notamment de savoureux fromages grillés, des macaronis au fromage, des toasts à l'avocat et des sandwichs originaux garnis de *prosciutto* et autres délices. La sélection de bières artisanales (rotation régulière) remporte encore plus de succès. La terrasse à l'arrière est idéale aux beaux jours.

❻ Sac's Place

Installée au sein des Kaufman Astoria Studios, la pizzeria **Sac's Place** (718-204-5002 ; www.sacsplace.com ; 35-11 35th Ave ; pizza à partir de 10,50 $; 11h30-22h dim-jeu, 11h30-23h ven-sam) donne l'impression d'un lieu secret, avec sa porte dérobée installée dans un studio de cinéma. Une fois à l'intérieur, commandez l'une des pizzas emblématiques du Queens – la pizzeria a quitté son emplacement de Broadway pour s'installer ici en 2019.

Explorer
Upper East Side

Quartier résidentiel manucuré et très prisé des classes supérieures de NYC, l'Upper East Side compte certaines des boutiques les plus onéreuses de la ville, en particulier sur Madison Avenue. Jalonnée de joyaux architecturaux, Fifth Avenue (la Cinquième Avenue) s'étend parallèlement au verdoyant Central Park et comprend le fameux "Museum Mile", l'un des secteurs les plus riches en institutions culturelles prestigieuses.

Notre sélection

- ***Metropolitan Museum of Art (p. 182)*** *Des trésors inestimables, des artefacts égyptiens fascinants aux chefs-d'œuvre de la Renaissance.*
- ***Guggenheim Museum (p. 186)*** *La légendaire rampe hélicoïdale de l'architecte Frank Lloyd Wright.*
- ***Frick Madison (p. 189)*** *Les chefs-d'œuvre de la Frick Collection, à voir sous un nouveau jour jusqu'en 2023 dans le bâtiment brutaliste de Marcel Breuer (1966).*
- ***Neue Galerie (p. 190)*** *Les somptueuses peintures dorées de Gustav Klimt puis un déjeuner décontracté dans l'élégant café du musée.*
- ***Bemelmans Bar (p. 195)*** *Un cocktail dans ce bar raffiné rappelant l'âge d'or du jazz.*

Comment y aller et circuler

S Les trains 4/5/6 circulent le long de Lexington Ave ; la ligne Q remonte Second Ave jusqu'à 72nd St, 86th St et 96th St.

Les bus M1, M2, M3 et M4 descendent Fifth Ave et remontent Madison Ave. Les bus traversant la ville au niveau de 66th St, 72nd St, 79th St, 86th St et 96th St passent par Central Park et gagnent l'Upper West Side.

Plan du quartier p. 188

Metropolitan Museum of Art (p. 182) POLUDZIBER/SHUTTERSTOCK ©

Les incontournables

Metropolitan Museum of Art

Fondé en 1870, le "Met", immense musée encyclopédique, renferme l'une des plus vastes et des plus importantes collections d'art du monde : plus de 2 millions de pièces, de la civilisation égyptienne antique à l'école flamande, de la sculpture européenne du XIXe siècle aux artistes américains. Plus de 6 millions de visiteurs par an se pressent dans ses 68 800 m² de galeries – ce qui en fait le premier site touristique de New York.

PLAN P. 188, A3

www.metmuseum.org

1000 Fifth Ave (E 82nd St)

tarif plein/réduit 25/12-17 $, gratuit -12 ans

10h-17h dim-mar et jeu, jusqu'à 21h ven et sam

S 4/5/6, Q jusqu'à 86th St, 6 jusqu'à 77th St

Art égyptien

Le musée détient une collection inégalable d'objets de l'Égypte antique, dont certains datent du paléolithique. Situées à droite du grand hall, les 39 salles égyptiennes s'ouvrent de manière spectaculaire sur l'une des perles du "Met" : le mastaba de Perneb (prince et prêtre ayant vécu vers 2 300 av. J.-C.), une chambre funéraire de l'Égypte antique édifiée en calcaire. Il est entouré d'un réseau de salles abritant des stèles funéraires, des bas-reliefs et des fragments de pyramides (notamment dans la salle 105, les modèles de la tombe de Meketrê, des figurines en terre cuite destinées à servir le défunt dans l'au-delà), qui débouche sur le temple de Dendour (salle 131). Il se trouve dans un atrium baigné de lumière et doté d'un bassin dans lequel se reflète tout l'environnement : un spectacle à ne pas manquer lors d'une première visite.

Peintures européennes

Vous aimez la Renaissance ? Le Met vous enchantera. Au 2e niveau, les galeries des peintures européennes abritent une collection remarquable de chefs-d'œuvre parmi plus de 1 700 toiles couvrant une période d'environ 500 ans allant du XIIIe au XVIIIe siècle. Tous les peintres importants, de Duccio à Rembrandt, y sont représentés. En réalité, on ne trouve ici que des merveilles. Lors de notre passage, les lucarnes de ces galeries étaient en cours de remplacement afin d'améliorer la qualité de l'éclairage. Une fois les travaux achevés, les heures passées parmi ces œuvres magistrales seront encore plus appréciables.

Art des pays arabes

À l'angle sud-est du 2e niveau, les galeries d'art islamique se composent de 15 salles remarquables, présentant la vaste collection consacrée au Moyen-Orient et à l'Asie centrale

★ À savoir

- N'essayez pas de tout voir, mais concentrez-vous sur quelques collections.
- Louez un audioguide multilingue (adulte/enfant 7/5 $) ou utilisez l'application gratuite disponible sur Smartphone.
- Des bénévoles proposent des visites guidées (gratuites sur présentation du billet d'entrée). Consultez le site Internet ou adressez-vous au guichet d'information.

Une petite faim ?

- Au rez-de-chaussée, **The Eatery** (11h-16h jeu-mar) propose salades, soupes, pizzas, sandwichs et desserts, ainsi que des boissons, à déguster dans un cadre décontracté et sans chichis.
- Pour un repas économique dans une ambiance new-yorkaise d'antan, rendez-vous non loin au *diner* Lexington Candy Shop (p. 194) puis commandez un burger avec un *egg cream soda* (p. 16)

et du Sud. Outre les vêtements, les objets de décoration profanes et les manuscrits, vous découvrirez un magnifique mihrab (niche de prière) du XIVe siècle, provenant d'Iran, ourlé d'une mosaïque sophistiquée en céramique bleu, blanc et jaune (salle 455). Également une superbe gamme de textiles ottomans (salle 459), une **cour marocaine** de style médiéval (salle 456) et la **salle de Damas** (salle 461), du XVIIIe siècle.

Aile américaine

À l'angle nord-ouest, les salles américaines sur 2 niveaux dévoilent une grande variété d'objets d'art décoratif et d'œuvres d'art couvrant toute l'histoire des États-Unis, allant des portraits de l'époque coloniale aux chefs-d'œuvre de l'Hudson River School, sans oublier l'imposant **Washington Crossing the Delaware** d'Emanuel Leutze (galerie 760).

Art grec et romain

Les 27 salles consacrées à l'Antiquité classique sont incontournables. Depuis le grand hall, un passage conduit à une salle voûtée bordée de bustes de figures grecques, avant de déboucher sur l'un des plus beaux espaces du musée : la cour des sculptures grecques et romaines (salle 162), où trônent des sculptures en marbre de dieux et de personnages historiques. La statue d'un **Hercule** barbu, drapé dans une peau de lion, datée de 68-98, est très impressionnante.

Aile américaine

STUDIO BARCELONA/SHUTTERSTOCK ©

Collection d'art grec

Art moderne et contemporain

Les salles situées dans l'angle sud-ouest des 1er et 2e niveaux sont dévolues à des œuvres datant du début du XXe siècle jusqu'à nos jours. Tous les grands noms de l'art moderne sont représentés, notamment les maîtres espagnols Picasso (dont la toile cubiste *Nature morte à la bouteille de rhum*, de 1911, est conservée dans la salle 905), Dalí et Miró, ainsi que les peintres américains Georgia O'Keeffe et Edward Hopper. Les dix panneaux qui constituent la fresque ***America Today*** (1930-1931) – panorama de la vie américaine des années 1920 – de Thomas Hart Benton, occupent l'intégralité de la salle 909.

Jardin sur le toit

L'un des plus beaux endroits du "Met", hors ses remarquables galeries, est son jardin sur le toit ("Rooftop Garden" ; ouvert d'avril à octobre), où découvrir des installations tournantes d'artistes du XXe siècle et contemporains (comme Jeff Koons, Andy Goldsworthy ou Imran Qureshi). Son principal atout reste pourtant la vue magnifique qu'il offre sur la *skyline* de la ville et Central Park. On peut également prendre un verre (cocktails fameux) au Cantor Roof Garden Bar (p. 196), tout en profitant de la vue imprenable, de préférence au coucher du soleil. Un moment magique.

Les incontournables

Guggenheim Museum

Véritable sculpture en lui-même, le bâtiment en spirale conçu par l'architecte Frank Lloyd Wright à la demande de Solomon R. Guggenheim éclipse presque la collection d'art du XXᵉ siècle qu'il renferme. Avant même son inauguration, l'édifice fut moqué, puis encensé. Les élégantes spirales blanches, d'une modernité très contemporaine, devinrent rapidement un emblème architectural de la ville, apparaissant sur d'innombrables cartes postales, à la télévision et au cinéma.

PLAN P. 188, A1

www.guggenheim.org

1071 Fifth Ave, au niveau de E 89th St

tarif plein/réduit/-12 ans 25/18 $/gratuit, prix libre en espèces 16h-18h certains sam, gratuit toute la journée un samedi/mois

11h-18h jeu-lun

S 4/5/6, Q jusqu'à 86th St

Des racines abstraites

Le Guggenheim est né de la collection de Solomon R. Guggenheim, un magnat new-yorkais de l'industrie minière qui commença à acquérir des œuvres d'art abstrait à la soixantaine, sur les recommandations d'une baronne allemande excentrique du nom de Hilla Rebay. En 1939, Guggenheim ouvrit un musée temporaire dirigé par Hilla Rebay dans 54th St, baptisé musée de la Peinture non figurative. (Il faut imaginer des murs de velours gris, de la musique classique et des volutes d'encens !) Quatre ans plus tard, les deux partenaires chargèrent Wright de bâtir un lieu pour abriter la collection.

Modernisation

Au début des années 1990, on ajouta sur le côté est du bâtiment une tour de huit niveaux offrant plus de 4 750 m² d'espace supplémentaire. Ces salles présentent des pièces de la collection permanente, le bâtiment principal étant consacré aux expositions temporaires.

Le musée possède notamment des œuvres de Kandinsky, Picasso et Jackson Pollock, des tableaux de Monet, Van Gogh et Degas, des sculptures de Constantin Brancusi, des photographies de Robert Mapplethorpe et des œuvres surréalistes offertes par la nièce de Guggenheim, Peggy.

Visite du musée

La rampe hélicoïdale du bâtiment principal accueille des expositions d'art moderne et contemporain. Wright souhaitait que les visiteurs gagnent le sommet puis redescendent tranquillement, mais l'unique ascenseur étant toujours bondé, l'opération est compliquée. Les expositions sont donc installées de bas en haut. Le **Guggenheim Store** est un passage obligé, avec un excellent choix de livres, d'affiches, de cadeaux et autres objets.

★ À savoir

- Pour les "**Saturdays on the House**", un samedi par mois, l'entrée au musée est gratuite toute la journée.
- L'attente peut être *très* longue en toute saison. Arrivez tôt ou achetez vos billets à l'avance sur le site Internet.
- Si vous disposez d'un Smartphone, téléchargez l'application gratuite du musée (infos sur le bâtiment et les collections en cinq langues).

Une petite faim ?

- Il y a deux bons endroits sur place, intégrés dans le bâtiment d'origine. Le Wright (p. 193), au rez-de-chaussée, est un élégant bistrot de style moderniste où l'on sert des plats de saison et des cocktails classiques.
- Le **Café Rebay** (11h-15h30 jeu-lun) est parfait pour prendre un verre, avec ses fenêtres qui donnent sur Central Park. En-cas légers, pâtisseries, boissons chaudes, vin et bière.

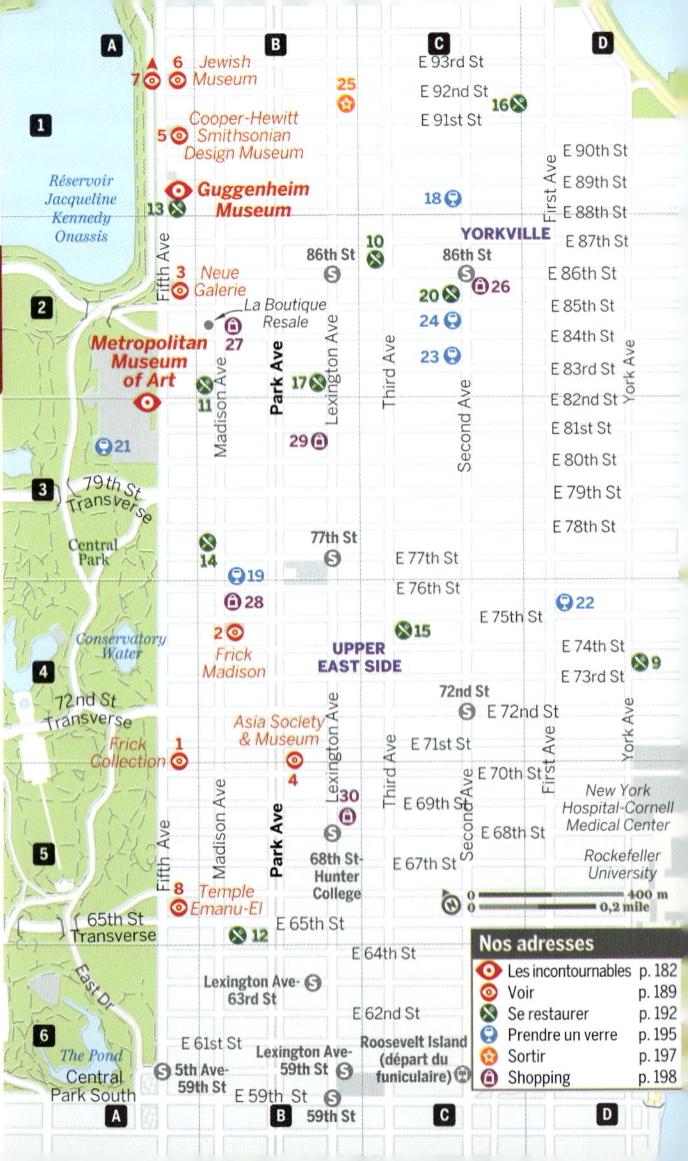
A
B
C
D
1
2
3
4
5
6
6 Jewish Museum
7
25
E 93rd St
E 92nd St
E 91st St
16
Cooper-Hewitt Smithsonian Design Museum
5
E 90th St
E 89th St
E 88th St
E 87th St
E 86th St
E 85th St
E 84th St
E 83rd St
E 82nd St
E 81st St
E 80th St
E 79th St
E 78th St
Réservoir Jacqueline Kennedy Onassis
Guggenheim Museum
13
18
First Ave
YORKVILLE
10
86th St
86th St
3 Neue Galerie
20
26
La Boutique Resale
24
27
23
Metropolitan Museum of Art
Fifth Ave
Madison Ave
Park Ave
Lexington Ave
Third Ave
Second Ave
York Ave
17
11
29
21
79th St Transverse
Central Park
14
77th St
E 77th St
19
E 76th St
28
22
E 75th St
15
2
Frick Madison
E 74th St
9
UPPER EAST SIDE
E 73rd St
Conservatory Water
72nd St
72nd St Transverse
E 72nd St
Asia Society & Museum
E 71st St
Frick Collection
1
4
E 70th St
New York Hospital-Cornell Medical Center
30
E 69th St
E 68th St
68th St-Hunter College
E 67th St
Rockefeller University
8 Temple Emanu-El
0 400 m
0 0,2 mile
65th St Transverse
E 65th St
12
E 64th St
East Dr
Lexington Ave-63rd St
E 62nd St
E 61st St
Lexington Ave-59th St
Roosevelt Island (départ du funiculaire)
The Pond
Central Park South
5th Ave-59th St
E 59th St
59th St
Nos adresses
Les incontournables p. 182
Voir p. 189
Se restaurer p. 192
Prendre un verre p. 195
Sortir p. 197
Shopping p. 198

Voir

Frick Collection

MUSÉE

1 PLAN P. 188, A4

Construite pour le magnat de l'acier Henry Clay Frick, cette splendide demeure de style néoclassique est l'une des nombreuses résidences opulentes qui jalonnent la partie de Fifth Avenue surnommée l'"allée des millionnaires". Elle est fermée jusqu'en 2023 pour rénovation. Pendant les travaux, sa spectaculaire collection d'art est à voir sous un nouveau jour à la Frick Madison (ex-Met Breuer), son nouveau site temporaire sur Madison Avenue – voir ci-après. Les amateurs de musique classique qui y venaient pour les concerts du dimanche soir devront patienter jusqu'à la réouverture du site originel. (www.frick.org ; 1 E 70th St, au niveau de 5th Ave ; fermé jusqu'en 2023 ; S 6 jusqu'à 68th St-Hunter College)

Frick Madison

MUSÉE

2 PLAN P. 188, B4

Depuis le printemps 2021, la Frick Madison a ouvert ses portes en lieu et place du Met Breuer (définitivement fermé), dans le bâtiment brutaliste (1966) de Marcel Breuer, qui l'avait conçu pour le Whitney Museum. Les chefs-d'œuvre de la Frick Collection y sont exposés sur 3 niveaux avec une muséographie repensée (chronologiquement et par région). Que ce soient les peintures des maîtres européens (Titien, Vermeer, Rembrant,

Frick Madison : une galerie dédiée à Fragonard, cycle *Les Progrès de l'amour*.

Musées (presque) gratuits

L'Upper East Side est le fief de certains des meilleurs musées de New York, mais les visiter tous peut vous revenir cher. Toutefois, beaucoup proposent des visites avec contribution libre une fois par semaine, à des horaires spécifiques ; prévoyez votre venue durant ces créneaux afin d'économiser quelques dollars.

Certains sont même accessibles gratuitement à certains moments, comme la Neue Galerie et l'Asia Society & Museum.

Bruegel, Van Dick, Bellini, Goya, Vélasquez, Gainsborough, Turner...), la sculpture, les arts décoratifs ou des trésors rarement exposés, on les découvre ici comme on ne les avait jamais vus, dans un contexte moderne et un décor épuré à l'extrême qui les met superbement en valeur. (☎212-288-0700 ; www.frick.org ; 945 Madison Ave, au niveau de E 75th St ; tarif plein/réduit 22/12 $, prix libre 16h-18h jeu ; ⏲10h-18h jeu-dim ; S 6 jusqu'à 77th St, Q jusqu'à 72nd St)

Neue Galerie MUSÉE

3 PLAN P. 188, A2

Ce hôtel particulier, construit par Carrère & Hastings en 1914, est une vitrine pour l'art allemand et autrichien, avec des œuvres de Paul Klee, Ernst Ludwig Kirchner et d'incroyables collections de Gustav Klimt et Egon Schiele. Au 1er étage trône le portrait d'Adele Bloch-Bauer (1907) par Gustav Klimt, acquis pour le musée par le magnat des cosmétiques Ronald Lauder pour 135 millions de dollars en 1998. Le film *La Femme au tableau* (2015) retrace l'histoire de cette toile. (www.neuegalerie.org ; 1048 5th Ave, au niveau de E 86th St ; tarif plein/étudiant 25/12 $, gratuit 16h-19h 1er ven du mois ; ⏲11h-18h jeu-lun ; S 4/5/6, Q jusqu'à 86th St)

Asia Society & Museum MUSÉE

4 PLAN P. 188, B4

Fondé en 1956 par John D. Rockefeller (grand collectionneur d'art asiatique), ce superbe espace sert d'écrin à des collections passionnantes (art bouddhique du Myanmar, rétrospectives de grands artistes chinois, art contemporain d'Asie du Sud-Est), ainsi que des sculptures jaïnes d'Inde et de saisissantes peintures bouddhiques du Népal. **Visites guidées** (comprises dans le prix d'entrée) à 14h du mardi au dimanche toute l'année, et à 18h30 le vendredi, sauf en été. Notez que le musée est généralement fermé environ trois semaines en juillet et en août pour les changements d'expositions. (☎212-288-6400 ; www.asiasociety.org ; 725 Park Ave, angle E 70th St ; adulte/enfant 12 $/gratuit, gratuit 18h-21h ven sept-juin ; ⏲11h-18h mar-dim, jusqu'à 21h ven sept-juin ; S 6 jusqu'à 68th St-Hunter College, Q jusqu'à 72nd St)

Cooper-Hewitt Smithsonian Design Museum

MUSÉE

5 PLAN P. 188, A1

Unique musée américain consacré à la fois au design ancien et contemporain, filiale de la Smithsonian Institution de Washington. Il est installé dans une demeure de 64 pièces, construite pour le milliardaire Andrew Carnegie en 1901. Sa magnifique collection de 210 000 objets est exposée sur quatre niveaux et couvre 3 000 ans de création. Le beau **jardin**, ouvert au public, est accessible depuis le musée. **Visites guidées gratuites** à 11h30 et 13h30 en semaine et à 13h et 15h le week-end. (www.cooperhewitt.org ; 2 E 91st St, au niveau de 5th Ave ; adulte/enfant 18 $/gratuit, prix libre 18h-21h sam ; 10h-18h dim-ven, 10h-21h sam ; S 4/5/6 jusqu'à 86th St)

Jewish Museum

MUSÉE

6 PLAN P. 188, A1

Ce bijou occupe une demeure de style néogothique français (1908) et renferme 30 000 objets en rapport avec la culture judaïque, dont des manteaux de Torah, des lampes de Hanoucca, ainsi que des sculptures, des peintures et des objets d'art décoratifs. Les expositions temporaires sont excellentes, des rétrospectives de figures influentes comme Art Spiegelman, Edith Halpert ou Leonard Cohen, aux manifestations dédiées à des maîtres comme Chagall et Modigliani. (212-423-3200 ; www.thejewishmuseum.org ; 1109 5th Ave, entre E 92nd St et 93rd St ; adulte/enfant 18 $/gratuit, sam gratuit ; 11h-18h lun et jeu, 11h-16h ven, 10h-18h sam et dim ; ; S Q, 6 jusqu'à 96th St)

Museum of the City of New York

MUSÉE

7 PLAN P. 188, A1

Ce musée, installé dans une demeure coloniale georgienne, s'intéresse à tout ce qui a trait à la ville de New York. Au rez-de-chaussée, ne manquez pas le documentaire intitulé *Timescapes*, qui retrace la croissance de la Grosse Pomme, passée d'un minuscule comptoir commercial pour les Amérindiens à la métropole d'aujourd'hui. (www.mcny.org ; 1220 5th Ave, entre E 103rd St et 104th St ; adulte/enfant 20 $/gratuit ; 10h-18h ven-dim ; S 6 jusqu'à 103rd St)

Temple Emanu-El

SYNAGOGUE

8 PLAN P. 188, A5

Fondé en 1845 en tant que première synagogue réformée à New York et achevé en 1929, ce temple est aujourd'hui l'un des plus grands lieux de culte juif au monde. L'imposant édifice de style roman, de plus de 50 m de long et 30 m de haut, possède de superbes plafonds peints à la main, avec certains détails en or. Mieux vaut appeler avant de se présenter car la synagogue est régulièrement fermée au public en raison de tous les événements qui peuvent avoir lieu au sein de sa communauté. Les offices (18h ven et 10h30 sam) sont ouverts à tous. (www.emanuelnyc.org ; 1 E 65th St, au niveau de 5th Ave ; entrée libre ; 10h-16h30 dim-jeu, 10h-14h ven ; S 6 jusqu'à 68th St-Hunter College)

Se restaurer

Tanoshi

SUSHIS **$$$**

9 PLAN P. 188, D4

Difficile de décrocher l'un des 22 tabourets de ce petit restaurant de sushis très prisé. Le cadre est modeste, mais un festival de saveurs vous attend : pétoncles de Hokkaido, flocons de varech ou irrésistibles *uni* (oursins). Le menu est 100% sushis et 100% *omakase* (sélection du chef). Réservez impérativement en ligne (3 services chronométrés par soir, 4 le midi) et apportez votre propre bouteille de bière, de saké ou autre – c'est BYO. (917-265-8254 ; www.tanoshisushinyc.com ; 1372 York Ave, entre E 73rd St et 74th St ; sélection de sushis du chef déj 55-60 $, dîner 105-109 $; déj 11h30-14h30 lun-sam, dîner 18h-22h30 lun-dim ; S Q jusqu'à 72nd St)

Café Sabarsky

AUTRICHIEN **$$**

La file d'attente peut être longue devant cet établissement très convoité de la Neue Galerie (voir 3 plan p. 188, A2), qui évoque un opulent café de la Vienne du début du XXe siècle. Les spécialités autrichiennes, réalisées par le chef étoilé Christopher Engel, sont joliment dressées : crêpes à la truite fumée, goulasch et *bratwurst* grillée. La grande carte des desserts comprend une divine *sachertorte* (gâteau au chocolat garni d'une fine couche de confiture d'abricots). (www.neuegalerie.org/cafes/sabarsky ; 1048 5th Ave, au niveau de E 86th St ; plats 19-32 $; 9h-18h lun, 9h-21h jeu-dim ; S 4/5/6 jusqu'à 86th St)

Papaya King

HOT DOGS **$**

10 PLAN P. 188, C2

Ouvert en 1932, ce fast-food est plébiscité pour ses hot dogs savoureux et bon marché et son jus de papaye frais. Essayez le "Homerun", garni de choucroute et de confit d'oignons. (212-369-0648 ; www.papayaking.com ; 179 E 86th St, au niveau de Third Ave ; hot dogs 3-4,50 $; 8h-minuit tlj ; S 4/5/6, Q jusqu'à 86th St)

William Greenberg Desserts

BOULANGERIE **$**

11 PLAN P188, B2

Boulangerie star de Manhattan où gouter les fameux *black-and-white cookies* new-yorkais – génoise ronde au glaçage moitié chocolat, moitié vanille. Ils existent aussi en version mini, dans une petite boîte facile à rapporter chez soi. Les classiques *egg creams* sont déclinés en trois parfums, et les brownies sont aussi succulents. Uniquement à emporter. (212-861-1340 ; www.wmgreenbergdesserts.com ; 1100 Madison Ave, entre E 82nd St et 83rd St ; viennoiseries à partir de 1,75 $; 8h-18h30 lun-ven, 8h-18h sam, 10h-16h dim ; ; S 4/5/6 jusqu'à 86th St)

Daniel Boulud Kitchen & Daniel

FRANÇAIS **$$$$**

12 PLAN P. 188, B5

Avec la pandémie, le fameux Café Boulud a dû fermer, et trouver une nouvelle adresse dans le quartier. Et dès 2020 le chef français étoilé Daniel Boulud a lancé **DBK**, pour proposer ses plats fétiches de saison (côtes de bœuf braisées, bouillabaisse...) à déguster chez soi. Sinon, faites une folie au très chic **Daniel**, où sont aussi préparés les plats de DBK. (646-831-4587 BKK 212 288 0033 Daniel ; www.danielboulud.com ; 60 E 65th St, entre Park Ave et Madison Ave ; Daniel menu dégustation végétarien 7 plats 275 $; 17h-22h mar-dim ; ; S 6 jusqu'à 68th St-Hunter College)

The Wright

AMÉRICAIN **$$**

13 PLAN P188, A1

Le restaurant Wright du Guggenheim (p. 186) est apprécié pour sa cuisine de bistrot de saison, qui change régulièrement. On y vient aussi pour son cadre d'un blanc éclatant, à l'esthétique moderniste. Des collages réalisés par Sarah Crowner à partir de tissages y ont été installés en 2017. Brunch le week-end. Le Wright est fermé temporairement ; réouverture prévue le 1er avril 2022. (212-423-3665 ; www.guggenheim.org ; Guggenheim Museum, 1071 Fifth Ave, au niveau de E 89th St ; plats 20-27 $; 10h30-17h lun-dim ; ; S 4/5/6, Q jusqu'à 86th St)

Cooper-Hewitt Smithsonian Design Museum (p. 191)

Pause (assez) bon marché

L'Upper East Side est l'incarnation même de l'opulence, notamment la partie située entre 60th St et 86th St et entre Park Ave et Fifth Ave. Pour se restaurer et prendre un verre à moindre coût, dirigez-vous à l'est de Lexington Ave. Third Ave, Second Ave et First Ave sont jalonnées d'établissements moins onéreux.

Sant Ambroeus

ITALIEN $$

14 PLAN P. 188, B3

Derrière une façade sobre, ce bistrot-café milanais chic, au charme suranné, possède un long comptoir en granit où commander cappuccinos, pâtisseries et petits paninis fourrés au jambon cotto et au prosciutto San Daniele DOP. Dans l'élégante salle à l'arrière, on peut déguster des spécialités du nord de l'Italie, comme l'escalope de veau panée, le risotto aux fruits de mer ou les *tagliatelle al ragù*. (212-570-2211 ; www.santambroeus.com ; 1000 Madison Ave, entre E 77th St et 78th St ; paninis 7-9 $, plats 21-69 $; 8h-22h lun-ven, 9h-22h sam et dim ; ; S 6 jusqu'à 77th St)

JG Melon

PUB $

15 PLAN P. 188, C4

Depuis 1972, ce pub animé régale les New-Yorkais avec ses boissons à prix raisonnable et ses savoureux hamburgers à l'ancienne (à partir de 12 $). Aussi apprécié pour sa cuisine que pour ses boissons (Bloody Mary excellent), il se remplit à la sortie des bureaux. Espèces uniquement. (212-744-0585 ; www.jgmelon-nyc.com ; 1291 3rd Ave, au niveau de E 74th St ; plats 8,50-33 $; 11h30-3h lun-sam, 11h30-1h dim ; ; S Q jusqu'à 72nd St)

Drunken Munkey

INDIEN $$

16 PLAN P. 188, C1

Ce lounge animé évoque par sa décoration le Bombay colonial d'antan – papier peint vintage, balles de cricket en guise de poignées de porte et serveurs aux tenues pimpantes. Les lustres-singes ont un côté facétieux, mais on ne plaisante pas ici avec les cocktails maison (majoritairement à base de gin bien sûr) et les curries. Les plats anglo-indiens (côtelettes d'agneau masala façon Bombay, porc vindaloo à la mode de Goa, etc) sont assez épicés. Réservez. (646-998-4600 ; www.drunkenmunkeynyc.com ; 338 E 92nd St, entre 1st Ave et 2nd Ave ; plats 18-34 $; 16h-minuit lun-ven, 12h-minuit sam-dim ; ; S Q, 6 jusqu'à 96th St)

Lexington Candy Shop

DINER $

17 PLAN P. 188, B2

Fondé en 1925, ce *diner* charmant incarne le NYC d'un temps révolu, et il est aussi apprécié des New-Yorkais que des touristes pour son ambiance de bar de quartier. Faufilez-vous dans une alcôve ou prenez place devant le long comptoir pour un classique : burger, sandwich au thon ou milk-shake – également des *egg creams* (eau pétillante, lait et sirop aromatisé) concoctés directement à la fontaine à soda à l'ancienne. (212-288-0057 ; www.lexingtoncandyshop.net ; 1226 Lexington Ave, au niveau de E 83rd St ; plats 9,50-19 $; 7h-19h lun-ven, 8h-19h sam, 8h-18h dim ; S 4/5/6, Q jusqu'à 86th St)

Prendre un verre

UES NYC

BAR À COCKTAILS

18 PLAN P. 188, C1

Ce glacier aux couleurs pastel sert de délicieuses crèmes glacées en journée et se transforme en bar clandestin à la tombée de la nuit. Les cocktails (16 $) sont baptisés selon des institutions de l'Upper East Side, par exemple "Meet me at the Met" et "2nd Avenue Subway". Sachez qu'une tenue soignée est exigée : les baskets, tongs, jeans déchirés ou T-shirts ne sont pas autorisés. (646-559-5889 ; www.theuesnyc.com ; 1707 Second Ave, entre E 88th et 89th St ; 17h-tard lun-sam ; S Q jusqu'à 86th St)

Bemelmans Bar

BAR LOUNGE

19 PLAN P. 188, B3

Installez-vous dans une banquette en cuir et imprégnez-vous de l'élégance fastueuse et surannée de ce bar d'hôtel légendaire – le genre d'endroit où le personnel porte des vestes blanches et sert des martinis, où un pianiste joue sur un demi-queue et où le plafond est doré à la feuille d'or. Notez les peintures murales signées Ludwig Bemelman (de la série de livres illustrés *Madeline*). (212-570-7120 ; www.thecarlyle.com ; Carlyle Hotel, 35 E 76th St, au niveau de Madison Ave ; 12h-minuit dim-lun, 12h-0h30 mar-jeu, 12h-1h ven-sam ; ; S 6 jusqu'à 77th St)

Joe Coffee

CAFÉ

Oubliez qu'il s'agit d'un café de musée au sein du Frick Madison (voir 2 plan p. 188, B4) : le Joe Coffee est un agréable lounge qui met en lumière l'extravagance architecturale de l'édifice. Installez-vous au comptoir en marbre ou lovez-vous dans un fauteuil moderniste pour contempler cette cathédrale de béton sur deux niveaux ainsi que le gigantesque mur vitré menant à un jardin encastré : une oasis sous Madison Avenue. (212-288-0700 ; www.frick.org/visit/cafe ; Frick Madison, 945 Madison Ave, sous-sol, au niveau de E 75th St ; café 10h-18h jeu-dim ; ; S 6 jusqu'à 77th St, Q jusqu'à 72nd St)

The Daisy

CAFÉ

20 PLAN P. 188, C2

Gastropub chic, le Daisy propose des cocktails maison et une cuisine de bar inventive, telle la poitrine de porc avec œufs pochés et vinaigrette moutarde-cumin. Contrairement à la majorité des bars de l'Upper East Side, l'endroit est paisible, avec éclairage tamisé, des touches Art déco, une bonne bande son, des barmen habiles et une clientèle sympathique. (646-964-5756 ; www.thedaisynyc.com ; 1641 2nd Ave, angle E 85th St ; 16h-1h lun-mer, 16h-4h jeu-ven, 10h-4h sam, 10h-1h dim ; S Q, 4/5/6 jusqu'à 86th St)

Cantor Roof Garden Bar

ROOFTOP BAR

21 PLAN P. 188, A3

Même les New-Yorkais les plus blasés trouvent le cadre idyllique : perché sur le toit du Met, ce bar surplombe la canopée de Central Park et permet d'avoir une vue imprenable sur la *skyline* de la ville. Ici, le coucher de soleil fait tourner beaucoup de têtes – à moins que ce ne soit la faute des martinis. (www.metmuseum.org/visit/dining ; Metropolitan Museum of Art, 1000 Fifth Ave, 5e niv., au niveau de E 82nd St ; 11h-17h dim-jeu, 11h-21h ven-sam mi-avr à oct ; ; S 4/5/6 jusqu'à 86th St)

Pony Bar

BIÈRE ARTISANALE

22 PLAN P. 188, D4

Meilleure adresse de l'Upper Manhattan pour la bière, le Pony Bar propose exclusivement des breuvages artisanaux américains, dont la majorité provient de brasseries de l'État de New York. Vous choisirez entre 20 pressions changeant régulièrement, dans un cadre où le bois brut est à l'honneur (comptoir, sièges, tonneaux, canoë). Les passionnés de houblon de l'Upper East Side sont tous ici. (www.theponybar.

Bemelmans Bar (p. 195)

com ; 1444 First Ave, entre E 75th St et 76th St ; 15h-minuit lun-mer, 15h-1h jeu, 12h-3h ven-sam, 12h-minuit dim ; S Q/R jusqu'à 72nd St)

Caledonia

BAR

23 PLAN P. 188, C2

Ce bar à l'éclairage tamisé est dédié au whisky écossais, avec un choix de plus de 100 *single malts* (Highlands, Islands, Islay, Lowlands ou Speyside), quelques *blends* et même des whyskies américains, irlandais et japonais. (www.caledoniabar.com ; 1609 2nd Ave, entre E 83rd St et 84th St ; 17h-2h lun-mer, 17h-4h jeu, 16h-4h ven-sam, 16h-minuit dim, happy hour jusqu'à 19h lun-ven ; S Q, 4/5/6 jusqu'à 86th St)

Ethyl's Alcohol & Food

BAR

24 PLAN P. 188, C2

Ce bar original à l'ambiance années 1970 rappelle le New York artistique et sulfureux d'antan, avant que le CBGB, célèbre club punk, ne devienne une boutique de mode. Les cocktails à 14 $ sont en revanche bien contemporains. Musique des années 1960 et 1970 tous les soirs (en live ou mixée par des DJ), go-go danseuses et spectacles burlesques à l'occasion. En prime, l'inimitable burger *Fi-Dolla* (5,99 $). (www.ethylsalcohol.com ; 1629 2nd Ave, entre E 84th St et 85th St ; 17h-2h lun-mer, 17h-4h jeu, 16h-4h ven-sam, 16h-2h dim ; S Q/R jusqu'à 86th St)

Shopping à moindre coût

Madison Ave ne s'adresse pas à toutes les bourses. Certaines des boutiques les plus clinquantes de la planète jalonnent le tronçon entre 60th St et 72nd St, avec les enseignes des plus grands créateurs du monde, entre autres Gucci, Prada et Cartier. Quelques commerces proposent des articles d'occasion ; pour des grandes marques comme Louboutin, Fendi et Dior, tentez **Michael's** (p. 199) ou **La Boutique Resale** (plan p. 188, B2 ; 212-517-8099 ; www.laboutiqueresale.com ; 1132 Madison Ave, entre E 84th St et 85th St, 2e niv. ; 10h-19h lun-sam, 11h-18h30 dim ; S 4/5/6 jusqu'à 86th St).

Sortir

Café Carlyle

JAZZ

Ce club réputé, niché dans le Carlyle Hotel (voir 19 plan p. 188, B3), attire des musiciens de premier ordre. Le droit d'entrée n'inclut ni boisson ni nourriture, et un montant minimum de consommations est demandé. Tenue "chic" exigée. (212-744-1600 ; www.thecarlyle.com ; Carlyle Hotel, 35 E 76th St, au niveau de Madison Ave ; droit d'entrée 75-225 $, 2 plats minimum 80 $; spectacles 20h45 et 22h45 lun-sam, fermé début jan, juil, août et début sept ; S 6 jusqu'à 77th St)

Le métro de Second Avenue

Prévue depuis près d'un siècle (et objet de moquerie locale depuis des décennies), la ligne de métro de Second Avenue a enfin ouvert le 1er janvier 2017... du moins son premier tronçon. Après 10 ans de travaux et un budget de 4,5 milliards de dollars, 3 kilomètres de voies relient désormais la ligne Q à la ligne F via 63rd St-Lexington Ave, puis continuent le long de Second Ave avec trois nouvelles stations à 72nd St, 86th St et 96th St. Vastes et aérées, celles-ci sont décorées de mosaïques réalisées par les artistes Chuck Close, Jean Shin, Vik Muniz et Sarah Sze. Cette longue attente en valait la peine : la nouvelle ligne transporte 176 000 passagers par jour, et Second Ave (surtout entre 82nd St et 86th St) est désormais devenue un vivier de bars et de restaurants faisant des émules bien au-delà du quartier.

Les habitants de East Harlem attendent toujours la Phase Deux (qui devrait s'achever en 2029), qui se traduira par de nouvelles stations au niveau de 103rd St et 116th St et par une correspondance avec les lignes 4/5/6 et le Metro-North Railroad au niveau de 125th St. Quant aux habitants de Downtown, ils devront être encore plus patients : les Phases Trois et Quatre, qui rallieront Houston St puis Hanover Square, n'ont pas encore obtenu de financement.

92nd Street Y

CENTRE CULTUREL

25 PLAN P. 188, B1

Outre un large éventail de spectacles, lectures et animations pour enfants, ce **centre culturel** à but non lucratif organise des séries de conférences et d'entretiens, animés par des personnalités comme le dramaturge Edward Albee, le violoncelliste Yo-Yo Ma, l'humoriste Steve Martin ou le romancier Salman Rushdie. (212-415-5500 ; www.92y.org ; 1395 Lexington Ave, au niveau de E 92nd St ; billetterie 30 min avant le spectacle ; ; S Q, 6 jusqu'à 96th St)

Shopping

Schaller & Weber

ALIMENTATION

26 PLAN P. 188, C2

Vestige de l'époque où le quartier de Yorkville était une enclave allemande, cette charcuterie primée propose, depuis 1937, plus de 15 types de saucisses fabriquées dans son atelier en Pennsylvanie – *bauernwurst*, *weisswurst*, saucisses au poulet, au cheddar, *bangers* irlandais, *kielbasa* polonaises – ainsi que des produits importés d'Europe : fromage, condiments, chocolat, vin et bière. (212-879-3047 ; www.schallerweber.com ; 1654 Second Ave, angle E 86th St ; 10h-20h lun-sam, 12h-18h dim ; S Q, 4/5/6 jusqu'à 86th St)

Michael's

VÊTEMENTS

27 PLAN P. 188, B2

En activité depuis les années 1950 et installée dans un nouveau local sur rue depuis 2018, cette boutique d'occasion très prisée de l'Upper East Side est spécialiste des marques haut de gamme pour femmes comme Chanel, Hermès, Gucci, Prada et Jimmy Choo. Quasiment tous les articles proposés ont moins de deux ans. Les prix sont élevés mais pas autant que dans les boutiques desdites enseignes sur Madison Ave. (212-737-7273 ; www.michaelsconsignment.com ; 1125 Madison Ave, entre E 84th St et 85th St ; 10h-18h mar-sam ; S 6 jusqu'à 77th St)

Diptyque

BOUGIES, PARFUMS

28 PLAN P. 188, B4

Depuis 1961, la maison Diptyque crée des bougies et des parfums mêlant plantes, fleurs et essences de bois. Elle a exporté le chic parisien jusque sur Madison Ave. On ressort de cette oasis olfactive parfumé de rose, de glycine, de jasmin, de cyprès ou de santal. (212-879-3330 ; www.diptyqueparis.com ; 971 Madison Ave, angle E 76th St ; 11h-19h lun-sam, 12h-18h dim ; S 6 jusqu'à 77th St)

Mary Arnold Toys

JOUETS

29 PLAN P. 188, B3

Depuis plusieurs générations, les enfants du quartier passent beaucoup de temps dans les rayons de ce magasin de jouets, ouvert en 1931. Le choix semble illimité : peluches, figurines de super-héros, kits scientifiques, jeux de société,

CHARLES F KAYE/SHUTTERSTOCK ©

Métro de Second Avenue au niveau de 72nd Street

loisirs créatifs, jouets éducatifs – et même des appareils Lomo pour les amateurs de photographie rétro. (212-744-8510 ; www.maryarnoldtoys.com ; 1178 Lexington Ave, entre E 80th St et 81st St ; 9h-18h lun-ven, 10h-18h sam, 10h-17h dim ; ; S 4/5/6 jusqu'à 86th St)

Shakespeare & Co

LIVRES

30 PLAN P. 188, B5

Sans rapport avec l'enseigne parisienne du même nom, cette librairie indépendante est l'une des meilleures de New York. Une imprimante permet d'éditer des titres à la demande. Petit café sur place. (212-772-3400 ; www.shakeandco.com ; 939 Lexington Ave, au niveau de E 69th St ; 9h-20h lun-sam, 10h-18h dim ; ; S 6 jusqu'à 68th St-Hunter College)

Promenade à pied

Harlem, l'âme de New York

Ce quartier au nord de Manhattan voisine avec le Bronx. C'est ici que Billie Holiday chantait. Ralph Ellison y a rédigé son roman épique sur la vérité et l'intolérance, Homme invisible, pour qui chantes-tu ? *L'artiste Romare Bearden y assembla ses premiers collages. Vivant et chaleureux, rêveur et mélancolique, Harlem est le plus profond recoin de l'âme new-yorkaise.*

Comment y aller

S Ligne 1 jusqu'à Cathedral Pkwy (110th St)

❶ Malcolm Shabazz Harlem Market

Explorez ce **marché** (52 W 116th St, entre Malcolm X Blvd et 5th Ave ; entrée libre ; 10h-20h ; ; S 2/3 jusqu'à 116th St) semi-couvert pour ses bijoux, textiles, articles en cuir, huiles et tambours africains.

❷ Sylvia's

Depuis les années 1960, ce **restaurant** (212-996-0660 ; www.sylviasrestaurant.com ; 328 Malcolm X Blvd, entre 126th St et 127th St ; plats 15-28 $; 11h-20h dim-jeu, 11h-22h ven et sam ; S 2/3 jusqu'à 125th St) spécialiste de la *soul food* du Sud attire New-Yorkais, célébrités et touristes grâce à sa cuisine familiale authentique.

❸ Strivers' Row

Trois rangées de jolies ***townhouses*** (W 138th St et 139th St, entre Frederick Douglass Blvd et Adam Clayton Powell Jr Blvd ; S B, C jusqu'à 135th St) datant des années 1890 et dans lesquelles ont vécu certains des plus grands noms de Harlem, comme le bluesman WC Handy et le danseur Bill "Bojangles" Robinson.

❹ Shrine

Ce **club** incontournable (www.shrinenyc.com ; 2271 Adam Clayton Powell Jr Blvd, entre 133rd St et 134th St ; 16h-4h ; S 2/3 jusqu'à 135th St) du monde de la nuit à Harlem programme chaque soir des artistes de qualité : calypso, afropunk, électro française, latin jazz ou encore soul pure et dure.

❺ Apollo Theater

L'une des meilleures adresses pour assister à un **concert** (billets 800-982-2787, visites 212-531-5337 ; www.apollotheater.org ; 253 W 125th St au niveau de Frederick Douglass Blvd et Adam Clayton Powell Jr Blvd ; à partir de 24 $; S A/B/C/D, 2/3 jusqu'à 125th St) à Harlem. Ella Fitzgerald fit ses débuts ici en 1934, lors d'une des premières Amateur Nights du lieu ; ces soirées pour amateurs sont toujours suivies par un public bouillant, chaque mercredi de février à novembre.

❻ Flamekeepers Hat Club

L'âge d'or de Harlem survit dans cette agréable **boutique** (212-531-3542 ; www.flamekeepershatclub.com ; 273 W 121st St, au niveau de St Nicholas Ave ; 12h-19h mar et mer, 12h-20h jeu-sam, 12h-18h dim ; S A/C, B/D jusqu'à 125th St) où s'alignent d'élégants chapeaux. Le patron Marc Williamson vous trouvera le couvre-chef idéal pour la forme de votre visage.

❼ Minton's

Berceau du be-bop, ce **restaurant-club de jazz** (212-243-2222 ; www.mintonsharlem.com ; 206 W 118th St, entre St Nicholas Ave et Adam Clayton Powell Jr Blvd ; set 20-25 $ ou minimum 20 $ de consommation – plat ou boisson ; 18h-minuit mer-dim, sets à 20h et 22h ; S B/C, 2/3 jusqu'à 116th St) à l'ambiance formelle fut le fief de Thelonious Monk, Dizzy Gillespie et Charlie Parker. Mettez-vous sur votre trente-et-un pour venir savourer musique et cuisine du Sud.

ABT
WER

Explorer
Upper West Side et Central Park

Les brownstones bordant les rues de l'Upper West Side donnent l'impression de se balader dans une scène de film. Ce quartier familial porte encore l'héritage de ses anciennes communautés, mais il y souffle désormais un vent nouveau, avec des cafés branchés et des enseignes de créateurs. Le verdoyant Central Park s'étend à l'est, tandis que le vivier artistique du Lincoln Center et les nombreux musées sont autant de repères culturels.

Notre sélection

- ***Central Park (p. 204)*** *Un pique-nique, une virée en barque ou une balade pour échapper à la frénésie urbaine.*
- ***Lincoln Center (p. 219)*** *Un éventail artistique infini dans ce centre culturel de première catégorie.*
- ***American Museum of Natural History (p. 210)****. Certains des plus grands dinosaures ayant existé.*
- ***Nicholas Roerich Museum (p. 210)*** *Un pèlerinage au Tibet dans une belle maison de ville du XIXe siècle.*
- ***Riverside Park (p. 211)*** *Une promenade le long de l'Hudson avec un soleil couchant sur le rivage lointain.*

Comment y aller et circuler

S Lignes 1, 2 et 3 pour les destinations entre Broadway et la rivière ; les lignes B et C sont les plus pratiques pour les musées et Central Park.

Le M104 remonte le long de Broadway et le M10 le long de la limite ouest du parc. Les lignes qui traversent la ville au niveau de 66th St, 72nd St, 79th St, 86th St et 96th St se rendent dans l'Upper East Side.

Plan du quartier p. 208

Lincoln Center (p. 219) EILEEN_10/SHUTTERSTOCK ©

Les incontournables

Central Park

Avec ses quelque 340 ha de pelouses, de lacs, de mares et de bois, Central Park semble être le fruit de la nature. C'est faux ! Ce "parc du peuple" dessiné par Frederick Law Olmsted et Calvert Vaux résulte du travail de milliers d'ouvriers qui ont charrié 10 millions de tombereaux de terre pour assécher les marécages et niveler les affleurements rocheux. Plus de 20 ans furent nécessaires à la création de ce superbe refuge.

PLAN P. 208, E4

www.centralparknyc.org

de 59th St à 110th St, entre Central Park West et Fifth Ave

6h-1h

S A/C, B/D jusqu'à n'importe quel arrêt entre 59th St-Columbus Circle et Cathedral Pkwy (110th St)

Strawberry Fields

Ce **jardin** en forme de larme (au niveau de W 72nd St ; S C, B jusqu'à 72nd St) est un mémorial en l'honneur de John Lennon, ex-chanteur des Beatles, qui vivait juste de l'autre côté de la rue dans le **Dakota Building** (1 W 72nd St, au niveau de Central Park West ; S B, C jusqu'à 72nd St) et fut assassiné ici en 1980. Financé par sa veuve, Yoko Ono, il comprend un bosquet d'ormes et une mosaïque arborant simplement l'inscription "Imagine". Les visiteurs peuvent écouter un audioguide consacré à Strawberry Fields, avec la voix de Yoko.

Bethesda Terrace et le Mall

Les galeries couvertes de **Bethesda Terrace** (de 66th St à 72nd St ; S B, C jusqu'à 72nd St) et la magnifique **fontaine Bethesda** de la 72nd St sont depuis longtemps le point de rendez-vous des New-Yorkais. Au sud, le **Mall** (que l'on voit dans plusieurs films) est une promenade recouverte de grands ormes d'Amérique. Sa partie sud, appelée **Literary Walk**, est jalonnée de statues d'écrivains.

Great Lawn et Ramble

Au centre, le **Great Lawn** (entre 79th St et 85th St ; avr à mi-nov ; S B, C jusqu'à 86th St) est un immense tapis vert bordé de terrains de base-ball et de platanes. C'est ici que le duo Simon & Garfunkel donna son célèbre concert en 1981. Immédiatement au sud-est, le Delacorte Theater (p. 219) accueille chaque année le festival Shakespeare in the Park ; juste à côté, le **Belvedere Castle** (au niveau de W 79th St ; 9h-19h mi-juin à mi-août, 10h-17h mi-août à mi-juin ; S 1/2/3, B, C jusqu'à 72nd St) offre un point de vue imprenable. Plus au sud, le luxuriant **Ramble** (entre 73rd St et 78th St ; S B,C jusqu'à 81st St-Museum of Natural History) est un bon endroit pour observer les oiseaux. À l'extrémité sud-est, le **Loeb Boathouse**

★ À savoir

- Rendez-vous à Central Park Bike Tours (p. 211), à un pâté de maisons au sud du parc, pour des locations de vélos et des circuits guidés.
- Évitez les balades en calèche. Elles sont très chères et les chevaux mènent une triste vie.

Une petite pause ?

- Composez un pique-nique avec les produits gourmands de Zabar's (p. 214), à quelques mètres du parc.
- Dans le parc, vous pouvez manger en plein air à la boulangerie-restaurant **Le Pain Quotidien** (www.lepainquotidien.com ; Mineral Springs Pavilion, en retrait de West Dr ; plats 7,50-17 $; 7h-19h, ferme plus tôt en hiver ; ; S B, C jusqu'à 72nd St). Si vous êtes plus exigeant, préférez un repas à l'élégant Loeb Boathouse (p. 216).

(☎212-517-2233 ; entre 74th St et 75th St ; location barque 15 $/h, 3 $/15 min supp ; 🕐10h-19h ; 👪 ; **S** B, C jusqu'à 72nd St, 6 jusqu'à 77th St) est un pavillon au bord de l'eau, avec un restaurant, des barques à louer et des balades en gondole.

Zoo de Central Park

Ce petit **zoo** (☎212-439-6500 ; www.centralparkzoo.com ; Central Park, 64th St, au niveau de 5th Ave ; adulte/enfant 20/15 $, sans l'expérience 4D-Theater 14/9 $; 🕐10h-17h lun-ven, 10h-17h30 sam-dim avr-oct, 10h-16h30 nov-mars ; **S** N/R jusqu'à 5th Ave-59th St) est devenu célèbre après son apparition dans le dessin animé *Madagascar* des studios DreamWorks ; il accueille des pingouins, des léopards des neiges et des lémuriens. L'ambiance bat son plein lors des repas des otaries et des pingouins. Dans le **Tisch Children's Zoo** attenant, les enfants peuvent caresser des alpagas et des chèvres naines, pour leur plus grand bonheur.

Réservoir Jacqueline Kennedy Onassis

Ce plan d'eau (au niveau de 90th St) occupe presque toute la largeur du parc. Il reflète la silhouette des gratte-ciel alentour pour le plus grand plaisir des joggeurs qui ont fait de son circuit périphérique (2,5 km) leur terrain d'entraînement favori aux beaux jours. Tout près, au croisement de Fifth Ave et 90th St, se dresse la statue de Fred Lebow (fondateur du marathon de New York) observant sa montre.

Vue sur les gratte-ciel de Manhattan depuis Central Park

Point de vue depuis le Belvedere Castle (p. 205)

Conservatory Garden

Seul jardin classique de Central Park, le **Conservatory Garden** (Central Park, 5th Ave au niveau de E 105th St ; ⏲8h-17h nov-fév, 8h-18h mars et oct, 8h-19h avr et sept, 8h-19h30 ou tard août, 8h-20h mai à mi-août ; S 6 jusqu'à 103rd St), de 2,5 ha, est l'une des jolies oasis de tranquillité du parc, avec pommiers sauvages, buis et, au printemps, beaucoup de fleurs. Le calme règne partout dans le parc au petit matin et les chants des oiseaux révèlent toute sa richesse ornithologique.

Animations estivales

Pendant l'été, Central Park accueille d'innombrables événements culturels, la plupart gratuits. Les deux plus populaires sont Shakespeare in the Park (p. 219), organisé par le Public Theater, et SummerStage (p. 26), qui programme toute une série de concerts gratuits.

L'histoire de Central Park

Dans les années 1850, cette partie de Manhattan était occupée par des élevages porcins, une décharge, un site d'équarrissage et un village afro-américain. Il a fallu 20 ans à 20 000 ouvriers pour en faire un parc. Aujourd'hui, Central Park compte plus de 24 000 arbres, 55 ha de bois, 21 aires de jeux et 7 plans d'eau. Ce gigantesque poumon vert de la ville attire plus de 38 millions de visiteurs chaque année.

Riverside Park
4
2
18
Riverside Dr
West Side Hwy
Riverside Park
9A
West End Ave
Broadway
UPPER WEST SIDE
Amsterdam Ave
Columbus Ave
Central Park West
103rd St
96th St
86th St
W 106th St
(Duke Ellington Blvd)
W 105th St
W 104th St
W 103rd St
W 102nd St
W 101st St
W 100th St
W 99th St
W 98th St
W 97th St
W 96th St
W 95th St
W 94th St
W 93rd St
W 92nd St
W 91st St
W 90th St
W 89th St
W 88th St
W 87th St
W 86th St
W 85th St
W 84th St
W 83rd St
12
10
14
28
30
11
9
Great Hill
West Dr
The Pool
The Loch
Conservatory Garden
North Meadow
East Meadow
East Dr
97th St Transverse
86th St Transverse
Réservoir Jacqueline Kennedy Onassis
Central Park
Fifth Ave
Madison Ave
E 102nd St
E 96th St
E 86th St
UPPER EAST SIDE
A
B
C
D
E
F
1
2
3
4

Nos adresses
Les incontournables p. 204
Voir p. 210
Se restaurer p. 213
Prendre un verre p. 216
Sortir p. 218
Shopping p. 220
0 500 m
0 0,25 mile
Hudson River
West Side Hwy
Freedom Pl
West End Ave
Amsterdam Ave
Columbus Ave
Broadway
Central Park West
Fifth Ave
Madison Ave
W 82nd St
W 81st St
W 80th St
W 79th St
W 78th St
W 77th St
W 76th St
W 75th St
W 74th St
W 73rd St
W 72nd St
W 71st St
W 70th St
W 69th St
W 68th St
W 67th St
W 66th St
W 65th St
W 64th St
W 62nd St
W 61st St
W 60th St
W 59th St
E 79th St
E 72nd St
E 65th St
E 59th St
Zabar's
79th St
72nd St
66th St-Lincoln Center
59th St-Columbus Circle
81st St-Museum of Natural History
5th Ave-59th St
Toga Bike Shop
Columbus Circle
Central Park Bike Tours
Lincoln Center
1 American Museum of Natural History
3 New-York Historical Society
5 American Folk Art Museum
6 Central Park Conservancy
7 Patinoire Wollman
Metropolitan Museum of Art
Great Lawn
Turtle Pond
79th St Transverse
The Ramble
The Lake
Bow Bridge
Conservatory Water
72nd St Transverse
West Dr
Center Dr
Sheep Meadow
The Mall
Literary Walk
65th St Transverse
East Dr
The Pond
Central Park South
8
13
15
16
17
19
20
21
22
23
24
25
26
27
29
31
32
A
B
C
D
E
F
5
6
7
8

Voir

American Museum of Natural History

MUSÉE

1 PLAN P. 208, D5

Fondé en 1869, ce musée renferme de véritables trésors : plus de 34 millions d'objets, dont de nombreux squelettes de dinosaures, et le **Rose Center for Earth & Space**, doté d'un planétarium dernier cri. D'octobre à mai, le musée accueille le **Butterfly Conservatory**, une verrière abritant plus de 500 papillons du monde entier qui volent de-ci de-là et se posent sur votre bras. (212-769-5100 ; www.amnh.org ; Central Park West, au niveau de W 79th St ; adulte/enfant 23/13 $; 10h-17h30 mer-dim ; ; S C jusqu'à 81st St-Museum of Natural History, 1 jusqu'à 79th St)

Nicholas Roerich Museum

MUSÉE

2 PLAN P. 208, B1

Aménagé dans une *townhouse* de 3 étages datant de 1898, ce petit musée envoûtant est l'un des secrets les mieux gardés de Manhattan. Il renferme 150 peintures du prolifique Nicholas Konstantinovich Roerich (1874-1947), un poète, philosophe et peintre né en Russie. Ses œuvres les plus remarquables sont des peintures de l'Himalaya, où il s'installa avec sa famille en 1928. Ces paysages de montagne vous laisseront véritablement bouche bée : les pics tibétains enneigés

American Museum of Natural History

dans des palettes de bleu, blanc, vert et violet ne sont pas sans rappeler Georgia O'Keeffe ou Rockwell Kent. (☎212-864-7752 ; www.roerich.org ; 319 W 107th St, entre Riverside Dr et Broadway ; entrée libre ; 🕒12h-16h mar-dim ; S 1 jusqu'à Cathedral Pkwy 110th St)

New-York Historical Society

MUSÉE

3 ◉ PLAN P. 208, D5

Fondé en 1804 pour conserver les objets historiques et culturels de la ville, le musée le plus ancien de New York abrite une collection de plus de 60 000 objets décalés et curieux, allant de la chaise d'investiture de George Washington à une coupelle à glace Tiffany (dorée, évidemment) du XIXe siècle. Un lieu dont la visite n'a rien d'ennuyeux. (☎212-873-3400 ; www.nyhistory.org ; 170 Central Park West, au niveau de W 77th St ; adulte/enfant 22/6 $, don libre 18h-20h ven, bibliothèque en accès libre ; 🕒11h-17h mer-jeu et sam-dim, 11h-20h ven ; 👪 ; S B, C jusqu'à 81st St-Museum of Natural History)

Riverside Park

PARC

4 ◉ PLAN P. 208, B1

Conçu par les créateurs de Central Park, Frederick Law Olmsted et Calvert Vaux, ce ruban de verdure s'étend le long de l'Hudson entre 59th St et 155th St. Pistes cyclables, jeux pour enfants et aires d'exercice pour chiens en font le rendez-vous des familles. On bénéficie d'une jolie vue sur le New Jersey, de l'autre côté du fleuve. (www.riversideparknyc.org ; Riverside Dr, entre W 59th St et 155th St ; 🕒6h-1h ; 👪 ; S 1/2/3 jusqu'à n'importe quel arrêt entre 72nd St et 125th St)

Central Park à vélo

Louer un vélo est la meilleure façon d'explorer les 340 ha de Central Park. La grande boucle de Central Park fait 10 km et comporte des secteurs pentus et des parties planes (la moitié nord est généralement plus vallonnée que la moitié sud). Vous trouverez plus de renseignements et un plan du parc sur le site Internet du Central Park Conservancy (www.centralparknyc.org).

Pour les locations, tentez **Central Park Bike Tours** (plan p. 208, E8 ; ☎212-541-8759 ; www.centralparkbiketours.com ; 203 W 58th St, entre Broadway et 7th Ave ; location vélo adulte à partir de 9,45/28 $, enfant 8,40/23 $ par heure/jour ; 🕒8h-20h ; 👪 ; S 1/2/3 jusqu'à 59th St-Columbus Circle) et **Toga Bike Shop**, magasin ouvert de longue date (plan p. 208, C7 ; ☎212-799-9625 ; www.togabikes.com ; 110 West End Ave, entre W 64th St et 65th St ; location 24h vélo hybride/route 35/150 $; 🕒11h-19h lun-ven, 10h-18h sam, 11h-18h dim ; S 1 jusqu'à 66th St-Lincoln Center).

New York dans la littérature et au cinéma

New York a servi de cadre à d'innombrables romans, films et téléfilms. Peintures critiques des relations sociales et raciales ou bluettes à l'eau de rose, ces œuvres n'ont pas simplement valeur de divertissement mais forment une mosaïque à l'image de la ville.

Livres

L'Attrape-Cœur (J. D. Salinger, 1951, Robert Laffont). Roman initiatique, racontant la fugue et les errances d'un jeune adolescent perturbé à travers New York.

Homme invisible, pour qui chantes-tu ? (Ralph Ellison, 1952, Grasset). Une prose poignante, explorant la situation des Afro-Américains au début du XXe siècle.

Jazz (Toni Morrison, 1992, 10/18). Le prix Nobel de littérature explore les années jazz de Harlem à travers trois destins croisés.

Les Extraordinaires Aventures de Kavalier et Clay (Michael Chabon, 2000). Ce livre parle de Brooklyn, de l'envie de fuir la réalité et de la famille nucléaire.

Films

West Side Story (1961). Les Roméo et Juliette des temps modernes dans les rues new-yorkaises où sévissent les gangs.

Taxi Driver (1976). Martin Scorsese filme les tourments d'un chauffeur de taxi, vétéran de la guerre du Vietnam. Palme d'or au festival de Cannes.

Annie Hall (1977). Une comédie romantique de Woody Allen. Récompensée par quatre Oscars.

Gangs of New York (2002). Scorsese fait une incursion dans l'histoire de la ville en évoquant les origines multiethniques de NYC.

Precious (2009). L'histoire d'une adolescente obèse et maltraitée de Harlem, bien décidée à s'en sortir.

American Folk Art Museum

MUSÉE

5 PLAN P. 208, D7

Cett petit musée présente des expositions temporaires dans ses trois galeries. On a notamment pu y découvrir des dessus-de-lit confectionnés par des soldats du XIXe siècle et des sculptures d'un fameux fabricant de cercueils ghanéen. La boutique de souvenirs est un concentré d'articles artistiques uniques : livres, bijoux, accessoires, foulards, objets de décoration pour la maison, etc. Concerts gratuits les mercredis (14h) et vendredis (17h30). (☎212-595-9533 ; www.folkartmuseum.org ; 2 Lincoln Sq, Columbus Ave, entre W 65th St et 66th St ; entrée libre ; ⏱11h30-18h mar-dim ; S 1 jusqu'à 66th St-Lincoln Center)

Central Park Conservancy — MARCHE À PIED

6 PLAN P. 208, F8

L'association à but non lucratif qui contribue à l'entretien de Central Park propose aussi une large gamme de circuits guidés à pied dans le parc. La plupart sont payants (comme "Heart of the Park", qui permet de découvrir les incontournables) ; ils coûtent 15 $ et doivent être réservés. Les circuits partent de différents lieux dans le parc ; consultez le programme sur le site Internet. (☎212-310-6600 ; www.centralparknyc.org/tours)

Wollman Skating Rink — PATINAGE

7 PLAN P. 208, E8

Cette patinoire est beaucoup plus grande que celle du **Rockefeller Center** ; on peut y patiner tout au long de la journée et son emplacement à la lisière sud-est de Central Park offre un point de vue magique. Location de casier 7 $, tarif spectateur 6 $. Espèces uniquement. (☎212-439-6900 ; www.wollmanskatingrink.com ; Central Park, entre E 62nd St et 63rd St ; adulte lun-jeu 14 $, ven-dim 23 $, enfant 6 $, location patins 11 $; ⏱10h-14h30 lun-mar, 10h-22h mer-jeu, 10h-23h ven-sam, 10h-21h dim ; mi-nov à début avr ; S F jusqu'à 57 St, N/R/W jusqu'à 5th Ave-59th St)

Se restaurer

Épicerie Boulud — TRAITEUR $

8 PLAN P. 208, D8

Propriété du célèbre chef Daniel Boulud, ce traiteur sort de l'ordinaire : pas de banal sandwich ici, mais du cochon de lait confit, du pain ciabatta garni de jambon de Paris et de gruyère ou de la bavette au paprika, oignons caramélisés et moutarde aux trois graines. (☎212-595-9606 ; www.epicerieboulud.com ; 1900 Broadway, au niveau de W 64th St ; sandwichs 10-15 $; ⏱8h-16h30 tous les jours ; 📶 🍴 ; S 1 jusqu'à 66th St-Lincoln Center)

Jin Ramen — JAPONAIS $

9 PLAN P. 208, C4

En retrait d'Amsterdam Ave, ce petit établissement effervescent sert de délicieux bols de ramen brûlant. Le ramen au *tonkotsu* (bouillon de porc) remporte tous les suffrages, mais les versions végétariennes sont très tentantes également. Ne faites pas l'impasse sur les entrées : poivrons *shishito*, petits pains au porc et salade d'algues *hijiki*. Le mélange d'éléments en bois rustique, d'ampoules nues et d'éléments

Un bagel sinon rien

Paradis des gourmets, la grande épicerie casher **Zabar's** (plan p. 208, C5 ; 212-787-2000 ; www.zabars.com ; 2245 Broadway, au niveau de W 80th St ; 8h-19h30 lun-ven, 8h-20h sam, 9h-18h dim ; S 1 jusqu'à 79th St) fait partie intégrante de la vie du quartier depuis les années 1930 : divins fromages, viande, olives, caviar, *lox* (saumon fumé), condiments marinés, fruits secs, noix et plats préparés, notamment des bagels de toutes sortes et de moelleux *knishes* (beignets de pommes de terre d'Europe de l'Est) fraîchement cuits.

industriels rouges donne au lieu une ambiance très cosy. (646-657-0755 ; www.jinramen.com ; 462 Amsterdam Ave, entre W 82nd St et 83rd St ; plats 14-20 $; déj 11h-15h30, dîner 17h-22h tous les jours ; ; S 1 jusqu'à 79th St)

Barney Greengrass TRAITEUR $$

10 PLAN P. 208, C4

Autoproclamé "roi de l'esturgeon", le Barney Greengrass propose toujours les mêmes plats copieux d'œufs et de saumon fumé, de caviar et de babkas au chocolat qui l'ont rendu célèbre il y a plus d'un siècle. Dès le matin, installez-vous en toute décontraction au milieu des comptoirs bondés pour faire le plein d'énergie ; au déjeuner, vous pourrez choisir le café attenant, avec service à table. (212-724-4707 ; www.barneygreengrass.com ; 541 Amsterdam Ave, au niveau de W 86th St ; plats 5,25-28 $, plateaux de poisson 37-67 $; traiteur 8h-18h mar-dim, café 8h30-16h mar-ven, jusqu'à 17h sam-dim ; S 1 jusqu'à 86th St)

Café Lalo DESSERTS $

11 PLAN P. 208, C4

Les affiches françaises vintage et les tables à plateau en marbre donnent un air parisien à ce café prisé pour les rendez-vous galants. Ici les desserts tiennent la vedette : comment choisir parmi les dizaines de gâteaux, cheesecakes, tourtes, tartes aux fruits, cookies, mais aussi le sabayon, la mousse au chocolat et bien d'autres gourmandises ? (212-496-6031 ; www.cafelalo.com ; 201 W 83rd St, entre Broadway et Amsterdam Ave ; desserts 5-10 $; 9h-1h lun-jeu, 9h-3h ven et sam, 9h-1h dim ; S 1 jusqu'à 79th St, B, C jusqu'à 81st St-Museum of Natural History)

Awadh INDIEN DU NORD $$

12 PLAN P. 208, C2

Ce sublime restaurant aux couleurs sombres rappelle l'héritage culinaire de Lucknow et la cuisine des Nawabs (aristocrates de religion musulmane). Le chef Gaurav Anand vous transportera jusqu'au sous-continent grâce à ses fabuleux *galouti* kebabs (agneau haché aux épices, fondant dans la bouche, un classique de la cuisine de rue à Lucknow) et à de multiples mets cuisinés façon *dum phukt* : viande et/ou riz cuit à feu doux dans un pot d'argile scellé avec de la pâte. (☎ 646-861-3241 ; www.awadhnyc.com ; 2588 Broadway, entre W 97th St et 98th St ; plats 11-26 $; 🕐 17h-23h lun-ven, 12h-15h et 17h-23h sam-dim ; S 1/2/3 jusqu'à 96th St)

The Smith AMÉRICAIN $$$

13 PLAN P. 208, D8

Dans une rue jalonnée de restaurants en face du Lincoln Center, ce bistrot constamment animé mise sur une cuisine réconfortante de haut vol, aux accents saisonniers : crevettes grillées au taboulé de quinoa, burgers au fromage à raclette et sauce au poivre vert ou ragoût de plat de côtes. Également un bar à crudités et une myriade de boissons. Quand il fait beau, une terrasse est aménagée à l'avant. (☎ 212-496-5700 ; thesmithrestaurant.com ; 1900 Broadway, au niveau de W 63rd St ; plats 19-49 $; 🕐 11h30-23h lun-ven, 9h30-23h sam, 9h30-22h dim ; 📶 ; S 1 jusqu'à 66th St-Lincoln Center, A/C, B/D jusqu'à 59th St-Columbus Circle)

Blossom on Columbus VÉGAN $$

14 PLAN P. 208, D4

Le cadre raffiné de ce restaurant végan haut de gamme propulse le menu à base de plantes vers le haut du podium. Choisissez une option purement végétale comme la salade de betteraves jaunes et rouges rôties, pois chiches, chou kale et canneberges ou un plat plus "carné" comme les côtelettes

Zabar's

de seitan au vin blanc, citron et câpres. (212-875-2600 ; www.blossomnyc.com ; 507 Columbus Ave, entre W 84th et 85th St ; pizzas à partir de 20 $, plats 23-25 $; 12h-21h dim-jeu, 12h-22h ven-sam ; ; S B, C, 1 jusqu'à 86th St)

Lakeside Restaurant at Loeb Boathouse AMÉRICAIN $$$

15 PLAN P. 208, E6

Situé à la pointe nord-est du Central Park Lake et jouissant d'une vue dégagée sur les gratte-ciel de Midtown au loin, le Loeb Boathouse est l'un des lieux les plus idylliques de New York pour un repas. Cela dit, vous paierez pour la beauté du cadre, face au lac. Si la nourriture est globalement savoureuse (le gâteau de crabe est la spécialité ; 23 $), le service manque parfois de chaleur. (212-517-2233 ; www.thecentralparkboathouse.com ; Central Park Lake, Central Park, près de E 74th St ; plats déj 29-36 $, plats brunch week-end 21-34 $; restaurant 12h-16h lun-ven, brunch 9h30-15h45 sam-dim ; S B, C jusqu'à 72nd St, 6 jusqu'à 77th St)

Gray's Papaya HOT DOGS $

16 PLAN P. 208, C6

Ce lieu promet une expérience typiquement new-yorkaise. Il fut fondé par un ancien associé du concurrent situé de l'autre côté de≈la ville, Papaya King (p. 192), à la fin d'une soirée arrosée. Pas de places assises, éclairage intense et palette de couleurs très années 1970. Les hot dogs sont simples et bons. (212-799-0243 ; www.facebook.com/grayspapayanyc ; 2090 Broadway, au niveau de W 72nd St, entrée par Amsterdam Ave ; hot dogs 2,95 $; 8h-22h dim-mer, 8h-23h jeu-sam ; S 1/2/3, B, C jusqu'à 72nd St)

Prendre un verre

Empire Rooftop TOIT-TERRASSE

17 PLAN P. 208, D8

Aménagé sur le toit-terrasse de l'Empire Hotel, ce bar raffiné est l'un lieux les plus vastes (750 m^2) de New York pour prendre un verre en frôlant le ciel. La partie coiffée d'un toit vitré, agrémentée de canapés et de palmiers, est parfaite en hiver – toit rétractable en été et il y a plusieurs terrasses. (212-265-2600 ; www.theempirerooftop.com ; 44 W 63 St, au niveau de Broadway ; 14h-23h lun-mar, 14h-1h mer-ven, 12h-1h sam, 12h-23h dim ; ; S 1 jusqu'à 66th St-Lincoln Center)

Plowshares Coffee CAFÉ

18 PLAN P. 208, C1

Plowshares a plongé dans le café en 2008, avec l'ouverture de ce petit paradis de l'expresso, dans le district de Bloomingdale (Upper West Side). Votre café sera concocté avec une machine à expresso Pagani : le modèle Slayer, assemblé à la main et valant 18 000 $ (il en existe autant de versions que pour les voitures italiennes de la même enseigne). Un bonheur pour les fanas de

Gray's Papaya

caféine. (www.plowsharescoffee.com ; 2730 Broadway, entre W 104th St et 105th St ; 8h-16h lun-ven, 8h-18h30 sam-dim ; S 1 jusqu'à 103rd St)

Owl's Tail

BAR À COCKTAILS

19 PLAN P. 208, C6

Canapés moelleux, sol carrelé et luminaires de style industriel : dans ce bar à cocktails très chic, on se croirait davantage dans le centre de New York que dans l'Upper West Side. Les chouettes (*owl*) sont à l'honneur dans des œuvres évoquant la côte Nord-Ouest, des sculptures en bois et une fresque extraordinaire. Très propice aux interactions, le bar en forme de L invite à goûter les cocktails désaltérants comme le Bicycle Thief (Campari, gin, pamplemousse, citron, sirop de sucre et eau de Seltz). (www.owlstail.com ; 215 W 75th St, entre Broadway et Amsterdam Ave ; 16h30-23h30 mar-jeu, 16h30-0h30 ven, 15h-0h30 sam, 14h-22h dim ; ; S 1/2/3 jusqu'à 72nd St)

Gebhard's Beer Culture

BIÈRE ARTISANALE

20 PLAN P. 208, C6

L'une des deux enseignes de Gebhard's (l'autre se trouve à Hell's Kitchen), ce lieu cosy est l'une des brasseries les plus en vue de l'Upper West Side. La plupart des 16 bières artisanales à la pression sont produites à New York, mais certaines viennent de Californie, du Canada et d'aillleurs. Les burgers, tacos, hot dogs et autres classiques de pub permettent d'éponger les excès de houblon. (www.beerculture.nyc/gebhards ; 228 W 72nd St, entre West End Ave et Broadway ; 15h-2h lun-ven, 14h-minuit sam, 12h-22h dim ; S 1/2/3 jusqu'à 72nd St)

Dead Poet

BAR

21 PLAN P. 208, C5

Ce pub étroit, lambrissé d'acajou, est apprécié par tout le quartier. Ici on ne plaisante pas avec la Guinness et les cocktails, qui portent le nom d'auteurs disparus, tel le détonant Walt Whitman (13 $). Si vous êtes d'humeur aventureuse, demandez le cocktail maison (15 $), mélange secret de 7 alcools – vous pourrez même garder le verre. (www.thedeadpoet.com ; 450 Amsterdam Ave, entre W 81st St et 82nd St ; 14h-4h lun-ven, 12-4h sam-dim, ; ; S 1 jusqu'à 79th St)

Sortir

Metropolitan Opera House

OPÉRA

22 PLAN P. 208, C8

Le principal opéra de New York est l'endroit incontournable pour assister à des classiques tels *La Bohème, Madame Butterfly* ou *Macbeth*. On y joue aussi des premières et des reprises d'œuvres plus contemporaines, comme *The Death of Klinghoffer* de John Adams. La saison s'étend de septembre à mai. Billets à partir de 25 $ et jusqu'à près de 500 $. (billets 212-362-6000, visites guidées 212-769-7028 ; www.metopera.org ; Lincoln Center, W 64th St ; billets 25-480 $; billetterie 10h-22h lun-sam, 12h-18h dim ; S 1 jusqu'à 66th St-Lincoln Center)

David H Koch Theater, fief du New York City Ballet

J2R/SHUTTERSTOCK ©

New York City Ballet DANSE

23 ✪ PLAN P. 208, C8

Avec ses 90 danseurs, le prestigieux New York City Ballet, fondé en 1948 par le chorégraphe russe George Balanchine, est la plus grande compagnie de danse du pays. Il se produit près de 23 semaines par an sur la scène du David H. Koch Theater du Lincoln Center. Billets de dernière minute à 30 $ pour les moins de 30 ans. Le temps fort de la saison est la représentation annuelle de *Casse-Noisette* pendant les vacances de Noël (billets en vente à partir de septembre : réservez le plus tôt possible). (☎212-496-0600 ; www.nycballet.com ; Lincoln Center, Columbus Ave, au niveau de W 63rd St ; billets 39-204 $; ⏰billetterie 10h-19h30 lun, 10h-20h30 mar-sam, 11h30-19h30 dim ; 👪 ; S 1 jusqu'à 66th St-Lincoln Center)

New York Philharmonic MUSIQUE CLASSIQUE

24 ✪ PLAN P. 208, C7

Le plus ancien orchestre professionnel des États-Unis (créé en 1842) se produit tous les ans au David Geffen Hall (en rénovation jusqu'à l'automne 2022 ; dans l'intervalle ce sera au Alice Tully Hall, dans le bâtiment Juilliard, et au Rose Theater du Jazz at Lincoln Center) sous la direction de Jaap van Zweden, qui a succédé à Alan Gilbert en 2018. L'orchestre joue un mélange d'œuvres classiques et contemporaines, en plus de concerts destinés au jeune public. (☎212-875-5656 ; nyphil.org ; Lincoln Center, Columbus Ave au niveau de W 65th St ; billets 39-372 $; 👪 ; S 1 jusqu'à 66 St-Lincoln Center)

> ### Lincoln Center
>
> Le **Lincoln Center** (☎212-875-5456, visites guidées 212-875-5350 ; www.lincolncenter.org ; Columbus Ave, entre W 62nd St et 66th St ; visites tarif plein/étudiant 25/20 $; ⏰visites 11h30 et 13h30 lun-sam, 15h dim ; 👪 ; S 1, 2, 3 jusqu'à 66th St-Lincoln Center, A/C ou B/D jusqu'à 59th St-Columbus Circle) abrite certaines des salles de spectacle les plus importantes de Manhattan, où se produisent notamment le **New York Philharmonic** et le **New York City Ballet** ; le foyer du légendaire **Metropolitan Opera** est décoré de fresques flamboyantes du peintre Marc Chagall. Cet ensemble qui s'étend sur 6,5 ha comprend bien d'autres salles, dont un théâtre, deux cinémathèques et la célèbre Juilliard School.

Delacorte Theater THÉÂTRE

25 ✪ PLAN P. 208, E5

Tous les étés, le Public Theater (p. 79) s'installe ici pour présenter ses fabuleuses représentations gratuites dans le cadre de **Shakespeare in the Park**, fondé par Joseph Papp en 1954, avant

Elinor Bunin Munroe Film Center

même la construction de ce beau théâtre en plein air. En général, les pièces sont éblouissantes et l'expérience est magique. Faire la queue pour les billets est un rite de passage pour qui découvre la ville. (www.publictheater.org ; Central Park, juin-août ; entrée au W 81st St ; S B, C jusqu'à 81st St-Museum of Natural History)

Film at Lincoln Center — CINÉMA

26 PLAN P. 208, C8

L'inestimable fonds cinématographique de la Film Society réunit des joyaux du 7e art, véritables trésors pour les cinéphiles : documentaires, longs-métrages, cinéma indépendant, réalisations étrangères ou films d'avant-garde. Les projections du Lincoln Center se déroulent dans deux multiplexes, l'**Elinor Bunin Munroe Film Center** (billetterie 212-875-5232), plus expérimental et intimiste, et le **Walter Reade Theater** (billetterie 212-875-5601), réputé pour le confort de ses fauteuils. (212-875-5610 ; www.filmlinc.com ; W 65th St, Lincoln Center, entre Broadway et Amsterdam Ave ; tarif plein/étudiant 15/12 $; S 1 jusqu'à 66th St-Lincoln Center)

Shopping

Icon Style — VINTAGE

27 PLAN P. 208, D7

Cette fabuleuse petite boutique vintage est spécialisée dans les bijoux anciens et fantaisie datant des années 1700 à 1970. Également : des robes, gants, sacs et chapeaux sélectionnés avec le plus grand soin. La moitié de la boutique est occupée par des vitrines d'apothicaire superbement restaurées, où les articles sont présentés dans les tiroirs ouverts. Laissez parler la Grace Kelly qui sommeille en vous. (212-799-0029 ; www.iconstyle.net ; 104 W 70th St, près de Columbus Ave ; 11h-18h mar-dim ; S 1/2/3 jusqu'à 72nd St)

West Side Kids — JOUETS

28 PLAN P. 208, C4

Boutique de jouets proposant toute une gamme d'activités manuelles et de jeux à la fois amusants et éducatifs : puzzles, instruments de musiques miniatures, mallettes de magie, albums sur New York, trains en bois… (☎212-496-7282 ; www.westsidekidsnyc.com ; 498 Amsterdam Ave, au niveau de W 84th St ; 🕒11h-18h lun-sam, 12h-17h dim ; S 1 jusqu'à 86th St)

Strand at Columbus Avenue LIVRES

29 🔒 PLAN P. 208, D5

Les adeptes de Book Culture (www.bookculture.com) se rabattront sur ses autres enseignes en ville, car c'est désormais Strand, la librairie si chère au cœur des New-Yorkais, qui a ouvert une antenne en son lieu et place, sur Colombus Avenue. On y trouve un mélange détonnant de livres neufs, anciens et rares en tout genre, ainsi qu'une section enfants au sous-sol. Comme son prédécesseur, Strand "at Columbus" programme toute une série d'événements. (☎212-212-473-1452 ; www.strandbooks.com ; 450 Columbus Ave, entre W 81 St et 82nd St ; 🕒11h-19h lun-jeu, 10h-20h ven-sam, 9h-18h dim ; 👪 ; S B, C jusqu'à 81st St-Museum of Natural History)

Magpie ART ET ARTISANAT

30 🔒 PLAN P. 208, C4

Cette charmante petite boutique vend de nombreux objets respectueux de l'environnement : papeterie, mugs peints à la main, bougies en cire d'abeille, écharpes en coton biologique, colliers en résine recyclée, carnets à couverture en feutre et puzzles en bois… La plupart des articles sont issus du commerce équitable, et faits à partir de matières premières durables. (☎212-579-3003 ; www.magpienewyork.com ; 488 Amsterdam Ave, entre W 83rd St et 84th St ; 🕒11h-19h lun-sam, 11h-18h dim ; S 1 jusqu'à 86th St)

Westsider Records DISQUES

31 🔒 PLAN P. 208, C6

Avec plus de 30 000 vinyles et CD, ce disquaire a de quoi satisfaire tous les goûts. Ne manquez pas les bacs à 1 $, à l'avant. Un bon endroit pour perdre la notion du temps – il en est de même pour la **librairie** associée (☎212-362-0706 ; 2246 Broadway, entre W 80th St et 81st St ; 🕒10h-21h ; S 1 jusqu'à 79th St), non loin. (☎212-874-1588 ; www.westsiderbooks.com ; 233 W 72nd St, entre Broadway et West End Ave ; 🕒11h-19h lun-jeu, 11h-21h ven et sam, 12h-18h dim ; S 1/2/3 jusqu'à 72nd St)

Grand Bazaar NYC MARCHÉ

32 🔒 PLAN P. 208, D5

Rien de plus agréable que de passer le dimanche matin à chiner dans ce marché aux puces, l'un des plus anciens de New York, qui vend un peu de tout, meubles vintage et contemporains, cartes anciennes, lunettes, foulards tissés main, bijoux artisanaux, etc. (☎212-239-3025 ; www.grandbazaarnyc.org ; 100 W 77th St, près de Columbus Ave ; 🕒10h-17h dim ; S B, C jusqu'à 81st St-Museum of Natural History, 1 jusqu'à 79th St)

SUPERIOR
SUDS
SUPERIOR SUDS
R&A
BICYCLE
Bicycle
SSIONAL RACING SALES & SERVICE
R&A
BICYCLE CENTER
SALES
REPAIRS
SUPPLIES
ALL SPEEDS
ALL SIZES
BICYCLES
OPEN SUNDAY
FULLY AIR CONDITIONED
COME IN AND ENJOY
99
EN & WOMEN WELCO
ack Rub Foot Rub
E MASSAGE FOR:
Migraine
OPEN 7 DAYS A WEEK
11:00 AM - 10:00 PM

Explorer

Brooklyn : Park Slope, Gowanus et Green-Wood Cemetery

Réputé pour ses superbes brownstones, *Park Slope est la partie la plus huppée de Brooklyn, avec des adresses où bruncher et faire du shopping et le superbe Prospect Park (236 ha). À l'ouest du quartier se trouve Gowanus, avec ses bars branchés et ses salles de concert, tandis qu'au sud s'étendent les collines de l'historique Green-Wood Cemetery.*

Notre sélection

- ***Prospect Park (p. 226)*** *Une balade à travers des hectares de bois, prairies, lacs et sentiers.*
- ***Green-Wood Cemetery (p. 226)*** *Un sublime parc de sculptures et de remarquables mausolées.*
- ***Celebrate Brooklyn! Festival (p. 232)*** *Un pique-nique dans l'herbe en écoutant des musiques du monde entier.*
- ***Barbès (p. 231)*** *Jusqu'au bout de la nuit, des rythmes d'Afrique du Nord dans ce petit club jazzy.*
- ***Shopping éclectique (p. 232)*** *Des boutiques originales comme Brooklyn Superhero Supply Co.*

Comment y aller

S Les lignes 2/3, R, F et G longent les limites de Park Slope et Gowanus. Les lignes 4/5, B/D et N/Q s'arrêtent à la plateforme de transports d'Atlantic Ave-Barclays Center.

Plan du quartier p. 224

Brownstones (maisons en grès rouge) de Brooklyn SOLEPSIZM/SHUTTERSTOCK ©

Nos adresses
Voir p. 226
Se restaurer p. 228
Prendre un verre p. 230
Sortir p. 231
Shopping p. 232
0 500 m
0 0,25 mile
A
B
C
D
E
F
1
2
3
4
GOWANUS
PARK SLOPE
PROSPECT HEIGHTS
Gowanus Canal
Degraw St
Sackett St
Hoyt St
President St
Carroll St
Bond St
1st St
2nd St
3rd St
4th St
5th St
2nd Ave
3rd Ave
Nevins St
Baltic St
Butler St
Douglass St
Union St
Denton Pl
4th Ave
Warren St
5th Ave
St Marks Pl
Bergen St
Dean St
Flatbush Ave
Carlton Ave
6th Ave
7th Ave
St Johns Pl
Lincoln Pl
Berkeley Pl
Garfield Pl
Fiske Pl
8th Ave
Park Pl
Vanderbilt Ave
Underhill Ave
Washington Ave
Sterling Pl
Grand Army Plaza
Plaza St West
Eastern Pkwy
Eastern Pkwy-Brooklyn Museum
Prospect Park W
Long Meadow
Brooklyn Botanic Garden
1 Prospect Park
3 Grand Army Plaza
4th Ave-9th St
6th St
7th St
8th St
9th St
6
7
8
9
11
13
14
16
18
19
20
21
22
23
25

PROSPECT PARK
Prospect Park
Prospect Park Lake
LeFrak Center at Lakeside 5
Lefferts Historic House 4
Picnic House
Quaker Cemetery
Prospect Park Ballfields
Green-Wood Cemetery 2
WINDSOR TERRACE
GREENWOOD HEIGHTS
15th St-Prospect Park
7th Ave
Prospect Ave
Flatbush Ave
East Dr
Central Dr
West Dr
Well House Dr
Prospect Park W
Prospect Park SouthWest
Prospect Pkwy
Prospect Ave
4th Ave
5th Ave
6th Ave
7th Ave
8th Ave
10th Ave
11th Ave
Fifth Ave
10th St
11th St
12th St
13th St
14th St
15th St
16th St
17th St
18th St
19th St
20th St
21st St
22nd St
23rd St
Jackson Pl
Webster Pl
Windsor Pl
Sherman St
Fuller Pl
Howard Pl
Terrace Pl
Seeley St
Vanderbilt St
Reeve Pl
10
12
15
17
24
27

Voir

Prospect Park PARC

1 PLAN P. 224, E4

Brooklyn bénéficie de plusieurs espaces verts historiques, bien aménagés et offrant de beaux points de vue, mais le joyau du lot est Prospect Park. Les créateurs de ce parc de 236 ha, Frederick Law Olmsted et Calvert Vaux, le considéraient comme plus abouti que leur autre projet new-yorkais, Central Park. Vous serez peut-être d'accord avec eux après avoir découvert ses allées bordées d'arbres et ses jolis ponts. (718-965-8951 ; www.prospectpark.org ; Grand Army Plaza ; 6h-1h ; S 2/3 jusqu'à Grand Army Plaza, F/G jusqu'à 15thSt-Prospect Park, B, Q jusqu'à Prospect Park, Q jusqu'à Parkside Ave)

Green-Wood Cemetery CIMETIÈRE

2 PLAN P. 224, A7

Situé sur le point le plus haut de Brooklyn, ce cimetière calme et bucolique couvre près de 193 ha de collines plantées de plus de 7 000 arbres, dont beaucoup ont plus de 150 ans. Son réseau de routes et de sentiers reliant une myriade de tombes, de mausolées et de parcelles boisées en fait l'endroit idéal pour se balader. (718-768-7300 ; www.green-wood.com ; 500 25th St, au niveau de 5th Ave, Greenwood Heights ; entrée libre ; 8h-17h oct-mars, 7h-19h avr-sept ; P ; S R jusqu'à 25th St)

Grand Army Plaza MONUMENT

3 PLAN P. 224, E3

La majestueuse entrée de Prospect Park, où Flatbush Ave rencontre le début d'Eastern Pkwy, est un arc de triomphe créé par l'architecte visionnaire Calvert Vaux dans les années 1890. Il est désormais intégré à un vaste carrefour, un peu en retrait du parc, mais cet arc jadis appelé "Monument aux Soldats et aux Marins" demeure un mémorial très photogénique, dédié aux soldats de l'Union qui combattirent durant la guerre de Sécession. (Flatbush Ave et Eastern Pkwy, Prospect Park ; 6h-minuit ; S 2/3 jusqu'à Grand Army Plaza, B, Q jusqu'à 7th Ave)

Lefferts Historic House BÂTIMENT HISTORIQUE

4 PLAN P. 224, F5

Au sein de Prospect Park, cette ferme néerlandaise du XVIIIe siècle renferme des pièces à la décoration d'époque débordant d'outils agricoles et de céramiques anciennes ; à l'extérieur, le jardin est toujours cultivé. La petite maison fut déplacée ici au début du XXe siècle. La Lefferts House était fermée pour rénovation lors de notre passage ; renseignez-vous avant votre visite. (718-789-2822 ; www.prospectpark.org/lefferts ; près de Flatbush Ave et Empire Blvd, Prospect Park ; adulte/enfant 3 $/gratuit ; 12h-17h jeu-dim avr-juin, sept-oct, 12h-18h juil-août, 12h-16h sam-dim nov-déc ; ; S B, Q jusqu'à Prospect Park)

Le canal Gowanus

À Brooklyn, le canal Gowanus serpente à l'est de la station de métro aérienne de Smith St-9th St, entourée d'anciens bâtiments industriels… mais il se pourrait bien que vous commenciez par le sentir avant même de le voir. Jadis un ruisseau portant le nom de Gouwane, un chef de la tribu amérindienne des Canarsee, le canal fut utilisé durant de nombreuses années par des navires pour le déchargement des marchandises. Plus tard, les industries locales commencèrent à y déverser leurs déchets non traités, ce qui eut pour conséquence le dépôt d'une épaisse couche de goudron de charbon (appelé "mayonnaise noire") au fond du canal. Des miroitements mauves à la surface – plutôt jolis, tant que l'on ne connaissait pas leur origine – lui valurent son surnom de "lac lavande". En 2009, l'Agence pour la protection de l'environnement (EPA) classa le canal dans la catégorie des sites "Superfund" (sites souillés par des déchets dangereux) ; un important projet de nettoyage devrait s'achever en 2022.

Tandis que le dragage se poursuit, le canal attire de plus en plus de photographes locaux (et l'odeur nauséabonde est moins prononcée que dans le passé). Après des efforts de réaménagement dans les années 2000, le quartier éponyme, bon marché, qui s'étend au nord de Baltic St et à l'est de Fourth Ave devint prisé des artistes qui aménagèrent des ateliers et des salles de concert dans de vastes espaces postindustriels. Du coup, le secteur vit apparaître davantage de bars et restaurants – dont un empruntant malicieusement l'ancien surnom du canal (p. 231), puis des appartements et une immense succursale de l'épicerie fine Whole Foods – faisant de Gowanus l'un des quartiers de Brooklyn évoluant le plus rapidement.

LeFrak Center at Lakeside

ESPACE LUDIQUE

5 PLAN P. 224, F7

Ajout le plus significatif à Prospect Park depuis sa création, le LeFrak est un espace ludique écoresponsable de 10,5 ha. En hiver, il y a une patinoire et en été une piste de rollers et des jeux d'eau pour les enfants. On peut louer des pédalos et des kayaks (généralement de fin mars à mi-octobre) et différents types de vélos pour explorer le parc. (718-462-0010 ; www.lakesideprospectpark.com ; 171 East Dr, près d'Ocean Ave et Parkside Ave, Prospect Park ; patinoire/piste de rollers 7,50-11 $/6-10 $, location de patins/rollers 8/7 $, location de bateau 16-36 $/heure, location de vélo 13-38 $/heure ; horaires variables ; ; S Q jusqu'à Parkside Ave)

Marché Smorgasburg

Tous les dimanches d'avril à octobre, le marché en plein air **Smorgasburg** (www.smorgasburg.com ; plats à partir de 10 $; Prospect Park 11h-18h dim) s'installe dans Prospect Park, sur Breeze Hill (au sud du centre nautique), avec des dizaines de stands vendant toutes sortes de produits appétissants : délicieux plats afghans, burgers de *ramen*, *arepas* colombiennes, pains plats indiens garnis façon tacos, plats éthiopiens végans, glace au caramel salé, limonade à la lavande, bière artisanale et bien plus encore.

Se restaurer

Four & Twenty Blackbirds — BOULANGERIE $

6 PLAN P. 224, A3

Inspirées par leur grand-mère, les sœurs Emily et Melissa Elsen utilisent des fruits locaux et des ingrédients bio pour mitonner les meilleures tartes de NYC, et de loin. Offrez-vous une part : pomme et caramel salé, flan au miel de lavande et autres saveurs évoluant au gré des saisons. (718-499-2917 ; www.birdsblack.com ; 439 Third Ave, angle 8th St, Gowanus ; parts 6 $, tartes entières 44 $; 8h-18h lun-ven, 9h-19h sam, 10h-19h dim ; ; S R jusqu'à 9th St)

Ample Hills Creamery — GLACES $

7 PLAN P. 224, B2

Cette boutique de petite chaîne propose des saveurs glacées incroyablement créatives : rayon de miel, biscuit, mangue végane ou cerise-citron vert, ainsi que "It Came From Gowanus", un mélange chocolaté de cookies et brownies, inspiré des profondeurs sombres du canal Gowanus. Commandez un cornet et grimpez sur le toit-terrasse. (347-294-4409 ; www.amplehills.com ; 305 Nevins St, au niveau de Union St, Gowanus ; glaces à partir de 4,75 $; 12h-23h dim-jeu, 12h-minuit ven-sam ; ; S R jusqu'à Union St, F, G jusqu'à Carroll St)

SkyIce — THAÏLANDAIS $$

8 PLAN P. 224, D1

Les délicieux plats – émincé de bœuf au curry jaune, salade de papaye épicée mais rafraîchissante, délicieuse soupe *tom yum* – sont suivis d'une carte des desserts incroyables : parfaits, riz gluant à la mangue et glaces aux parfums tels que rose-litchi et durian. (718-230-0910 ; skyice.net ; 63 Fifth Ave, au niveau de St Marks Pl, Park Slope ; plats 11-19 $; 17h-21h lun-mar et jeu-dim ; ; S 2/3 jusqu'à Bergen St, B, Q jusqu'à 7th Ave)

Insa — CORÉEN $$

9 PLAN P. 224, C1

Raviolis au *kimchi* (légumes fermentés aux piments), *ribs* épicées et *bibimbap* au tofu sont les spécialités de ce lieu bien caché. Sinon, faites griller au barbecue, directement sur votre table, des calamars, du faux-filet ou de la poitrine de porc. Pour conclure en beauté, réservez une salle de karaoké (80-180 $/heure) ou participez à une scène ouverte gratuite (renseignez-vous sur le jour). (☎718-855-2620 ; www.insabrooklyn.com ; 328 Douglass St, entre Third Ave et Fourth Ave, Gowanus ; plats 16-29 $, barbecue 2 pers 28-45 $; 🕑restaurant 17h30-22h mer-dim, karaoké 17h30-22h mer et dim, 17h30-minuit jeu, 17h30-2h dim ven-sam ; 🍸 ; S R jusqu'à Union St)

Sidecar

AMÉRICAIN **$$**

10 PLAN P. 224, A5

Ce lieu plein de caractère, doté d'un plafond en étain martelé et d'alcôves avec banquettes en cuir, propose une cuisine américaine haut de gamme. Une touche moderne a été apportée aux plats classiques : le poulet frit au babeurre est servi avec un écrasé de légumes-racines tandis que la salade club est un méli-mélo de gruyère, pommes, dinde et tomates séchées. (☎718-369-0077 ; www.sidecarbrooklyn.com ; 560 5th Ave, entre 15th St et 16th St, Park Slope ; plats 14-27 $; 🕑17h-23h dim-jeu, 17h-minuit ven-sam ; S R jusqu'à Prospect Ave)

Baba's Pierogies

POLONAIS **$**

11 PLAN P. 224, B2

Les propriétaires de ce restaurant concoctent d'authentiques et délicieuses recettes : copieux *pierogi* (raviolis polonais) farcis de fromage et pommes de terre,

Smorgasburg

feta et épinards... Également des versions véganes, comme les raviolis à la choucroute ou aux pommes de terre. (☎718-222-0777 ; www.babasbk.com ; 295 Third Ave, au niveau de Carroll St, Gowanus ; 5/9 raviolis à partir de 10,50/14,50 $; 11h30-22h mar-sam, 11h30-21h dim-lun ; ; S R jusqu'à Union St)

Lot 2

AMÉRICAIN $$

12 PLAN P. 224, A6

Un restaurant simple et intimiste, à la cuisine familiale riche en saveurs, à base de produits locaux. Le burger et ses frites cuites dans la graisse de canard est fameux. Jusqu'à nouvel ordre, le Lot 2 n'ouvre que pour le dîner du samedi soir et le menu (3 plats, 35/17 $ adulte/enfant) est une affaire ; déclinaison végétarienne et vente à emporter. (☎718-499-5623 ; www.lot2restaurant.com ; 687 6th Ave, entre 19th St et 20th St, Greenwood Heights ; plats 16-24 $; 17h-21h sam ; ; B63, B67, B69 arrêt 18th St, S R arrêt Prospect Ave)

Prendre un verre

Union Hall

BAR

13 PLAN P. 224, C2

Pour une soirée 100% Brooklyn, rendez-vous dans ce bar installé dans un ancien entrepôt, avec cheminée, bibliothèque, canapés en cuir et terrains de *bocce* (jeu similaire à la pétanque). Des musiciens et des comédiens se produisent au sous-sol. (☎718-638-4400 ; www.unionhallny.com ; 702 Union St, près de Fifth Ave, Park Slope ; 16h-4h lun-ven, 13h-4h sam et dim ; S R jusqu'à Union St)

The Gate

PUB

14 PLAN P. 224, C3

Ce pub convivial, très prisé des habitants, situé face à l'oasis de Washington Park, propose deux douzaines de bières artisanales, servies sur une terrasse aux beaux jours. La bande-son de qualité et les serveurs plaisants en font le bar de quartier dont tout le monde rêve. (☎718-768-4329 ; www.thegatebrooklyn.com ; 351 Fifth Ave, au niveau de 3rd St, Park Slope ; 16h-4h lun-ven, 12h-4h sam-dim ; ; S F, G, R jusqu'à 4th Ave-9th St)

Greenwood Park

BAR À BIÈRES

15 PLAN P. 224, B7

Il n'y a qu'à Brooklyn que l'on peut confondre un *beer garden* avec une casse-auto, et c'est un compliment ! À quelques pas du Green-Wood Cemetery (p. 226), dans un cadre industriel, ce vaste bar à bières mi-intérieur mi-extérieur de 1 200 m² a été astucieusement aménagé dans un ancien garage avec pompes à essence ; la bande-son est très rock. Les familles sont bienvenues en journée, mais l'accès est interdit aux moins de 21 ans après 19h. Espèces uniquement. (☎718-499-7999 ; www.greenwoodparkbk.com ; 555 7th Ave, entre 19th St et 20th St, Greenwood Heights ; 15h-minuit lun-jeu, 12h-1h ven-dim ; ; B67, B69 jusqu'à 18th St, S F, G jusqu'à 15th St-Prospect Park)

Lavender Lake
PUB

16 PLAN P. 224, A2

Baptisé d'après le canal Gowanus (p. 227) auquel la pollution avait donné une couleur mauve, ce bar de quartier très populaire occupe une ancienne écurie. Bières artisanales et cocktails sont concoctés avec des ingrédients originaux. Le jardin est fabuleux en été. En semaine, *happy hour* de 16h à 18h (et toute la journée le lundi). (☎347-799-2154 ; www.lavenderlake.com ; 383 Carroll St, entre Bond St et Gowanus Canal, Gowanus ; 16h-minuit lun-jeu, 14h-1h ven, 13h-1h sam, 13h-21h dim ; S F, G jusqu'à Carroll St, R jusqu'à Union St)

Freddy's
BAR

17 PLAN P. 224, A6

Ce bar sans âge, dont l'histoire remonte à l'époque de la Prohibition, est situé à la sortie de la lisière sud de Park Slope. Prenez un verre en regardant les vidéos artistiques farfelues réalisées par Donald O'Finn, le copropriétaire. Concerts (ukulélé, musique country), soirées stand-up et projections de films. (☎718-768-0131 ; www.freddysbar.com ; 627 5th Ave, entre 17th St et 18th St, Greenwood Heights ; 12h-4h tlj ; wifi ; S R jusqu'à Prospect Ave)

Sortir

Barbès
CONCERTS, JAZZ

18 PLAN P. 224, C4

Bar-espace de concerts compact, le Barbès est tenu par des musiciens français installés de longue date à Brooklyn. Musique live tous les soirs, jusqu'au petit matin : la programmation, d'un éclectisme réjouissant, va des cuivres des Balkans à l'opéra contemporain en passant par le groove afro-péruvien, le funk d'Afrique de l'Ouest et bien d'autres styles de musique. (☎347-422-0248 ; www.barbesbrooklyn.com ; 376 9th St, au niveau de 6th Ave, Park Slope ; participation demandée pour les concerts à partir de 15 $; 17h-2h dim-jeu, 14h-2h ven et sam ; S F, G jusqu'à 7th Ave, R jusqu'à 4th Ave-9th St)

Bell House
SPECTACLES

19 PLAN P. 224, A3

Dans cet entrepôt des années 1920, situé dans le secteur des industries légères de Gowanus, la programmation pointue alterne entre concerts et music-hall : rockeurs indie, soirées DJ, spectacles comiques, fêtes burlesques et autres réjouissances. La salle de spectacle magnifiquement reconvertie peut accueillir jusqu'à 500 personnes. Accès réservé aux plus de 21 ans. (☎718-643-6510 ; www.thebellhouseny.com ; 149 7th St, entre 2nd Ave et 3rd Ave, Gowanus ; 17h-tard tlj ; wifi ; S F, G, R jusqu'à 4th Ave-9th St)

Littlefield
ARTS DE LA SCÈNE

20 PLAN P. 224, C2

Dans un ancien entrepôt de produits textiles de 575 m², ce centre culturel programme entre autres des concerts, du stand-up, des contes, du théâtre, de la danse,

Celebrate Brooklyn!

Multifacette, le **Celebrate Brooklyn! Festival** (☎718-683-5600 ; www.bricartsmedia.org ; Prospect Park Bandshell, près de Prospect Park W et 11th St, Park Slope ; ⊙juin à mi-août) bat son plein chaque été depuis plus de 40 ans, avec une fabuleuse programmation de concerts, films, spectacles parlés et représentations de danse sur la scène dans l'angle sud-ouest de **Prospect Park** (p. 226). Les spectacles sont empreints d'un caractère international, avec des artistes venus d'Europe, du Moyen-Orient, des Caraïbes ou d'ailleurs ; beaucoup sont gratuits.

des projections de films et des soirées quiz. Le lundi, les comiques déchaînent les foules ; parmi les autres événements réguliers, citons le jeu *Punderdome 3000* pour amateurs de calembours, des spectacles de variétés insolites et le concours bon enfant *Nerd Nite*. À partir de 21 ans. Voir la programmation en ligne (www.littlefieldnyc.com ; 635 Sackett St, entre 3rd Ave et 4th Ave, Gowanus ; billets à partir de 10 $; S R jusqu'à Union St)

Puppetworks MARIONNETTES

21 PLAN P. 224, C4

Dans un petit théâtre de Park Slope, cette compagnie monte des spectacles de marionnettes très applaudis par les critiques en culottes courtes. Les adaptations de classiques sont généralement à découvrir le samedi et le dimanche à 12h30 et 14h30 (programme sur le site Internet). Espèces uniquement. (☎718-965-3391 ; www.puppetworks.org ; 338 6th Ave, au niveau de 4th St, Park Slope ; adulte/enfant 11/10 $; ⊙bureau 10h-14h30 ; 👪 ; S F, G jusqu'à 7th Ave)

Shopping

Diana Kane MODE ET ACCESSOIRES

22 PLAN P. 224, C2

Cette boutique joliment aménagée est truffée d'œuvres d'artistes locaux, de bijoux, de vêtements pour femmes, de bougies, etc. Un lieu pour dégotter des cadeaux uniques. (☎718-638-6520 ; www.dianakane.com ; 229b Fifth Ave, entre Carroll St et President St, Park Slope ; ⊙12h-19h lun-ven, 11h-20h sam, 11h-18h dim ; S R jusqu'à Union Ave)

Brooklyn Superhero Supply Co CADEAUX ET SOUVENIRS

23 PLAN P. 224, B3

Dans cette boutique loufoque, on trouve des capes, des masques, des ceintures utilitaires, des lunettes d'invisibilité, des seaux d'antimatière et d'autres accessoires essentiels pour les super-héros en devenir... mais les articles en vente sont au service du véritable héroïsme qui se joue en coulisses. Chaque transaction permet de soutenir 826NYC, une association à but non lucratif

A KATZ/SHUTTERSTOCK ©

Celebrate Brooklyn! Festival

qui aide des étudiants à améliorer leurs aptitudes en écriture et en littérature (la salle de classe est dissimulée derrière l'une des étagères). (☎718-499-9884 ; www.superherosupplies.com ; 372 Fifth Ave, entre 5th St et 6th St, Park Slope ; 🕒12h-17h sam-dim ; 👪 ; S F, G, R jusqu'à 4th Ave-9th St)

Leroy's Place

ART ET ARTISANAT

24 PLAN P. 224, C5

Galerie, boutique ou espace événementiel ? Peu importe : chez Leroy's Place, sorte de petit pays des merveilles, place au jeu libre ! Vous pourrez poser à l'intérieur d'une installation artistique, glaner de jolis cadeaux faits main, des bijoux aux T-shirts loufoques, et même divertir vos enfants grâce à des marionnettes de monstres géants. Il y aussi une cour secrète qui accueille des événements et des ateliers. (☎718-369-4200 ; www.leroysplace.com ; 353 Seventh Ave, entre 10th St et 11th St, Park Slope ; 🕒12h-19h mar-dim ; 👪 ; S F, G jusqu'à 7th Ave)

No Relation Vintage

VINTAGE

25 PLAN P. 224, C2

Vous cherchez un maillot de sport ? Un blouson Teddy ? Un vêtement griffé rétro ? Les friperies ne manquent pas à New York mais celle-ci, dans le secteur de Gowanus, est gigantesque et possède un stock impressionnant – prévoyez du temps ! (☎718-858-4906 ; www.ltrainvintagenyc.com ; 654 Sackett St, près de 4th Ave, Gowanus ; 🕒12h-19h tlj ; S R jusqu'à Union St)

Promenade à pied

Brooklyn : Williamsburg

Centre névralgique de la vie nocturne à Brooklyn, Williamsburg doit son essor aux communautés d'immigrés latinos, italiens et polonais, puis aux artistes sans le sou – qui se sont ensuite déplacés à Bushwick aux loyers moins élevés, laissant place à des cadres et à de jeunes familles branchées. Vous y trouverez matière à explorer, des vieux bars à cocktails aux boutiques pittoresques vendant les créations d'artisans locaux.

Comment y aller

Williamsburg se situe dans le nord de Brooklyn, à seulement un arrêt de Manhattan et à environ 8 km de Times Square.

S L jusqu'à Bedford Ave.

❶ Domino Park

Ouvert en 2018, ce **parc** (www.dominopark.com ; River St, entre Grand St et S 5th St ; 6h-1h ; ; B32, Q59 jusqu'à Kent Ave/S 1st St) mêlant verdure et syle industriel, englobe des terrains de boules, une aire de jeux pour enfants et une passerelle surélevée offrant un point de vue superbe sur Manhattan.

❷ East River State Park

À 10 minutes de marche au nord, cet **espace vert** (718-782-2731 ; www.parks.ny.gov/parks/155 ; Kent Ave, entre N 7th St et N 9th St ; lever-coucher du soleil ; B32 jusqu'à Kent Ave/N 6th St) est doté de tables de pique-nique et accueille ponctuellement des concerts en été.

❸ Brooklyn Brewery

Cette **brasserie** (718-486-7422 ; www.brooklynbrewery.com ; 79 N 11th St, entre Berry St et Wythe Ave ; visites guidées lun-ven 18 $, sam-dim gratuit ; salle de dégustation 16h-21h lun-mer, 16h-22h jeu, 14h-22h ven, 12h-23h sam, 12h-20h dim, visites guidées 13h-18h sam-dim, réservations lun-ven) sert des IPA à forte teneur en houblon et propose des visites de 45 minutes.

❹ Buffalo Exchange

Composez-vous un look personnalisé à partir d'éléments vintage ou de pièces branchées plus récentes dans cette **boutique solidaire** très courue (718-384-6901 ; www.buffaloexchange.com ; 504 Driggs Ave, au niveau de N 9th St ; 11h-20h lun-sam, 11h-19h dim).

❺ City Reliquary

Découvrez d'étonnants objets du passé dans ce **musée** (718-782-4842 ; www.cityreliquary.org ; 370 Metropolitan Ave près de Havemeyer St ; tarif plein/-12 ans 7 $/gratuit ; 12h-18h jeu-dim ; S G jusqu'à Metropolitan Ave, L jusqu'à Lorimer St) débordant de reliques new-yorkaises, des cartes postales vintage aux souvenirs de l'Exposition internationale de 1939.

❻ Maison Premiere

Remontez le temps dans cet épatant **bar à cocktails et à huîtres** (347-889-5710 ; www.maisonpremiere.com ; 298 Bedford Ave, entre S 1st St et Grand St ; 16h-1h lun-jeu, 16h-3h ven, 12h-3h sam, 12h-1h dim) dont l'ambiance rappelle le sud des États-Unis.

❼ Artists & Fleas

Le week-end, faites vos emplettes dans cet ancien entrepôt, devenu un temple du *made in New York*, marché regroupant plus de 45 **stands**. Designers et créateurs locaux, artistes et artisans y vendent objets de décoration, vêtements, lunettes de soleil, montres, bijoux, savons bio, objets faits main ou encore œuvres d'art. L'endroit idéal pour découvrir tout ce qui est nouveau et branché en matière de mode, de vintage, d'art, de design et plus encore. (917-488-4203 ; www.artistsandfleas.com ; 70 N 7th St, entre Wythe Ave et Kent Ave ; 11h-18h sam et dim).

GRAND
EXTRA
50%
OFF SALE
291
1L20
NYC

Carnet pratique

Taxis devant Grand Central Terminal (p. 158) BLACKMAC/SHUTTERSTOCK ©

Avant de partir

Hébergement

- Préparez-vous à des prix élevés et à des espaces exigus.
- Il n'y a pas de saison haute ou basse : les tarifs fluctuent selon la disponibilité. Vous paierez le prix fort en cas de jours fériés.
- Les hébergements se remplissent rapidement, en particulier en été et en décembre.
- Brooklyn et le Queens offrent le meilleur rapport qualité/prix. Quelques auberges de jeunesse sont disséminées dans New York.

Site Internet

NYC (www.nycgo.com/hotels). Listes d'hôtels du guide officiel de New York.

Petits budgets

Local (www.thelocalny.com). Dortoirs et chambres doubles abordables, beau point de vue depuis le toit-terrasse et excellent emplacement à Long Island City.

Harlem Flophouse (www.harlemflophouse.com). Une charmante maison de ville au cœur de Harlem.

Carlton Arms (www.carltonarms.com). Adresse pittoresque ornée de fresques à quelques rues à l'est du Madison Square Park.

NY Moore Hostel (www.nymoorehostel.com). Propre et convivial, à deux pas de la vie nocturne trépidante de Williamsburg, à Brooklyn.

Catégorie moyenne

Freehand New York (www.freehandhotels.com/new-york). Des chambres au design soigné et à des tarifs raisonnables, près du Flatiron District.

Boro Hotel (www.borohotel.com). Design

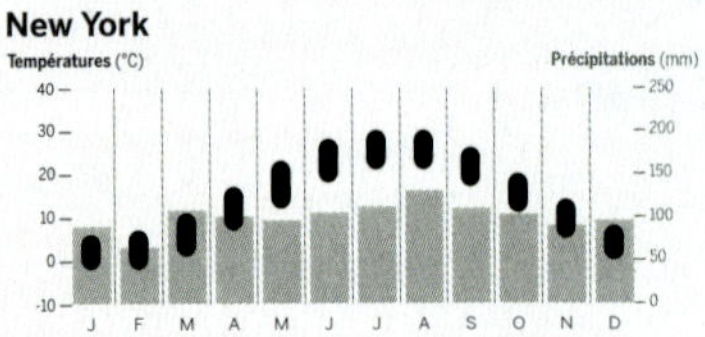

Quand partir

Été (juin-août) La chaleur estivale peut être écrasante mais s'accompagne d'une kyrielle de festivals et d'événements.

Hiver (décembre-février) Il fait froid, il peut y avoir des tempêtes de neige mais les festivités de fin d'année attirent les foules.

Printemps (mars-mai) Les cafés sortent des tables en terrasse dès les premiers rayons du soleil. L'une des meilleures saisons pour venir.

Automne (septembre-novembre) Les parcs de la ville se parent de teintes rouges et or, avec des journées encore chaudes et des nuits fraîches.

très tendance et point de vue panoramique, à Long Island City.

Arthouse Hotel NYC (www.arthousehotelnyc.com). Un salon très stylé, des chambres lumineuses et de somptueuses salles de bains en marbre, près du Lincoln Center.

Citizen M (www.citizenm.com). Des chambres high-tech au style contemporain, près de Times Square.

TWA Hotel (www.twahotel.com). Loger à l'aéroport JFK ? Pas de problème dans un hôtel néo-futuriste, avec observation des avions depuis la piscine !

Lefferts Manor B&B Les six chambres lumineuses et les couleurs subtiles de cette *brownstone* typique de Brooklyn en font un B&B raffiné, à côté de Prospect Park.

Catégorie supérieure

Greenwich Hotel (www.thegreenwichhotel.com). L'hôtel de Robert De Niro est pourvu de cours intérieures, de chambres personnalisées et d'une piscine éclairée de lanternes.

Gramercy Park Hotel (www.gramercyparkhotel.com). Les chambres aux couleurs intenses sont aménagées au-dessus d'un somptueux salon se doublant d'un bar à l'ambiance jazzy.

Knickerbocker (www.theknickerbocker.com). Luxueux établissement de Midtown, fabuleux bar sur le toit.

NoMad Hotel (www.thenomadhotel.com). Un joyau de style Beaux-Arts, avec des chambres pareilles à des appartements, une atmosphère parisienne et un bar-restaurant très prisé.

Bowery Hotel (www.theboweryhotel.com). L'élégance à l'ancienne s'exprime de manière moderne dans l'East Village.

Wythe Hotel (www.wythehotel.com). Design haut de gamme et touches nostalgiques à Williamsburg, le quartier le plus branché de Brooklyn.

Arriver à New York

John F Kennedy International Airport (JFK)

- L'AirTrain (7,75 $) assure la liaison avec le métro (2,75 $) ou le LIRR.
- Les bus express pour Grand Central ou Port Authority coûtent 19 $.
- Les taxis coûtent 52 $, hors péages, pourboire et supplément heures de pointe.

Destination	Transport
Brooklyn	S LIRR jusqu'à Atlantic Terminal
Lower East Side	S Ligne J/Z
Lower Manhattan	S Ligne A
Midtown	S LIRR jusqu'à Penn Station
Greenwich Village	S Ligne A
Upper West Side	S Ligne A
Upper East Side	S E, puis lignes 4/5/6
Harlem	S E, puis lignes B ou C

LaGuardia Airport (LGA)

- Le trajet en bus (2,75 $) comprend une correspondance gratuite avec le métro dans un délai de 2 heures.
- Les bus express pour Midtown coûtent 16 $.
- Les taxis coûtent 35 à 55 $, hors péages et pourboire.

Destination	Transport
Harlem	M60
Upper East Side	M60 et S lignes 4/5/6
Midtown	Q70 et S lignes F, 7 ou E
Union Square	Q70 puis S ligne R
Greenwich Village	Q70 puis S ligne F
Brooklyn	Taxi

Newark Liberty International Airport (EWR)

- Situé à la même distance de Midtown que JFK (26 km), Newark reçoit les vols United Airlines.
- Prenez l'AirTrain jusqu'à la station Newark Liberty Airport et montez dans un train à destination de Penn Station New York (13 $). Attention ! Il y a deux Penn Station. L'une à Newark, l'autre à Manhattan.
- Un taxi coûte de 50 à 70 $ (plus 15 $ de péage et le pourboire).

Depuis la France

- Air France, American Airlines et United Airlines proposent des vols réguliers et directs Paris-New York (environ 8 heures). D'autres compagnies proposent des vols low cost, où bagages et repas peuvent être facturés en sus. Comptez à partir de 350 € aller-retour.
- Quelques adresses utiles :

Air France (www.airfrance.fr)

American Airlines (www.americanairlines.fr)

British Airways (www.britishairways.com)

Delta Air Lines (www.delta.com)

FrenchBee (www.frenchbee.com/fr)

Iceland Air (www.norwegian.com/fr)

Level (www.flylevel.com)

Luftansa (www.lufthansa.com)

United (www.united.fr)

Depuis la Belgique

Au départ de Bruxelles, comptez en moyenne 8 heures 30 de vol à l'aller et 7 heures 40 au retour. Outre la compagnie **Brussels Airlines** (☎ 02 723 23 62, www.brusselsairlines.com), vous pouvez contacter les compagnies américaines cités ci-dessus ou vous adresser aux agences **Connections** (☎ 02 550 01 00, www.connections.be).

Depuis la Suisse

Deux compagnies assurent deux vols quotidiens directs (comptez 8 h 45 de trajet) entre Genêve et New York : **Swiss** (☎ 0848 700 700, www.swiss.com) et **United** (☎ 022 417 72 80, www.united.com). Les autres compagnies proposent des vols avec escale. Selon la saison, vous pourrez trouver des billets aller simple au départ de Genêve pour environ 500 FS.

Depuis le Canada

En avion

- Pour parcourir les 523 km qui séparent Montréal de New York, comptez en moyenne 1 heure 30 de vol et à partir de 250 $C l'aller-retour pour un vol direct.

- Quelques sites utiles :

Air Canada (www.aircanada.com)

American Airlines (www.aa.com)

Delta Air Lines (www.delta.com)

United (www.united.com)

Comment circuler

Métro

- Bon marché, efficace et opérationnel 24h/24, mais le réseau complexe n'est pas évident à maîtriser.
- Un trajet simple coûte 2,75 $ avec une MetroCard (ou avec le système sans contact OMNY, de plus en plus répandu). Une correspondance gratuite avec un bus, dans les 2 heures, est incluse.

Taxi et covoiturage

Taxis jaunes Des tarifs fixes s'appliquent pour les courses (qui peuvent être payées par carte bancaire). La prise en charge initiale est de 2,50 $ (premiers 321 m), puis comptez 50 ¢ pour chaque tronçon supplémentaire de 321 m ou toutes les minutes en cas de circulation lente/arrêtée, 1 $ de supplément aux heures de pointe (en semaine 16h-20h) et 50 ¢ de supplément la nuit (20h-6h) ; également une taxe d'État sur les transports de 50 ¢ par trajet. Les passagers doivent régler tous les péages de ponts et tunnels. Un pourboire de 10 à 15% est attendu, mais n'hésitez pas à donner moins si le service n'est pas à la hauteur et demandez un reçu pour pouvoir noter le numéro de la plaque du chauffeur.

Boro Taxis Ces taxis verts desservent le nord de Manhattan et les *boroughs* périphériques. Ils vous permettent de héler un taxi dans les quartiers où les *yellow cabs* circulent rarement. Ils pratiquent les mêmes tarifs et sont très biens pour se déplacer dans ces *boroughs* (par exemple d'Astoria à Williamsburg ou de Park Slope à Red Hook). Les chauffeurs rechignent à conduire les passagers dans Manhattan (bien qu'ils y soient légalement tenus) car, au retour, ils n'ont pas le droit de charger des clients au sud de la 96th St.

Droits des passagers La TLC (Taxi and Limousine Commission) possède un règlement contenant les droits du passager, qui vous

Taxi : à savoir

- Guettez un *yellow cab* dont la lumière est allumée. Si elle est éteinte, il est pris.
- Placez-vous en évidence au bord de la chaussée et levez la main.
- Une fois monté, indiquez votre destination au chauffeur (il n'a pas le droit de refuser la course).
- Réglez à l'arrivée, en espèces ou par carte. N'oubliez pas les 10 à 15% de pourboire.
- Téléchargez l'application Curb pour commander un taxi qui viendra vous chercher là où vous êtes, comme un service de VTC.

autorise à indiquer au chauffeur le chemin que vous souhaitez prendre ou à éteindre la radio. Un chauffeur ne peut vous refuser une course en raison de l'endroit où vous vous rendez. Un conseil : montez à bord avant d'indiquer votre destination.

Voitures privées Elles sont une alternative courante aux taxis dans les *boroughs* périphériques. Le prix, qui dépend du quartier et de la distance, doit être fixé avant le départ (pas de compteur). Ces "black cars" sont assez répandues à Brooklyn et dans le Queens, mais n'ont pas le droit de s'arrêter à votre hauteur pour vous proposer leurs services. À Brooklyn, les compagnies comprennent **Northside** (☎ 718-387-2222 ; www.northsidecarservice.

Métro : mode d'emploi

Numéros, lettres, couleurs Chaque ligne de métro possède une couleur et une lettre ou un numéro. La plupart sont utilisées par deux à quatre trains différents, suivant généralement le même itinéraire.

Lignes express et locales Une erreur fréquente consiste à monter dans un "train express" et ne pas pouvoir descendre à l'arrêt souhaité. Sachez que chaque ligne est empruntée par des trains locaux et express ; ces derniers marquent uniquement des arrêts spécifiques à Manhattan (indiqués par un cercle blanc sur le plan du métro). Par exemple, sur la ligne rouge, les trains n^os^2 et 3 sont express, tandis que le n°1 marque tous les arrêts. Si vous avez une grande distance à parcourir – par exemple de l'Upper West Side à Wall St – il vaut mieux changer de train pour prendre un express (généralement de l'autre côté, sur le même quai) pour gagner du temps.

Trouver la bonne station Beaucoup de stations à Manhattan possèdent des entrées séparées pour les lignes "downtown" et "uptown" (lisez attentivement les pancartes). Si vous prenez la mauvaise entrée, sortez et entrez à nouveau (en général de l'autre côté de la rue) et expliquez votre situation aux employés de la station : avec un peu de chance, ils vous laisseront passer sans valider la carte, mais si cela ne fonctionne pas vous n'aurez d'autre choix que de la présenter et de perdre 2,75 $. Repérez aussi les lampes verte ou rouge au-dessus des escaliers de chaque entrée ; le vert indique que la station est ouverte en permanence, le rouge qu'elle ferme à une certaine heure, en général tard le soir.

Week-ends Tout est chamboulé le week-end, certaines lignes fusionnent, d'autres sont supprimées, certains arrêts sont marqués et d'autres non. Sur les quais, habitants comme touristes sont déboussolés, parfois irrités. Consultez www.mta.info pour les horaires du week-end, car les panneaux ne sont pas toujours visibles une fois sur le quai.

com), dans le quartier de Williamsburg, et **Arecibo** (☎ 718-783-6465 ; www.arecibocc.com), à Park Slope.

VTC Disponibles via une application mobile, ces voitures ont envahi les rues de New York. Elles sont pratiques voire indispensables pour certains mais renforcent les problèmes de circulation déjà terribles. La municipalité a imposé une limite du nombre de véhicules assurant des courses partagées dans Manhattan, afin de réduire les embouteillages, et cette tendance devrait perdurer. Les chauffeurs attendent un pourboire.

Bus

- Les bus sont pratiques pour traverser la ville ou couvrir de courtes distances. Tarifs identiques au métro (2,75 $ le trajet), vous pouvez utiliser votre Metrocard ou payer en liquide (faites l'appoint).
- Le paiement par Metrocard comprend une correspondance gratuite avec un autre bus ou le métro. Si vous payez en liquide, demandez un billet *transfer* au chauffeur (valable uniquement sur un autre bus).
- Les itinéraires figurent sur un panneau fixé sur le poteau de l'arrêt du bus.

Vélo

- New York possède des centaines de kilomètres de pistes cyclables. L'excellent réseau de vélos en libre-service **Citi Bike** (www.citibikenyc.com) compte des stations dans Manhattan et dans certains secteurs de Brooklyn et du Queens.
- Vous pourrez obtenir un Citi Bike pour un trajet unique (3 $), ou acheter un pass (24 heures/3 jours 12/24 $ TTC) à n'importe quelle station ; vous pourrez utiliser les vélos pour un nombre illimité de fois sur des périodes de 30 minutes.
- Les casques ne sont pas légalement obligatoires pour les adultes mais sont vivement recommandés. Vous devrez prévoir le vôtre. Ils sont obligatoires pour les enfants de 13 ans et moins.
- Toutes les pistes cyclables sont indiquées sur NYC Bike Maps (www.nycbikemaps.com). La plupart des magasins de cycles fournissent un plan.
- La circulation automobile peut être infernale à New York. Pour votre sécurité et celle des autres, respectez le code de la route.

Bateau

NYC Ferry (www.ferry.nyc ; trajet 2,75 $). Circulant sur l'East River, ces bateaux relient Manhattan, Brooklyn, le Queens et le Bronx. Le trajet coûte 2,75 $ (supplément 1 $ pour un vélo).

NY Water Taxi (www.nywatertaxi.com). Les bateaux jaunes assurant les liaisons avec montée/descente à volonté desservent quatre arrêts à Manhattan (Pier 83 au niveau de W 42nd St ; Battery Park ; Pier 16 près de Wall St) et Brooklyn (Pier 1 à Dumbo). Le pass coûte 37 $ pour la journée, soit le prix d'une croisière panoramique plutôt que d'un mode de transport.

Staten Island Ferry (plan p. 50 ; www.siferry.com ; Whitehall Terminal, 4 Whitehall St, au niveau de South St, Lower

Manhattan ; 24h/24 ; S 1 jusqu'à South Ferry, R/W jusqu'à Whitehall St, 4/5 jusqu'à Bowling Green). Ce ferry gratuit assure constamment la navette avec Staten Island, transportant en majorité des travailleurs à travers le port de New York. Vous pouvez vous contenter de faire un aller-retour simplement pour le point de vue exceptionnel.

Infos pratiques

Argent

Les DAB sont omniprésents et la plupart des hôtels, boutiques et restaurants prennent les cartes bancaires. Les marchés, les food trucks et certains bars et restaurants n'acceptent que les espèces.

Distributeurs automatiques de billets (DAB)

- Vous trouverez des DAB partout. Vous pourrez retirer dans les banques ou au distributeur installé dans les épiceries, restaurants, bars et supérettes, mais les frais y sont parfois élevés (2 à 5 $, plus la commission de votre banque).
- La plupart des banques new-yorkaises appartiennent au réseau NYCE (New York Cash Exchange). Vous pouvez utiliser n'importe quelle carte bancaire dans un DAB, moyennant un supplément si votre banque ne fait pas partie de ce réseau.

Bureaux de change

Les banques et les bureaux de change, que vous trouverez partout à New York (notamment dans les trois grands aéroports) vous donneront des devises américaines selon le taux de change en vigueur ; une commission s'applique souvent. Travelex possède une branche à Times Square mais les frais sont très élevés.

Cartes bancaires

- Les principales cartes bancaires sont acceptées dans les hôtels, restaurants et commerces. Il est même parfois difficile d'acheter une place de spectacle et de louer une voiture sans carte.
- Les cartes Visa, MasterCard ou American Express sont les plus communément acceptées.
- En cas de perte ou de vol, contactez immédiatement la société émettrice.

Taxes et détaxe

- Dans les restaurants et les boutiques, les prix affichés ne comprennent pas la *sales tax* de 8,875%. Attention à ne pas commander le menu à 9,99 $ si vous n'avez que 10 $!
- Les chambres d'hôtels sont soumises à une taxe de 14,75%, ainsi qu'à une taxe de séjour de 3,50 $ par nuit.
- Plusieurs catégories de services désignés "de luxe", y compris la location de voiture, impliquent une taxe municipale supplémentaire (11% dans le cas des voitures de location, soit un total de 19,875% de taxes pour ce service).
- Aucune taxe ne s'applique aux vêtements et chaussures de moins de 110 $; au-delà, vous paierez une *sales tax*.

- Il n'y a pas de TVA aux États-Unis, le touriste étranger ne peut donc bénéficier d'aucune détaxe.

Pourboires

Les pourboires sont obligatoires, sauf en cas de service vraiment exécrable.

Serveur 18-25%.

Barman 1 $ minimum par boisson, 2 $ pour un cocktail spécial ou 18-25% de l'addition.

Chauffeur de taxi 18-20%, arrondis au dollar supérieur.

Bagagiste 1 à 3 $ par bagage, 5 $ minimum par chariot.

Femme de chambre 2-5 $ par nuit, à laisser sur l'oreiller.

Cartes de réduction

New York CityPASS (www.citypass.com). Entrée dans six grands sites pour 136 $, soit une économie d'environ 40%.

The New York Pass (www.newyorkpass.com). Ce pass donne accès pour une journée à une centaine de sites, dont l'Empire State Building, pour 129 $ (ou 99 $ pour les 3-12 ans). Il existe aussi des forfaits de 2 à 10 jours.

Explorer Pass (www.gocity.com). Ce pass permet de bénéficier d'un tarif réduit pour 2 à 10 sites. Vous choisirez parmi plus de 90 options, dont le MoMA, le 9/11 Memorial and Museum, Top of the Rock et des activités comme une location de vélo à Central Park et des circuits pédestres. À partir de 73 $ (51 $ pour les 3-12 ans) pour 2 sites et jusqu'à 229 $ pour 10 sites. Valable 60 jours. Application Smartphone.

Covid-19

Du fait de la pandémie de Covid-19, les entrées aux États-Unis sont encadrées par des mesures sanitaires strictes. À l'heure où nous écrivons ce guide, les voyageurs de 18 ans et plus doivent présenter une preuve de vaccination complète pour être autorisés à embarquer, ainsi qu'un test négatif (PCR ou antigénique) réalisé moins de 3 jours avant le voyage.

Les enfants de moins de 18 ans sont exemptés de l'obligation de vaccination mais doivent réaliser un test avant leur départ.

Les mesures évoluant rapidement, renseignez-vous sur les dernières mises à jour sur le site www.diplomatie.gouv.fr/fr/conseils-aux-voyageurs.

Faites des économies

- Les MetroCards sont valables à bord des métros, bus, ferries et du tram aérien desservant Roosevelt Island. Si vous restez plus de quelques jours, achetez un 7-Day Unlimited Pass (33 $).
- Consultez notre liste d'activités gratuites (p. 27).
- De nombreux musées sont gratuits un jour par semaine.
- Économisez sur le prix des places de théâtre en les achetant aux kiosques TKTS de Times Square ou de Lower Manhattan.
- Préparez des pique-niques en visitant les divers marchés de la ville.

Électricité

Type A
120V/60Hz

Type B
120V/60Hz

Formalités et visas

Les visiteurs en provenance de nombreux pays, dont la plupart des pays de l'Union européenne (UE) et le Canada, ne nécessitent pas de visa pour les séjours de moins de 90 jours. À défaut, les ressortissants de l'UE devront impérativement obtenir l'ESTA (voir ci-après). Pour les autres pays, consultez les sites travel.state.gov ou www.usa.gov/visas-and-visitors.

Programme d'exemption de visa et ESTA

- Le programme d'exemption de visa (Visa Waiver Program, ou VWP) des États-Unis permet à l'heure actuelle aux ressortissants de 36 pays (dont la France, la Belgique, le Luxembourg et la Suisse) de se rendre aux États-Unis sans visa pour des séjours touristiques ou d'affaires d'une durée maximale de 90 jours.
- Pour bénéficier de l'exemption de visa, il faut posséder un passeport à puce électronique ou biométrique répondant aux normes américaines (les passeports européens sont conformes) et approuvé par l'**ESTA** (système électronique d'autorisation de voyage ; esta.cbp.dhs.gov ; fiche disponible en français) au moins 72 heures avant votre arrivée par voie aérienne dans le pays. La réponse est en général immédiatement fournie par le système électronique.
- Les frais, à régler en ligne, sont de 14 $. Une fois l'autorisation de voyage validée, votre inscription est valable pendant 2 ans, mais vous devrez effectuer une nouvelle demande en cas de renouvellement de passeport ou de changement de situation. Attention aux arnaques ! Veillez à passer par le site officiel (voir ci-dessus), des prestataires peu scrupuleux font payer le service 7 à 8 fois plus cher.

- Les conditions d'entrée sur le territoire américain sont susceptibles de changer rapidement. Tous les voyageurs sont invités à vérifier la législation relative aux visas et passeports avant de partir aux États-Unis. Vous pouvez consulter le site du Département d'État américain (US Department of State ; www.travel.state.gov) pour obtenir des renseignements actualisés.
- Une loi entrée en vigueur le 21 janvier 2016 stipule que les voyageurs qui se sont rendus en Iran, Irak, Libye, Somalie, Soudan, Syrie, Yémen ou Corée du Nord depuis le 1er mars 2011 ne peuvent bénéficier du WPP et devront désormais faire une demande de visa.
- Les Canadiens n'ont pas besoin de visa, mais doivent être en possession d'un passeport ou d'un document approuvé par la Western Hemisphere Travel Initiative (WHTI ; www.getyouhome.gov).
- Nous vous conseillons de scanner ou de photocopier tous vos documents importants (pages d'introduction de votre passeport, carte bancaire, police d'assurance, billets de train/d'avion/de bus, etc.). Conservez ces copies à part des originaux. Vous remplacerez ainsi plus aisément ces documents en cas de perte ou de vol.

Comme les New-Yorkais

- Hélez un taxi uniquement lorsque la lumière est allumée sur son toit. Dans le cas contraire, le taxi est occupé, donc vous pouvez baisser votre bras !
- Les New-Yorkais ne respectent pas toujours les feux pour les piétons et traversent dès lors qu'aucun véhicule n'est à l'approche. Si vous les imitez, soyez très prudent !
- Parmi les piétons, comportez-vous comme un véhicule : ne vous arrêtez pas brusquement, marchez au même rythme que la foule et arrêtez-vous sur le côté. La plupart des New-Yorkais respectent l'espace personnel, mais ils vous percuteront sans s'excuser si vous gênez le passage.
- Tenez-vous sur le côté des portes pour permettre la descente des passagers, puis montez dans le train (rapidement, afin que les portes ne se referment pas sur vous).

Handicapés

- La majeure partie de la ville est adaptée aux fauteuils roulants, avec des trottoirs abaissés au niveau des passages piétons.
- Tous les sites majeurs sont aussi adaptés aux fauteuils roulants.
- Sur les 472 stations de métro, seule une centaine est accessible en fauteuil roulant. Il s'agit des stations les plus importantes, comme West 4th St, 14th St-Union Sq, 34th St-Penn Station, 42nd St-Port Authority Terminal, 59th St-Columbus Circle et 66th St-Lincoln Center.

- Pour une liste complète des stations accessibles, rendez-vous sur web mta.info/accessibility/stations.htm ou www.nycgo.com/accessibility.
- Tous les bus MTA de la ville sont accessibles aux fauteuils roulants.
- Pour un taxi adapté, utilisez l'application **Accessible Dispatch** (☎646-599-9999 ; accessibledispatch.org).

Heures d'ouverture

Banques 9h-18h lun-ven, parfois 9h-12h sam.

Bars 17h-4h.

Bureaux 9h-17h lun-ven.

Clubs 22h-4h.

Restaurants Petit-déjeuner 6h-11h, déjeuner 12h-15h, dîner 17h-23h. Le brunch du week-end est servi de 10h à 16h.

Commerces 10h-19h lundi-vendredi, 11h-20h samedi. Variable le dimanche : certains magasins sont fermés, d'autres appliquent les horaires de semaine, comme à SoHo.

Internet (accès)

- La plupart des parcs publics offrent un accès Wi-Fi gratuit, notamment la High Line, Bryant Park, Battery Park, Central Park, City Hall Park, Madison Square Park et Tompkins Square Park.
- Pour les autres points Wi-Fi, rendez-vous sur www.nycgovparks.org/facilities/wifi.
- Les musées offrent souvent une connexion Wi-Fi gratuite, ce qui est aussi le cas des stations de métro et des bibliothèques publiques.
- Partout en ville, repérez le sigle LinkNYC (www.link.nyc) – ces kiosques gratuits, connectés à Internet, sont dotés de ports de rechargement USB et du Wi-Fi gratuit.
- La plupart des cafés offrent le Wi-Fi.

Jours fériés

New Year's Day (Nouvel An) 1er janvier

Martin Luther King Day 3e lundi de janvier

Presidents' Day 3e lundi de février

Memorial Day fin mai

Independence Day (fête nationale) 4 juillet

Labor Day (fête du travail) début septembre

Thanksgiving 4e jeudi de novembre

Christmas Day (Noël) 25 décembre

Offices du tourisme

NYC Information Center (plan p. 156, D5 ; www.nycgo.com ; 151 W 34th St, au niveau de Broadway ; ⌚10h-22h lun-sam, 10h-21h dim ; S B/D/F/M, N/Q/R/W jusqu'à 34th St-Herald Sq). Dans le grand magasin Macy (Midtown).

Problèmes juridiques

- En cas d'arrestation, vous avez le droit de garder le silence. Rien ne vous oblige à parler à un officier de police, d'autant que tout ce que vous pourriez dire "peut être et sera retenu contre vous" (demandez poliment si vous êtes libre de vous en aller).
- Vous avez le droit à un appel téléphonique. Si vous n'avez ni avocat ni proche susceptible de vous aider, appelez votre consulat. La police vous fournira son numéro.

Savoir-vivre

Politesse Saluez les employés quand vous entrez dans une boutique, un café ou un restaurant ou que vous en sortez.

Salutations Serrez la main des gens, hommes ou femmes, que vous rencontrez pour la première fois. Une seule bise est commune entre amis.

Restaurant Quand vous entrez dans un restaurant, qu'il s'agisse d'un *diner* ou d'une table gastronomique, attendez jusqu'à ce qu'un serveur vous installe. La même règle s'applique dans certains bars haut de gamme. Dans les cafés et les bars décontractés, vous pourrez généralement vous asseoir librement.

Sujets de discussion Les New-Yorkais discutent de politique avec enthousiasme, mais la religion est un sujet qui peut vite s'avérer clivant.

Métro Laissez les passagers descendre, ne bloquez pas les portes.

Pourboire Obligatoire dans les restaurants et les bars.

Sécurité

New York est l'une des villes les plus sûres du pays, mais faites preuve de bon sens :

- Ne vous promenez pas seul la nuit dans des quartiers peu fréquentés.
- Attention aux pickpockets, surtout dans les secteurs très fréquentés comme Times Square ou Penn Station.
- Il est généralement sûr de prendre le métro après minuit, mais vous préférerez peut-être le taxi, surtout si vous êtes seul(e).
- Ne cédez pas à la pression de rabatteurs qui chercheront à vous vendre des billets pour des spectacles et des croisières ; réservez vos billets en ligne ou auprès de vendeurs officiels.

Tabac

- Fumer est interdit dans les lieux publics. Certains hôtels comportent des espaces fumeurs, mais la plupart interdisent totalement le tabac.

Toilettes

- On trouve des toilettes dans les gares telles que Grand Central Terminal, Penn Station et Port Authority Bus Terminal, dans les parcs, dont Madison Sq Park, Battery Park, Tompkins Sq Park, Washington Sq Park et Columbus Park dans Chinatown, ainsi que dans divers endroits de Central Park.
- Sinon, prenez un café au Starbucks ou entrez dans un grand magasin.

Urgences et numéros importants

Renseignements locaux ☎411

Municipalité et renseignements NYC ☎311

Pompiers, police et ambulance ☎911

Langue

En raison de leur histoire et de la diversité de leur population, les États-Uniens pratiquent, pour la plupart d'entre eux, plusieurs langues. L'anglais, parlé dans tout le pays, n'a pas été désigné comme langue officielle des États-Unis. Du fait de l'importance de la population hispanique, l'espagnol est la deuxième langue la plus parlée dans le pays.

Expressions courantes

Bonjour/salut.
Hello/Hi. hè·lo/haï

Au revoir.
Goodbye. goud·*baï*

Excuse(z)-moi.
Excuse me. ek·*skyouz* mi

Désolé(e).
Sorry. so·ri

S'il vous (te) plaît.
Please. pliiz

Merci.
Thank you. *Sank* you

Oui./Non.
Yes./No. yès/neo

Parlez-vous français ?
Do you speak french? dou you spik frènn·ch

Je ne comprends pas.
I don't understand. aï *dont* eunn·deur·*stand*

Comment allez-vous/vas-tu ?
How are you? hao âr you

Bien. Et vous/toi ?
Fine. And you? faïnn annd *you*

Au restaurant

Je suis végétarien(ne).
I'm vegetarian. aïm vèdjè·*teu*·rieunn

Santé !
Cheers! *tchiirz*

C'était délicieux !
That was delicious! zat woz dè·*li*·cheus

L'addition s'il vous plaît.
The bill, please. zeu bil pliiz

Je voudrais ..., s'il vous plaît.
I'd like ..., please. aïd *laïk* ... pliiz

une table pour (deux)	*a table for (two)*	eu *téï*·beul for (tou)
ce plat	*that dish*	*zat dich*
la carte des vins	*the wine liste*	zeu *waïnn* list

Shopping

Je cherche...
I'm looking for ... aïm *lou*·kiinng for ...

Combien est-ce que ça coûte ?
How much is it? hao meutch iz it

C'est trop cher.
That's too expensive. zats *tou* èx·*pènn*·siv

Pouvez-vous baisser le prix ?
Can you lower the price? kann you lao·wèr zeu *praïs*

Urgences

Au secours !
Help! hèlp

Appelez un médecin !
Call a doctor! kôl eu *dok*·teur

Appelez la police !
Call the police! kôl zeu po·*liis*

Je suis perdu(e).
I'm lost. aïm lost

Je suis malade.
I'm sick. aïm sik

Où sont les toilettes ?
Where's the bathroom? wèrz zeu *bass*·roum

Heure et chiffres

Quelle heure est-il ?
What time is it? wat *taïm* iz it

Il est (1/13) heure(s).
It's (one am/pm) o'clock. its (wann èï·èm/pi·èm) ok·*lok*

matin	*morning*	*mor*·ninng
après-midi	*afternoon*	af·teur·*noun*
soir	*evening*	*iv*·ninng
hier	*yesterday*	*yès*·teu·dèï
aujourd'hui	*today*	tou·*dèï*
demain	*tomorrow*	tou·*mo*·ro

1	*one*	wann
2	*two*	tou
3	*three*	srii
4	*four*	fôr
5	*five*	faïv
6	*six*	six
7	*seven*	*sè*·veunn
8	*eight*	eït
9	*nine*	naïnn
10	*ten*	tèn

Transports et orientation

Où est ...?
Where's ...? wèrz ...

Quelle est l'adresse ?
What's the adress? wats zi a·*drès*

Pouvez-vous me montrer (sur la carte) ?
Can you show me (on the map)? kann you *chô* mi (onn zeu *map*)

Un billet pour ..., s'il vous plaît.
One ticket for ... please. wann *ti*·kèt for ... pliiz

À quelle heure part le bus/le train ?
What time does the bus/train leave? wat *taïm* daz zeu beus/tréïn liiv

Je voudrais un taxi.
I'd like a taxi. aïd laïk eu *tak*·si

Ce taxi est-il libre ?
Is this taxi free? iz zis *tak*·si frii

Arrêtez-vous ici, s'il vous plaît.
Please stop here. pliiz stop hiir

Hébergement

Où puis-je trouver un hôtel ?
Where's a hotel? wèrz eu ho·tèl

Je voudrais réserver une chambre.
I'd like to book a room. aïd laïk tou bouk eu *roum*

J'ai une réservation.
I have a reservation. aï hav eu rè·zèr·*véï*·cheunn

En coulisses

Vos réactions ?

Vos commentaires nous sont très précieux pour améliorer nos guides. Notre équipe lit vos lettres avec la plus grande attention et prend en compte vos remarques pour les prochaines mises à jour. Pour nous faire part de vos réactions, prendre connaissance de notre catalogue et vous abonner à notre newsletter, consultez notre site Internet : **www.lonelyplanet.fr**

Nous reprenons parfois des extraits de notre courrier pour les publier dans nos guides ou sites web. Si vous ne souhaitez pas que vos commentaires soient repris ou que votre nom apparaisse, merci de nous le préciser. Notre politique en matière de confidentialité est disponible sur notre site Internet.

Crédits photographiques

Photographie de couverture : United States, USA, New York City, Manhattan, Midtown, Rockefeller Center, Radio City Music Hall, 6th Avenue, Guido Cozzi/Sime/Photononstop ©

Photographies p. 34 (de haut en bas et de gauche à droite) : Songquan Deng, Marcio Jose Bastos Silva, Photo Spirit, Jeff Whyte et Michael Urmann/Shutterstock ©

Un mot d'Ali Lemer

Merci à Trisha Ping et Lauren Keith, à Dawn Hopper au Dutchess Tourism et à Stacey-Ann Hosang à l'Empire State Building. Je remercie mes coauteurs, en particulier Anita Isalska et Ma-Sovaida Morgan. Merci également à Mark Batt et à Michael et Ellen Korney pour leur amour et leur soutien. Mes chapitres sont dédiés à la mémoire de mes deux New-Yorkais préférés, Toni Halbreich et Albert Lemer.

À propos de cet ouvrage

Cette 9e édition française de *New York en quelques jours* est une traduction-adaptation de la 8e édition de *Pocket New York City*, dirigée par Ali Lemer et écrite par Ali Lemer, Anita Isalka, MaSovaida Morgan et Kevin Raub.

Traduction
Jeanne Robert et Pierre-Yves Raoult

Direction éditoriale
Didier Férat

Responsable prépresse
Jean-Noël Doan

Coordination éditoriale
Rose-Hélène Lempereur

Maquette Christian Deloye

Cartographie cartes originales adaptées en français par Caroline Sahanouk

Couverture adaptée par Laurent Briard et Laure Wilmot

Merci à Charlotte Fontanella pour sa précieuse contribution.

Index

Voir aussi les index des rubriques :
Se restaurer p. 256
Prendre un verre p. 257
Sortir p. 258
Shopping p. 259

Référence des **sites**
Référence des **cartes**

Référence des **sites**
Référence des **cartes**

Référence des **sites**
Référence des **cartes**

Prendre un verre

Sortir

Shopping

Notes

MaSovaida Morgan

MaSovaida est journaliste de voyage et son penchant pour la vadrouille l'a menée dans plus de 50 pays à travers les sept continents. En tant qu'autrice Lonely Planet, elle contribue à des guides sur des destinations en Asie du Sud-Est, au Moyen-Orient, en Europe et dans les Amériques. Avant de devenir free-lance en 2018, MaSovaida a passé quatre années au bureau Lonely Planet de Nashville au poste d'éditrice ; elle supervisait les contenus dédiés à l'Amérique du Sud et à l'Antarctique.

Kevin Raub

Né à Atlanta, Kevin a commencé sa carrière comme journaliste musical à New York ; il a publié dans les magazines *Men's Journal* et *Rolling Stone*. Il a délaissé le mode de vie rock'n'roll pour se tourner vers l'écriture de voyage et a rédigé plus de 95 guides pour Lonely Planet, avec pour destinations privilégiées le Brésil, le Chili, la Colombie, les États-Unis, l'Inde, l'Italie et le Portugal. Il contribue également à plusieurs magazines de voyage aux États-Unis et au Royaume-Uni.

Nos auteurs

Ali Lemer

Autrice et éditrice chez Lonely Planet depuis 2007, Ali a écrit des guides et des articles sur la Russie, l'Allemagne, New York, Chicago, Los Angeles, Melbourne, Bali, Hawaï, le Japon et l'Écosse, entre autres. Native de New York, Ali a également vécu à Melbourne, Chicago, Prague et au Royaume-Uni, et a voyagé un peu partout en Europe, en Amérique du Nord, en Océanie et en Asie.

Anita Isalska

Anita Isalska est journaliste de voyage, éditrice et rédactrice. Après plusieurs années heureuses en tant que rédactrice et éditrice – dont quelques-unes au bureau Lonely Planet de Londres –, Anita travaille désormais en free-lance entre San Francisco, le Royaume-Uni et diverses destinations baltes équipée d'une bonne connexion Wi-Fi. Anita est spécialiste de l'Europe centrale et de l'Est, de l'Asie du Sud-Est, de la France et du voyage hors des sentiers battus.

AUTEURS (suite)

New York en quelques jours
9e édition
Traduit et adapté de l'ouvrage *Pocket New York 8th edition, November 2021*

92 avenue de France, 75013 Paris
Photographes © comme indiqué 2020
Dépôt légal Février 2022
ISBN 978-2-81619-530-9
Imprimé en Estimprim, Autechaux, France
Réimpression 02, juin 2022

En Voyage Éditions | un département édi8